조사방법론

-연구경험의 공유-

라 휘 문

도서출판 대영문화사

머리말

가끔은 공부를 시작하고 나서 처음으로 논문을 쓰려고 할 때의 마음을 떠 올려 본다. 일단 논문을 쓴다는 것이 어렵게만 느껴졌고, 그 다음은 논문이 게재되었을 때 사람들이 어떻게 생각할까 하는 두려움이 몰려왔다. 이런 마음을 가지고 연구를 시작한 이후 벌써 20~30년의 시간이 흘렀다. 그동안 학술논문을 쓰려고 노력한 결과 몇 편의 논문을 학술지에 게재하였고, 국책연구원 출신으로 일정 수준의 연구보고서도 작성하였다. 그리고 시간이 흐르면서 필자의 이름으로 된 책을 가지고 싶어 책을 발간하기도 하였고, 발간을 앞두고 있는 책들도 있다. 이 정도의 시간이 지났으면 연구에 대한 두려움도 감소되어야 하는 것이 아닌가 생각할 수 있지만 필자에게는 연구 작업이 오히려 더 어렵고 무서운 일로 다가왔다. 이런 마음은 아마도 대다수의 연구자들이 공유하고 있는 생각일 것이다.

필자는 이 책을 통하여 연구를 시작하려는 사람들과 필자가 그동안 고민하고 겪었던 논문의 작성경험을 나누고 싶다. 이 책에서 이야기하고 있는 내용이 정답은 아니라 연구하면서 느꼈던 고민을 함께 공유하고 싶은 것이다. 이미 국내·외에는 너무나 많은 연구방법론 또는 조사방법론 관련 책들이 발간되어 있다. 그럼에도 이 책을 발간하고자 하는 이유는 연구경험의 공유에 있다고 보아야 할 것이다. 필자가 조사방법론 또는 연구방법론이라는 책을 저술하면서 중간중간에 필자의 경험을 포함한 이유가 여기에 있는 것이다.

이 책은 일반적으로 작성되는 양적 연구의 수행목차에 따라 정리되었다. 서론, 이론적 배경, 연구설계로 이어지는 연구과정에 따라 내용을 기술하고 있다. 물론 연구를 수행할 때에는 연구주제를 선정하여야 하고, 과학적 연구과정을 설계하여야 하기 때문에 준비 단계에서 수행하여야 할 실질적인 내용들을 앞부분에 포함하였다.

이 책은 다섯 개의 장으로 구성되어 있다. 제1장에서는 이 책에서 이야기하려고 하는 내용이 무엇이고, 어떤 논리구조를 가지고 있는지를 제시하고 있다. 제2장에서는 연구주제의 선정과 연구시작 전에 준비하여야 할 것에는 어떤 것들이 있는지에 대해 이야기하고 있다. 연구주제를 어디에서 얻을 수 있고 어떤 주제가 좋은 주제인지, 그리고 논문의 작성을 시작하기 전에 무엇을 준비하여야 하는지에 대해 논의하고 있다. 제3장에서는 양적 연구의 첫 출발인 서론과 관련된 내용을 제시하고 있다. 서론이란 무엇인지를 살펴본 후 서론을 구성하고 있는 문제 제기, 연구의 목적, 연구의 범위, 그리고 연구의 방법에 대해 논의하고 있다. 각 요소가 의미하는 것은 무엇인지, 어떻게 구성하고 기술하여야 하는지 등에 대해 이야기하면서 이해를 위하여 필자와 필자의 지인 등이 게재한 논문을 사례로 제시하고 있다. 제4장에서는 일반적으로 학위논문이나 학술논문의 두 번째 장에 해당되는 이론적 배경에 대해 논의하고 있다. 구체적으로는 이론적 논의란 무엇인지, 그리고 이론적 논의를 구성하고 있는 이론검토와 선행연구검토에 대해 이야기하고 있다. 마지막으로, 제5장에서는 연구설계에 대해 말하고 있다. 연구설계란 무엇인지, 그리고 연구설계를 구성하고 있는 분석의 틀, 변수정의, 가설설정, 자료수집방법, 자료분석방법 등과 같은 각 요소들에 대해 논의하고 있다.

연구를 시작하려는 연구자들과 필자의 연구경험을 나누려는 목적을 가지고 책자를 작성하려고 노력하였다. 필자의 부족함으로 인해 몇 가지 점에서 아쉬움이 있다.

첫째, 이 책의 상당부분은 필자의 은사님이신 성균관대학교 김현구 교수님의 강의노트에 기반하고 있다. 필자는 석·박사과정을 이수하면서 김현구 교수님으로부터 방법론과 통계학 관련 과목을 학습하였다. 이 책은 김현구 교수님이 강의하신 내용을 기반으로 일부의 내용과 사례를 보완하였다고 보아야 할 것이다. 필자의 역량부족으로 김현구 교수님이 의도하였던 내용을 왜곡하지 않았을까 하는 두려움이 있다. 혹시 잘못 작성된 부분이 있다면 필자의 역량부족으로 이해해주시기를 부탁드린다.

둘째, 선행연구를 보면 훌륭한 저작물들이 수없이 많이 존재하고 있으나 저작물의 이용에 대한 저자의 허락을 구하는 것이 쉽지 않아 필자의 논문과 지인들 중 일부의 논문에 한정하여 사례를 제시하고 있다는 점이 아쉬움으로 남는다. 특히, 어떤 논문은 어떤 측면에서 바람직하나 어떤 논문은 어떤 측면에서 문제가 있다는 등의 비판적인 논의가 있어야 하는데 그런 작업을 수행하지 못하였다. 이런 논의를 할 수 있었다면 연구를 시작하는 연구자들에 좀 더 실질적인 도움이 되지 않았을까 하는 아쉬움이 있다.

셋째, 이 책은 분석방법 등에 대해서는 통계학 또는 계량분석학 등에 내용을 양보하고 있다. 그러다 보니 수집된 자료에 대한 분석을 위해서는 별도의 책을 구입하여 학습하여야 한다는 번거로움이 존재할 수 있다. 추후 좀 더 고민을 통하여 분석방법에 대한 내용의 수록 여부를 판단해보려고 한다.

넷째, 이 책을 작성하면서 두껍지 않은 책을 만들겠다는 생각을 가졌으나 이를 지키지 못하였다. 연구를 하는데 실질적인 도움이 되지 않는 내용들은 이 책에 포함하지 않으려고 마음을 먹었으나 작성하다 보니 약속을 지키지 못하였다는 생각이 든다. 물론 기존의 조사방법론, 연구방법 등에 비해서는 상대적으로 많지 않은 분량이지만 개인적인 관점에서는 그래도 많은 편이 아닌가 생각된다. 추후 개정작업을 할 때에는 내용을 좀 더 축약하는 것을 고려하려고 한다.

여러 가지 측면에서 아쉬움이 있는 책이지만 그럼에도 불구하고 이 책을 출판하려는 필자의 의도를 긍정적인 마음으로 보아주시기를 기대해 본다. 그리고 이 책이 연구를 시작하는 연구자들에게 조금이라도 도움이 되기를 희망해 본다.

이 책을 작성하는 데 있어서 필자에게 용기를 주신 김현구 교수님께 가장 먼저 감사를 드린다. 몇 년 전이지만 교수님께 방법론 책의 출판과 관련하여 의논드리기 위하여 전화를 드렸다. 역량은 부족한 제자이지만 교수님께 배운 내용을 중심으로 방법론과 관련된 책의 발간을 준비 중에 있다고 말씀드렸을 때 허락과 함께 용기를 주신 교수님께 진심으로 감사드린다. 물론 필자의 역량부족으로 인해 원하는 수준의 책을 저술하지는 못하였다는 아쉬움은 남는다. 추후 개정작업을 통하여 조금씩이라도 완성도를 높여 나갈 것을 약속드린다.

어려운 출판여건에도 불구하고 이 책을 출판할 수 있도록 허락해준 대영문화사의 임춘환 사장님과 임현준 부장님께 감사드린다. 그리고 책을 빨리 발간하여야겠다고 마음을 굳게 잡을 수 있도록 해준 성결대학교 제자들에게도 감사드린다. 마지막으로, 자신의 박사논문과 학술논문의 인용(부분발췌 포함)을 허락해준 박충훈 박사, 서인석 교수, 이미애 박사, 장덕희 박사, 정재진 박사, 조경훈 교수, 최재민 박사, 그리고 다수의 교수님과 박사님들에게도 감사드린다.

2022년 6월 연구실에서

라휘문

차례

제 1 장

들어가는 말

☞ 핵심체크

1. 이 책에서 주로 논의하고자 하는 내용과 이 책이 어떻게 구성되어 있는지를 구체적으로 제시하고 있다. 제1장을 통하여 이 책에서 다루고자 하는 내용들이 어떤 순서로 제시되어 있는지를 파악할 수 있을 것이다.
2. 이 장에서는 학자들이 바라보는 과학적 연구의 과정을 제시하고 있다. 구체적으로는 지식의 일상적 출처, 과학적 연구를 통하여 얻는 지식, 과학적 연구의 과정 등이 제시되어 있다. 연구자들이 연구할 때 생각해볼 수 있는 과학적 연구의 과정을 제시하고 있다는 점에서 반드시 읽어볼 필요가 있을 것이다.

제 1 절

이 책은 무엇을 이야기하려고 하는가?

대학, 연구원 등에 근무하는 박사들은 학부과정, 석사과정, 그리고 박사과정을 모두 이수하였다. 모든 자격조건을 충족한 후 자신이 좋아하는 일을 찾아서 사회로 진출하였다고 보아야 할 것이다. 필자 역시 그런 사람 중에 한 명이다. 30대에는 국책연구원에서 국가정책을 다루는 연구를 하였고, 40대에는 대학으로 옮겨와서 지금까지 학생들과 함께 공부하고 있다. 국책연구원에 재직하는 약 10여 년의 기간 동안 참으로 많은 연구보고서를 집필하였고, 대학에 와서는 지금까지도 연구보고서, 연구논문 등을 쓰고 있다. 하고 싶은 일을 할 수 있도록 기회가 주어진다는 것에 감사하고 있다.

필자는 개인적으로 또는 팀으로 연구를 하면서 연구가 점점 어려워지고 무섭다는 생각을 가진다. 아마도 필자만의 생각은 아닐 것이다. 우리 주변에 있는 선배님이나 동료들이 절필 선언(?)을 하는 이유 중 하나라고 볼 수 있을 것이다. 또한 필자는 대학에서 학생들과 공부를 하고 있기 때문에 논문을 쓰려는 학생들을 자주 만난다. 대다수의 학생들은 학부과정, 석사과정, 그리고 박사과정에서 연구방법론이라는 과목을 배운다. 물론, 조사방법론, 연구방법 등과 같이 과목의 명칭은 통일되어 있지 않다. 그런데도 논문, 특히 학위논문을 쓰려고 할 때 어디에서부터 시작하여야 하는지, 무엇을 하여야 하는지 난감해 하는 경우를 쉽게 발견할 수 있다. 아마도 논문을 쓴다는 것이 어렵고 무사히 잘 써내려갈 수 있을지에 대한 두려움 때문일 것이다.

학사과정생들은 취업과 대학원 진학을 위해 필요한 경력을 만들기 위하여 각종 논문경진대회에 참여하고 있고, 졸업을 위해 졸업논문을 작성하여 제출하기도 한다. 석사과정생은 학위를 취득하기 위하여 석사논문을 작성하여 심사를 받아야 한다. 그리고 박사과정생은 박사논문을 제출하기 전에 2~3편의 학술지 논문을 작성하여 게재하여야 하고, 박사논문을 작성하여 심사를 받아야 한다.

오랜 기간 동안 연구를 한 연구자와 연구를 시작하려는 학부생과 대학원생 모두에게 연구는 어렵고 두려운 것이다. 오랜 기간 동안 연구한 연구자와 연구를 시작하는 학부생과 대학원생이 느끼는 연구에 대한 어려움과 두려움은 분명 차이가 있을 것이다. 아마도 오랜 기간 연구한 연구자들은 연구결과 공개 후 나타날 수 있는 파급효과 등에 대한 두려움이 있을 것이고, 연구를 시작하는 학부생과 대학원생은 어떤 주제를 잡아서 어떤 절차를 통해서 연구하여야 하는지, 연구를 잘 마무리할 수 있을지 등에 대한 어려움과 두려움일 것이다. 그럼에도 불구하고 오랜 기간 동안 연구한 학자이든 이제 연구를 시작하려는 학부생과 대학원생이든 연구는 계속되어야 하고 계속 될 수밖에 없을 것이다.

이 책은 오랜 기간 동안 연구를 한 학자들이 가지고 있는 어려움이나 두려움을 해소하려는 것이 아니라 연구를 시작하려는 학부생과 대학원생이 어떻게 연구를 시작하는 것이 좋은지에 대해 이야기하려고 한다. 또한 이 책은 기존의 책들과 엄청나게 다른 새로운 것을 이야기하려는 것이 아니다. 필자는 그런 정도의 역량을 가지고 있지도 않을 뿐만 아니라 자신도 없다. 그렇다고 하여 기존의 책들과 동일한 내용을 이야기하려는 것은 아니다. 이 책에서는 필자가 그동안 연구한 경험을 학부생 및 대학원생과 공유하려고 한다. 필자가 학술논문을 쓸 때 어떤 주제를 선정하였고 주제를 선정할 때에는 어떤 고민을 했는지, 그리고 어떻게 이겨냈는지 등을 이야기하려고 하는 것이다. 필자가 이 책에서 이야기하고 있는 것이 올바른 것이라고는 할 수 없을 것이다. 실제로도 필자는 학문적으로나 연령상으로 그런 위치에 있지도 않다. 단지, 필자의 연구경험을 학부생 및 대학원생과 공유하는 데 목적이 있다는 것을 밝힌다. 따라서 이 책은 연구를 시작하는 학부생과 대학원생이 참고하는 정도로 활용할 수 있을 것이다.

이 책은 논문이나 보고서를 작성하려고 할 때 어떻게 시작하는 것이 좋은지, 그리고 어떤 과정을 통하여 논문이나 보고서를 마무리하는 것이 좋은지에 대해 이야기하면서 필요한 부분에서 관련된 연구방법에 대해 이야기하려 한다. 즉, 논문이나 보고서를 작성할 수 있도록 하는 것이 주된 목적이고, 그 다음에 논문이나 보고서를 작성할 때 활용할 수 있는 연구방법을 포함하려는 것이다. 다양한 사례도 제시하면서 좀 더 쉽게 이해할 수 있도록 제시하려고 한다.

독자들이 학술논문이나 학위논문을 보다 쉽게 작성할 수 있도록 하려면 다양한 사례를 제시하는 것이 유용할 것이다. 그리고 다양한 사례를 제시할 때 다수의 연구자가 연구한 결과를 활용할 수 있으면 좋을 것이다. 다양한 유형의 사례를 학습함으로써 연구를 시작하는 연구자가 보다 쉽게 모방할 수 있기 때문이다. 그러나 연구결과물의 사용에 대한 저자의 허락을 구하는 것이 용이하지 않은 것이 현실이다. 이러한 점 때문에 필자의 글을 중심으로 제시하면서 저작물의 이용을 허락해 줄 수 있을 것으로 보이는 필자의 지인들이 연구한 결과물을 활용하고 있다. 어려운 부탁임에도 불구하고 이 책에 활용할 수 있도록 허락해주신 지인분들께 감사드린다. 이러한 점이 이 책의 한계이기도 하고 아쉬운 점이기도 하다.

제 2 절 이 책은 어떻게 구성되어 있는가?

논문이나 보고서의 작성에 대한 필자의 연구경험을 학사과정생 및 대학원생과 공유하려면 논의의 순서를 정해야 할 것이다. 즉, 어떤 순서로 필자의 연구경험을 이야기할 것인지를 정해야 한다는 것이다. 아마도 여기에서 정하는 필자의 연구경험에 대한 이야기의 순서가 이 책의 구성과 연계될 수 있을 것이다.

필자의 연구경험을 이야기하려면 크게 두 가지의 논의가 우선되어야 한다. 하나는 많은 학자들이 과학적 연구의 과정을 제시하고 있는데, 어떤 것들이 있는지, 그리고 다른 하나는 필자가 바라보는 과학적 연구의 과정은 어떠한지이다. 필자가 생각하고 있는 과학적 연구의 과정이 이 책의 구성이라고 보아야 할 것이다. 또한 학술논문이나 학위논문의 일반적인 목차가 될 것이다.

1. 학자들은 과학적 연구의 과정을 어떻게 제시하고 있는가?

세상에는 뛰어난 학자가 너무 많다. 그리고 뛰어난 학자들은 그들이 가지고 있는 연구의 과정을 통해 논문이나 보고서를 작성한다. 때로는 동일한 연구의 과정을 가질 수도 있고 때로는 다른 연구의 과정을 가질 수도 있을 것이다. 그러나 연구의 과정이 다르다고 하여 A라는 연구의 과정은 맞고 B라는 연구의 과정은 틀리다고 이야기해서는 곤란하다. 그냥 연구의 과정이 다른 것이기 때문에 그 자체로 존중되어야 한다. 따라서 많은 학자들이 제시하고 있는 과학적 연구의 과정에는 어떠한 것들이 있는지를 파악해볼 필요가 있을 것이다.

그런데 학자들이 제시하고 있는 과학적 연구의 과정을 알기 위해서는 과학과 연구의 과정이라는 두 개 용어를 분리하여 살펴본 후 과학적 연구의 과정을 논의하는 것이 유용할 것이다. 그 이유는 과학적 연구의 과정은 과학과 연구과정의 합성어이기 때문이다(과학적 연구의 과정=과학+연구의 과정). 과학에 대해 알려면 먼저 지식의 일상적인 출처는 어디인지를 살펴보아야 한다. 그 다음에는 과학은 무엇이고, 과학적 지식의 출처는 지식의 일상적 출처와 어떻게 다른지를 파악하여야 할 것이다. 이러한 과정이 있어야 학자들이 이야기하려는 과학적 연구의 과정을 살펴볼 수 있기 때문이다. 이러한 순서로 이 절의 내용을 이야기하려 한다.

1) 지식의 일상적인 출처는 어디인가?

(1) 지식의 출처에는 어떠한 것들이 있는가?

사람들은 사회적 동물이기 때문에 서로 어울리면서 생활한다. 그런데 사람들이 사회 속에서 어울리면서 살려면 많고 적음에 차이는 있지만 그래도 다양한 지식이 필요할 것이다. 사람들이 필요로 하는 지식은 여러 출처로부터 얻을 수 있고, 사람들은 자신들이 알고 있는 지식의 범위 내에서 이야기를 나눌 것이다. 아마도 모르는 이야기를 하지는 않을 것이다.

지식의 종류 역시 다양할 것이다. 사람들이 일상생활을 하는 데 필요한 지식도 있고, 학자들이 사용하는 전문적인 지식도 있을 것이다. 지식의 종류에 따라 사람들이 지식을 얻는 출처도 다를 것이다. 사람들이 생활하는 데 필요한 일상적인 지식은 아는 사람, 나보다 더 뛰어나다고 생각하는 사람, 나의 직관이나 경험 등을 통해서 알 수도 있을 것이다. 그러나 전문지식을 얻으려면 과학적 연구과정을 거쳐야 할 것이다. 또는 과학적 연구의 과정을 통하여 만들어진 연구논문이나 보고서 등을 정독하거나 전문가와 면담을 하거나 직접 관찰하는 등의 노력이 있어야 할 것이다.

그러면 지식의 일상적인 출처는 어디일까? 과학적 연구의 과정을 이야기하면서 지식의 일상적 출처를 살펴보는 이유가 궁금해진다. 이 책에서 지식의 일상적 출처를 살펴보는 것은 과학적 방법에 의하여 얻어진 지식이 일상적인 출처로부터 얻어진 지식에 비해 더 좋다는 것을 이야기하려는 것이다. 지식의 출처는 다양한 기준에 의하여 구분할 수 있지만 지식을 얻고자 하는 사람을 기준으로 할 때 내부와 외부로 구분하여 살펴볼 수 있고 그 이외의 방법도 생각해볼 수 있을 것이다. 즉, 나로부터 지식을 얻는 것인지 아니면 나 이외의 다른 것(사람 포함)으로부터 지식을 얻는 것인지, 그리고 또 다른 방법으로부터 지식을 얻는 것인지로 구분할 수 있다는 것이다. 나로부터 지식을 얻는 방법에는 감각이나 직관 등이 있을 수 있고 나 이외의 것으로부터 지식을 얻는 방법에는 전통과 관습, 권위 등을 들 수 있을 것이다. 그 이외 지식을 얻는 방법에는 이성(reason)과 추론(reasoning)이 있다.

표 1-1 지식의 일상적 출처

나 이외에서 지식을 얻는 방법	나로부터 지식을 얻는 방법	기타
• 전통(관습) • 권위 • 신비적 방법	• 감각 • 직관	• 이성 – 추론

(2) 나로부터 지식을 얻는 방법에는 어떠한 것들이 있는가?

나로부터 지식을 얻는 방법을 좀 더 구체적으로 살펴보려고 한다. 나로부터 지식을 얻는 대표적인 방법에는 감각(sense experience)과 직관(intuition), 그리고 이성(reason)을 통해서 지식을 얻는 방법이 있다.

감각을 통해 지식을 얻는 방법이란 청각(hearing), 시각(seeing), 촉각(touching), 그리고 후각(smelling)이 그것을 사실이라고 지시하고 있기 때문에 'X'가 사실이라는 것을 안다고 이야기하는 것이다. 이는 감각이 가장 신뢰할 만한 지식의 출처라고 주장하는 철학적 입장이다. 예를 들면, 내가 의자에 앉아 있다는 것을 어떻게 알 수 있는지를 질문한다면 내가 의자를 볼 수 있고 의자를 만질 수 있기 때문이라고 응답하는 것이다(McGaw & Watson, 1976). 즉, 내가 의자에 앉아 있다는 사실, 즉 지식의 출처는 나의 시각과 촉각이라는 것이다. 이 방법은 사람마다 감각에 대한 판단이나 해석에 차이가 있을 수 있기 때문에 주관적이라는 비판을 받을 수 있다. 사실 감각이 잘못된 것이 아니라 감각에 대한 사람들의 판단이나 해석에서 차이가 있는 것임에도 불구하고 주관적일 수 있다는 비판을 면하기는 쉽지 않을 것이다.

나로부터 지식을 얻을 수 있는 또 다른 방법으로는 직관이 있다. 직관을 통해 지식을 얻는다는 것은 나의 직관이 나에게 그것이 사실이라고 말했기 때문에 'X'가 사실이라는 것을 안다고 이야기하는 것이다. 예를 들면, 나는 신이 존재한다는 것을 아는데, 그 이유는 신이 존재해야 하기 때문이라고 응답하는 것이다. 자본주의가 사회주의보다 더 효율적이고 생산적이라는 것을 아는데, 그 이유는 알 수 없으나 나는 단지 그것이 사실이라고 확신한다고 응답하는 것이다(McGaw & Watson, 1976). 그러나 직관을 통하여 얻어진 지식은 신뢰할 수 없을 때가 있고 검증하는 것이 어려울 수 있다는 단점을 가지고 있다.

(3) 나 이외에서 지식을 얻는 방법에는 어떠한 것들이 있는가?

앞에서는 나로부터 지식을 얻을 수 있는 방법으로 감각, 직관, 이성에 대해 살펴보았다. 여기에서는 나 이외에서 지식을 얻는 방법을 살펴보려고 한다. 즉, 지식의 출처가 내가 아닌 다른 것이라는 것이다. 여기에는 권위에 호소하는 경우, 전통이나 관습에 따르는 경우 등이 있다.

나 이외에서 지식을 얻는 첫 번째 방법은 권위에 호소하는 것이다. 권위에 호소하여 지식을 얻는 방법은 인품이 뛰어나거나 전문기술을 가지고 있거나 사회적 지위가 높은 사람을 인용하는 방법이다. 권위에 호소하는 방식에 있어서의 지식은 자격있는 지식의 양출자라고 사회적으로 인정된 사람들(예: 선지자, 대주교, 왕, 대통령 등)을 언급함으로써 추구되고 검증된다(Wallace, 1971; 김영정 외, 1990). 즉, "나는 X가 사실이라는 것을 안다. 그 이유는 Z가 그렇게 말했기 때문이고 Z는 그 분야의 전문가이다"라는 것이다. 예를 들면, A국가와 B국가가 전쟁을 하면 B국가가 이긴다. 이유는 C교수가 그렇게 말했기 때문이다. C교수는 전쟁 분야의 전문가이다. 권위에 의한 호소를 통하여 지식을 얻는 방법은 사람들 간에 지식을 얻는 권위의 출처가 다를 경우 견해의 차이를 드러낼 수 있다는 문제가 있을 수 있다. 이 경우 자신의 이야기가 타당하다고 주장할 수 있는 근거는 그 사람이 그 분야의 전문가라는 사실을 확실하게 하거나 지식의 다른 출처를 조사하거나 판단을 일시 중단하여야 할 것이다.

나 이외에서 지식을 얻는 두 번째 방법은 전통이나 관습에 의존하는 것이다. 전통이나 관습에 의하여 지식을 얻는 방법은 단순히 우리가 믿고 있는 선례나 관습 또는 습성을 그 근거로 제시하거나 준용하는 것이다. 예를 들면, "어른들에게 대드는 것은 나쁜 것이다. 이유는 한국의 전통이나 관습이 어른들을 존경하는 것이기 때문이다"라고 하는 것이다. 이 방법은 자신의 주장이 옳다는 근거로서 새로운 어떤 것을 찾기보다는 전통이나 관습에 의존하기 때문에 창의적인 지식형성에 방해가 되고, 동일한 문화권에서도 관습이나 의견은 시대에 따라 변하며, 다른 문화권일 경우에는 구성원들의 관습이 국가마다 차이가 있을 수 있고, 이때 어느 것이 옳다는 판단을 내리지 못하기 때문이다.

그 이외에도 세 번째 방법은 신비적 방법이 있을 수 있다. 신비적 방법은 부분적으로 권위적 방법과 연관이 있다. 양자 모두 예언가, 영매, 신령, 신 또는 그 밖의 초자연적인 지식제공자들로부터 지식을 얻는다는 점에서 그러하다. 그러나 권위적 방법이 근본적으로 지식제공자의 사회적 지위에 의존하는 반면, 신비적 방법은 지식수용자의 개인적인 황홀감의 상태 및 정신물리학적 상태에 더욱더 의존한다. 이러한 이유 때문에 신비적 방법에서는 더욱더 의례적인 순화 및 절차를 지식수용자에게 적용시킬 수 있다. 이 방법은 또한 정령적인 신에 의존해서 지식을 추구하는 범위를 넘어서서 천궁도, 별의 모양, 내심 등을 읽어냄으로써 자신을 내보이는 것과 같이 더욱더 개인적이고 추상적이며 비예측적인 영감 또는 마술적인 원천으로부터 지식을 얻어내기도 한다. 한편, 권위적 방법과 마찬가지로 자신의 신비적 배경에 대한 신뢰가 손상되기 이전에 다수의 효과적인 불신이 제기될 수 있다(김영정 외, 1990).

(4) 이성 – 추론으로부터 지식을 얻는 방법이란 무엇인가?

앞에서 살펴본 것 이외에도 지식을 얻을 수 있는 방법이 있다. 그것은 바로 이성(reason)에 근거한 추론(reasoning)을 통해 지식을 얻는 것이다. 이성을 통해 지식을 얻는다는 것은 나의 추론이 그것을 사실이라고 지시했기 때문에 'X'가 사실이라는 것을 안다고 이야기하는 것이다. 이러한 철학적 입장을 합리주의(rationalism)라고 부른다.

합리주의는 이성을 지식의 중요한 출처로 본다. 예를 들면, 500+500=1,000이라는 것을 어떻게 아는지를 질문한다면 나는 그것을 계산과 추론을 사용하여 알아냈다고 응답하는 것이다. 복잡한 수학문제를 해결하는 데 감각에 의존하지 않는다는 것이다(McGaw & Watson, 1976).

추론에는 두 가지의 접근방법이 있다. 하나는 연역적 추론(deductive reasoning)이고, 다른 하나는 귀납적 추론(inductive reasoning)이다. 통상적으로 연역법과 귀납법이라고 부른다. 연역적 추론에서는 전제(premises)가 반드시 결론(conclusion)으로 이어진다. 즉, 만약 전제가 참이라면 결론도 참이라는 것이다. 예를 들면, 모든 인간은 죽는다. 소크라테스는 인간이다. 따라서 소크라테스는 죽는다. 귀납적 추론에서는 전제는 단지 결론에 대한 증거를 제공한다. 즉, 만약 전제가 참이라면 결론은 참일 가능성이 있다는 것이다(McGaw & Watson, 1976). 예를 들면, 김영삼 대통령은 남자이고 김대중 대통령도 남자이고, 노무현 대통령도 남자이기 때문에 한국의 모든 지도자는 남자라고 이야기하는 것이다. 연역적 추론과 귀납적 추론은 모두가 단점을 보유하고 있다. 연역적 추론은 전제가 결론으로 연계되기 때문에 전제의 타당성을 설득하기 위한 노력이 있어야 한다(남궁근, 2016). 반면, 귀납적 추론은 전제가 결론으로 이어지기 위해서는 충분한 수준의 통계적 자료가 제공되어야 한다는 것이다.

2) 과학적 연구를 통하여 얻는 지식은 무엇인가?

(1) 과학이란 무엇인가?

과학적 연구를 통하여 얻는 지식이 무엇인지를 이야기하려면 먼저 과학을 논의하여야 할 것이다. 여기에서 말하려고 하는 과학을 이해할 수 있어야 과학적 연구를 통하여 얻는 지식의 파악이 가능하기 때문이다. 이 책에서 말하려는 과학을 알기 위해서는 과학의 개념, 목적, 기본가정, 특성 등 다양한 논의가 필요할 것이다.

먼저, 과학은 과정과 결과라는 두 가지의 기준을 가지고 정의할 수 있을 것이다. 과학을 과정의 관점에서 본다는 것은 지식을 얻는 절차와 방법에 초점을 두고 과학인지 아닌지를 판단하겠다는 것이다. 즉, 새로운 지식을 얻기 위해 연구를 하는 절차와 연구과정에서 사용하고 있는 방법을 기준으로 과학인지 아닌지를 판단하는 것이다. 절차와 방법이 객관적이고 신뢰할 수 있다면 결과에 관계없이 과학적인 연구라고 본다. 모든 과학에는 학문 분야마다 내용과 기법이 다를 수 있지만 공통적인 분석방법이 있고, 과학은 통상 증거와 논리라는 기본적인 규칙을 따른다(McGaw & Watson, 1976)는 점에 근거하여 개념화한 것이다.

반면, 과학을 결과로 본다면 과학은 지식의 집합체(a body of knowledge)인 현 상태에 초점을 두는 개념이라고 볼 수 있다. 즉, 현재 획득한 지식의 집합체를 기준으로 과학인지 아닌지를 판단한다는 것이다. 가장 쉽게는 자연과학에서 이야기하는 과학을 과학이라고 간주한다는 의미가 될 것이다. 이 관점을 견지한다면 사회과학은 과학이 아니라고 보아야 할 것이다.

그러면 이 책에서는 과학을 어떤 기준으로 보려고 하는지가 궁금해진다. 이 책에서는 과학을 절차와 방법을 기준으로 바라보는 과정적인 관점을 채택하고자 한다. 논의를 종합하면, 과학이란 관찰 가능한 현상을 기술하고, 설명하며, 예측하기 위하여 고안된 객관적(objective)이고 체계적이고 논리적인 분석방법이다(McGaw & Watson, 1976). 따라서 과학은 절차와 방법에 초점을 두는 것이지 유용성이나 소재에는 관심이 없다고 보아야 할 것이다.

멕가우와 왓슨((McGaw & Watson, 1976)에 의하면 과학의 궁극적인 목적은 관찰 가능한 현상을 기술(describe)하고, 설명(explain)하며, 예측(predict)하고, 통제(control)하는 것이다. 좀 더 구체적으로 살펴보면, 과학의 첫 번째 목적은 현상을 기술(description)하는 것이다. 즉, 현상을 있는 그대로 정확히 나타내는 것을 의미한다. 우리가 흔히 이야기하는 6하 원칙 중 누가(who), 무엇을(what), 어디서(where), 언제(when), 어떻게(how)라는 문제에 대한 대답을 시도하는 것이다. 예를 들면, "○○일보의 ○○○ 기자는 2022년 5월 1일자 신문을 통하여 지방자치단체의 전산화실시 현황에 대한 감사원과 행정안전부의 합동감사 결과를 발표하였다"와 같이 작성하는 것을 말한다. 기술은 반드시 필요한 것이고, 설명과 예측보다 항상 우선한다.

과학의 두 번째 목적은 현상에 대해 설명(explanation)하는 것이다. 무엇에 대해 설명한다는 것은 원인과 결과를 규명한다는 것을 말한다. 6하 원칙 중 왜(why)에 대한 대답을 제시하는 것이다. 예를 들면, "행정안전부와 감사원의 감사 결과는 지방자치단체가 전산장비를 이용하지 않아 수십 억 원의 세수누락의 문제를 발생시켰다고 한다. 그러면 지방자치단체가 이러한 전산장비를 사용하지 않은 원인은 무엇인가?"와 같이 원인과 결과의 관계를 설명하고자 하는 것이다. 설명은 과학적 활동의 핵심(core)이다.

과학의 세 번째 목적은 예측(prediction)하는 것이다. 예측은 미래에 무엇이 나타날 것인지에 대한 질문에 대답하는 것이다(McGaw & Watson, 1976). 예를 들면, 연구를 통하여 "미래에는 더 많은 세수누락의 위험이 있을 것이다"라고 주장하는 것이다.

과학의 마지막 목적인 네 번째는 통제(control)하는 것을 말한다. 즉, 과학의 세 번째 목적인 예측에 의할 때 바람직하지 않은 미래의 모습이 발생할 것으로 보이는 바 이를 바람직한 미래의 모습으로 변화시킬 수 있도록 적절한 자극을 부여한다는 것이다. 예를 들면, 연구를 통하여 원인을 찾았을 경우, 이 원인을 통제함으로써 바람직한 방향으로 이끌어 나갈 수 있도록 하는 것이다.

지금까지의 논의를 종합하면, 과학은 관찰 가능한 현상을 기술, 설명, 예측 및 통제하기 위하여 고안된 객관적(objective)이고, 논리적(logical)이며, 체계적(systematic)인 분석방법으로 개념화할 수 있다. 그러면 관찰 가능한 현상, 객관적이고 논리적, 그리고 체계적이라는 의미는 무엇인지가 궁금해진다. 첫 번째, 관찰 가능한 현상이란 기술, 설명, 예측, 그리고 통제의 대상이다. 직·간접적으로 관찰될 수 없는 대상은 과학적 분석으로 받아들일 수 없다. 초자연적이고 형이상학적인 주제는 과학적 조사영역에서 배제된다.

두 번째, 객관적이라는 것은 과학의 주장들이 유능한 사람들에 의하여 공개적으로 검증될 수 있다는 것을 의미한다. 객관성에 대한 다른 용어는 과학적 담론에서 간주관적 검증가능성(intersubjective testability)이라고 지속적으로 사용되어 왔다. 간주관적 검증가능성은 제안된 주장을 다른 유능한 사람이 검증 가능할 수 있도록 해야만 한다는 것이다. 객관성이나 간주관적 검증가능성의 필요조건은 신비론자나 도사와 같이 특이한 개인만이 접근할 수 있는 지식을 배제하는 것이다. 각 주장들은 과학적 문제로서 자격을 얻을 수 있도록 반복적·공개적 검증에 개방되어 있어야 한다.

세 번째, 논리성은 과학의 경우 귀납적 추론과 연역적 추론, 확률이론과 같이 용인된 추론의 규칙을 따른다는 것을 의미한다.

네 번째, 체계성은 새로운 증거를 통해 변경이나 왜곡이 가능한 잘 연결되고 일관성을 가진 논리적으로 조직화된 규칙을 말한다(McGaw & Watson, 1976).

(2) 과학의 기본가정은 무엇인가?

지금까지 과학은 새로운 지식을 얻기 위해 연구를 하는 절차와 방법의 관점에서 보아야 한다는 것을 살펴보았다. 그런데 지식을 획득하는 모든 방법은 기본가정을 근거로 만들어져 있다. 여기에서는 과학이 가정하고 있는 기본적 가정을 살펴보고자 하는데, 이는 각 학자마다 다를 수 있다. 그럼에도 불구하고 이 책에서는 아홉 개의 기본전제로 종합하여 살펴보려고 한다.

첫 번째 가정에 의하면 모든 사람들의 행동은 선천적으로 결정되어 있다는 것이다. 이를 결정주의(determinism) 원칙이라고 한다. 결정주의 원칙은 모든 사건은 원인을 가지고 있다는 것을 가정한다. 예를 들면, 당구공이 움직인다는 결과는 그 배후에 큐대로 당구공을 쳤다는 원인이 있었기 때문이다. 이러한 가정은 모든 사건은 객관적이고 경험적으로 관찰될 수 있는 원인을 가진다고 주장한다. 따라서 영적인, 마법적인, 그리고 초자연적인 설명은 경험적인 관찰과 간주관적 검증가능성을 받아들일 수 없기 때문에 과학적 조사에서 배제된다.

두 번째 가정에 의하면 인간은 자연계의 일부분이라는 것이다. 인간은 동물, 식물, 또는 광물처럼 자연의 일부분이라는 것이다. 비록 인간이 분명한 특성을 보유하고 있다고 하더라도 모든 과학에서 넓게 통용되고 있는 방법에 의하여 연구될 수 있다.

세 번째 가정에 의하면 자연은 질서가 있고 규칙적이다. 사건은 아무렇게나 또는 전적으로 우연하게 발생하는 것은 아니다. 우연히 일어나는 사건은 없으며, 원인이 있으면 반드시 그러한 결과가 나온다고 가정한다. 예를 들면, 당구공을 큐대로 치면 반드시 당구공은 움직인다라는 규칙성을 가지고 있다. 과학에서 사용되고 있는 우연한 사건의 발생은 원인이 없는 사건이 아니라 알려지지 않은 예측할 수 없는 사건으로 간주한다. 과학자들은 자연의 경우 일정한 규칙성에 의거하여 작동한다고 가정한다.

네 번째 가정에 의하면 자연은 느리게 변화한다는 것이다. 비록 대부분의 것들은 결국에는 변화하지만, 많은 것들은 신뢰할 수 있는 지식이 축적될 수 있을 정도로 느리게 변화한다. 이러한 기본가정이 없다면 어떤 것을 안다는 것이 불가능해진다.

다섯 번째 가정에 의하면 모든 관찰 가능한 현상은 결국 알 수 있다는 것이다. 이러한 기본가정은 인간의 지능은 우주의 비밀을 밝힐 수 있다고 생각한다. 즉, 지금은 모른다고 하더라도 나중에는 알 수 있다는 것이다. 관찰 가능한 현상은 과학자의 잠재적인 연구의 대상이다.

여섯 번째 가정에 의하면 어떤 것도 스스로 명백한 것은 없다는 것이다. 진리(truth)는 간주관적으로 논증할 수 있어야만 한다. 신뢰성(reliance)은 상식, 전통, 직관, 권위 등에 근거하지 않아야만 한다.

일곱 번째 가정에 의하면 진리는 상대적이라는 것이다. 진리는 현재의 지식집합체와 관련하고 있다. 지식은 정적인 것이 아니라 동적이다. 특정 시점, 특정 장소에서 진리라고 생각하였던 것은 새로운 증거나 재해석에 의해 다른 시점, 다른 장소에서는 거절되는 경우가 많다. 예를 들면, 갈릴레이가 지구는 돈다고 했으나, 그 당시에는 거짓으로 판명된 후 새로운 증거에 의하여 진리로 성립되었다.

여덟 번째 가정에 의하면 세상은 감각을 통하여 인식된다는 것이다. 세상에 관한 신뢰할 수 있는 지식은 우리의 경험으로부터 파생된다. 이것을 경험주의 원칙

표 1-2 과학의 기본적 가정

연번	기본가정
1	모든 사람들의 행동은 선천적으로 결정되어 있다.
2	인간은 자연계의 일부분이다.
3	자연은 질서가 있고 규칙적이다.
4	자연은 느리게 변화한다.
5	모든 관찰 가능한 현상은 결국 알 수 있다.
6	어떤 것도 스스로 명백한 것은 없다.
7	진리는 상대적이다.
8	세상은 감각을 통하여 인식된다.
9	우리의 인식, 기억, 그리고 추론은 신뢰할 수 있다.

이라 부른다.

마지막 아홉 번째 가정에 의하면 우리의 인식, 기억, 그리고 추론은 신뢰할 수 있다는 것이다. 물론 모든 인식, 기억, 그리고 추론이 신뢰할 수 있다는 것을 의미하는 것은 아니다(McGaw & Watson, 1976).

(3) 과학적 방법의 한계는 무엇인가?

과학적 방법은 과학자의 개인적인 관점을 배제하기 때문에 다른 방법에 비하여 비교적 객관적이라고 볼 수 있다. 특히, 과학적 방법은 공유된 편견까지 제거할 수 있다. 이러한 점 때문에 과학적 방법은 객관성을 추구하려는 사람들의 욕구를 어느 정도는 충족시켜준다고 볼 수 있을 것이다. 그러나 과학적 방법이 능사일 수는 없고 나름대로의 한계를 가지고 있다.

첫째, 어떤 대상에 대한 경험이 동일하다고 하여도 이에 대한 인식은 판단이 필요하기 때문에 사람마다 다를 수 있다. 둘째, 제한된 의미의 객관성만이 존재할 수도 있다. 사회과학에서는 간주관성이라는 개념을 사용하고 있다. 간주관성이란 동일한 절차와 방법을 공유하고 있는 과학자 간에는 동일한 결과가 도출된다는 것을 말한다. 동일한 절차와 방법에 의하여 각자의 주관성이 배제될 수 있기 때문에 이를 제한적이지만 객관적이라고 볼 수 있다. 셋째, 논리적 추론과정에서 오류가 발생할 수 있다. 추론은 연역적 방법과 귀납적 방법이 있는데, 연역적 방법은 새로운 지식의 창조가 아니라는 문제점과 대전제가 오류일 경우 결론적 명제는 오류일 수 있고, 귀납적 방법은 구체적인 사례의 대표성이 어느 정도 확보되었는가에 따라 결론이 다르게 나타날 수 있다는 문제가 있을 수 있다.

(4) 자연과학이 아닌 학문도 과학이라고 할 수 있는가?

사회과학은 존재의 세계뿐만 아니라 가치의 세계도 다루고 있기 때문에 엄격한 의미의 과학이라고 할 수는 없다는 주장들이 있다.

이들이 사회과학은 과학이 아니라고 주장하는 근거는 인간의 행동은 가변적이기 때문에 계량화가 어려울 수 있고, 반작용, 즉 조사대상이 되고 있다는 사실 때문에 본래의 행동을 하지 않는 현상이 발생하고 있어 연구결과의 객관성 확보가 곤란하며, 실험 외의 변수통제가 곤란하기 때문에 실험의 제약이 있고, 연구의 방법과 절차, 그리고 결과에 대한 해석이 다양하며, 연구자 자신의 이해관계가 많이 개입한다는 것이다. 그러나 반사회과학자들이 사회과학은 과학이 아니라고 주장하는 근거들을 해결할 수 있는 다양한 방법들이 개발되어 있으며, 또한 조사자의 주의를 통하여 얼마든지 과학성을 확보할 수 있기 때문에 사회과학에도 과학성이 존재한다고 할 수 있다.

표 1-3 존재의 세계와 당위의 세계에 대한 구분

존재의 세계	당위의 세계
사실판단	가치판단
진위의 문제	선악의 문제
객관적	주관적
경험적	규범적
이론지향	정책지향

자료: 김현구. 미발간 강의노트.

3) 학자들이 제시하고 있는 과학적 연구의 과정은 무엇인가?

학자들은 과학적 연구의 과정을 어떻게 제시하고 있는가를 파악하기 위하여 지식의 일상적 출처, 과학적 연구를 통하여 얻은 지식 등에 대해 살펴보았다. 이러한 점들을 살펴본 이유는 과학적 연구과정에 대한 사전 이해의 필요성 때문이다. 이제는 본격적으로 학자들이 제시하고 있는 과학적 연구의 과정을 살펴보려고 한다.

(1) 토마스 쿤의 과학의 형성과정은 어떠한가?

과학적 연구의 과정을 살펴보기 위해서는 토마스 쿤(Thomas Samuel Kuhn)이 1962년에 저술한 『과학적 혁명의 구조(*The Structure of Scientific Revolutions*)』에

대한 이야기를 하여야 한다. 그 이유는 토마스 쿤이 제시한 패러다임에 대한 논의 때문이다.

토마스 쿤이 1962년에 저술한 『과학적 혁명의 구조』는 출판과 동시에 논쟁이 발생하였고 그러한 논쟁은 지금도 계속되고 있다. 논쟁의 출발은 토마스 쿤이 사람들이 생각하는 상식적 과학관과는 아주 다른 과학관을 제시하였다는 데 있다. 구체적으로 살펴보면 일반적으로 사람들은 예술이나 문화의 경우 진보하였다는 표현을 하지는 않으나 과학의 경우 조금씩 진보해 왔다고 말하는데, 토마스 쿤은 이와는 다른 주장을 하면서 논쟁이 시작된 것이다. 예를 들면, 사람들은 자연주의 사조의 문학이 낭만주의 사조의 문학보다 더 진보했다고 말하지는 않는다. 또한 조선시대의 백자가 고려시대의 청자보다 더 진보하였다고 생각하지는 않는다. 그런데 사람들은 아인슈타인(Albert Einstein)의 물리학과 뉴턴의 물리학을 비교할 때 뉴턴(Isaac Newton)의 물리학이 아인슈타인의 물리학보다 더 진보하였다는 주장에 동의하고 있다. 그러나 토마스 쿤은 이러한 과학적인 관점이 잘못이라고 주장한다. 즉, 토마스 쿤은 문학 또는 예술을 볼 때 양식의 변화라고 간주하는 것이지, 진보라는 표현을 쓰지 않는 것과 같이 과학 역시 진보라는 용어보다는 패러다임이 변화되었다고 보아야 한다는 것이다.

토마스 쿤은 『과학적 혁명의 구조』라는 저서에서 패러다임을 정의하고 있다. 패러다임에는 넓은 의미의 패러다임과 좁은 의미의 패러다임이 있다고 한다. 패러다임을 넓은 의미에서 보면 특정 집단의 구성원들이 가지고 있는 신념, 가치, 그리고 기법 등을 의미한다. 반면에, 패러다임을 좁은 의미에서 보면 수수께끼를 푸는 근거로서 사용하는 모형 또는 본을 의미한다. 종합하면, 패러다임은 넓은 의미로 보면 특정 과학의 구성원들이 채택하고 있는 각종 이론적 가정들과 법칙, 그리고 그것을 적용하는 기술이고, 좁은 의미에서 보면 특정한 과학자 집단이 공유하고 있는 모형이나 유형을 의미한다고 볼 수 있을 것이다. 패러다임은 일정 기간 동안 특정 집단의 과학자들의 연구 분야에 대한 정당한 문제와 방법론을 정의해 주는 역할을 수행하기 때문에 공통된 패러다임을 가지고 있는 과학자라면 아마도 동일한 원칙과 기준을 가지고 연구문제에 적용할 것이다. 이러한 점을 고려하면 과학 역시 문화 또는 예술과 같이 양식의 변화, 즉 패러다임의 전환으로 해석되어야 한다는 것이다.

패러다임과 과학의 형성과정은 〈표 1-3〉과 같다. 이전 패러다임이 많은 사람들에 의하여 공유되면 지배적인 패러다임으로 자리를 잡는다. 그런데 시간이 흐르면서 지배적인 패러다임으로 설명할 수 없는 이상 현상이 발생하면 이상 현상을 설명하기 위한 다양한 이론들이 난립하게 된다. 이와 같은 이론들 중 특정 이론이 이상 현상을 설명할 수 있게 되면 문제가 해결되고 해당 이론이 패러다임으로 형성된다. 유사한 방식으로 이전의 과학이 많은 사람들에 의하여 공유되면 정상과학으로 자리매김을 한다. 그러나 현재의 과학으로 설명할 수 없는 현상이 발생하면 위기 상황이 되고, 이러한 문제를 해소할 수 있는 혁명이 일어나고 새로운 정상과학이 만들어진다는 것이다. 패러다임이 정립되면 학파 간에 존재하였던 대부분의 논쟁이 종식된다.

〈표 1-4〉를 좀 더 구체적으로 살펴보면, 첫째, 전 과학의 시기이다. 전 과학은 과학이 형성되기 이전의 조직화되지 않은 다양한 활동이 존재하는 시기를 말한다. 둘째, 많은 사람들에 의하여 공유되는 시기이다. 이는 이러한 다양한 논쟁들이 어느 하나의 측면으로 집결되어 조직화되어 나타나는 형태가 존재하는 시기이다. 셋째, 정상과학의 시기이다. 정상과학은 과학과 사회가 단일한 패러다임을 받아들인 시대로서 상당한 기간 동안 그 분야의 연구자들이 공유할 수 있다. 넷째, 위기의 발생 시기이다. 위기는 정상과학이 설명할 수 없는 사건이 발생하였다는 것이다. 구체적으로는 정상과학에는 변칙사례가 항상 존재하는데, 변칙사례가 정상과학에 대해 치명적인 문제를 일으키면 위기의 시대가 왔다고 한다. 문제를 해결하려는 강렬한 시도가 이어지고 기존의 정상과학에서 제시하고 있는 규칙들은 점차 느슨해진다. 변칙사례를 설명하기 위한 후보이론들이 난립하게 되면 심각한 위기 상황에 봉착한다. 다섯째, 혁명이 일어나는 시기이다. 과학자들이 기존의 이론을 버리고 새로운 이론을 받아들이면 위기문제가 해결된다. 불연속적인 과학의 혁명을 구성한다. 여섯째, 새로운 정상과학이 형성되는 시기이다. 앞에서 살펴본 것과 같은 혁명을 통하여 새로운 패러다임이 형성되는 시기이다. 새로운 패러다임은 오랫동

표 1-4 패러다임과 과학의 형성과정

패러다임	이전 패러다임 → 많은 사람들에 의하여 공유 → 지배적인 패러다임 → 이상 현상의 발생 → 후보 패러다임의 생성 → 문제 해결 → 패러다임
과학	전 과학 → 많은 사람들에 의하여 공유 → 정상과학 → 위기의 발생 → 혁명 → 새로운 정상과학

안 공동규범으로 존치된다(Kuhn, 1962; 김명자 역, 2009에서 재인용).

새로운 패러다임, 새로운 정상과학의 형성 이후 일정 기간이 경과하면 이상 현상, 변칙사례 등이 발견되고 이는 새로운 후보이론들의 난립과 위기가 발생한 후 새로운 패러다임, 새로운 정상과학이 형성되는 과정을 반복하게 된다.

이러한 점을 종합하면, 토마스 쿤의 과학의 역사는 정상적인 시대에는 지배적인 패러다임을 근거로 정상과학이 발전 형태를 취할 수 있으나 위기 상황이 발생하면 기존의 지배적인 패러다임이 무너지고 새로운 패러다임이 형성되는 비연속적 도약의 형태를 취한다는 것이다. 토마스 쿤은 기존의 패러다임과 새로운 패러다임은 개념적 연계가 전혀 없다고 보고 있다.

(2) 대표적인 학자들은 연구의 과정을 어떻게 제시하고 있는가?

과학적 연구의 과정에 대해서는 많은 학자들이 나름대로의 정의를 하고 있다. 여기서는 대표적인 사례를 살펴보려고 한다. 이 책에서 대표적인 사례로 선정한 것은 나흐미아스와 나흐미아스(D. Nachmias & C. Nachmias), 베일리(K. D. Bailey), 멕가우와 왓슨(McGaw & Watson), 그리고 왈라스(W. L. Wallace)가 제시한 연구 과정이다.

먼저, 나흐미아스와 나흐미아스(D. Nachmias & C. Nachmias), 베일리(K. D. Bailey), 멕가우와 왓슨(McGaw & Watson)은 과학적 연구의 과정을 〈표 1-5〉에서 보는 것과 같이 제시하고 있다. 어떤 학자는 과학적 연구의 과정을 8단계로 제시하고 있고, 어떤 학자는 7단계, 그리고 어떤 학자는 5단계로 제시하고 있다. 이를 종합하면, 문제 → 이론 → 가설설정 → 연구설계 → 분석 → 검증 → 보고서 작성 등의 과정이라고 볼 수 있을 것이다.

표 1-5 대표적인 학자들의 과학적 연구의 과정

학자명	연구과정
나흐미아스와 나흐미아스 (D. Nachmias & C. Nachmias)	문제 → 가설 → 연구설계 → 측정 → 자료수집 → 자료분석 → 일반화
베일리 (K. D. Bailey)	문제의 선택과 가설의 형성 → 연구설계의 형성 → 자료수집 → 자료분석 및 코딩 → 가설을 검증하기 위한 결과해석
멕가우와 왓슨 (McGaw & Watson)	문제형성 → 개념형성 → 개념측정 → 가설형성 → 이론형성 → 자료수집 → 자료처리와 분석 → 보고서의 작성과 분석

다음으로, 대표적인 학자는 왈라스(W. L. Wallace)라고 볼 수 있다. 왈라스는 과학적 연구의 과정을 [그림 1-1]에서 보는 것과 같이 제시하고 있다.

그림 1-1 왈라스(W. L. Wallace)의 과학적 연구의 과정

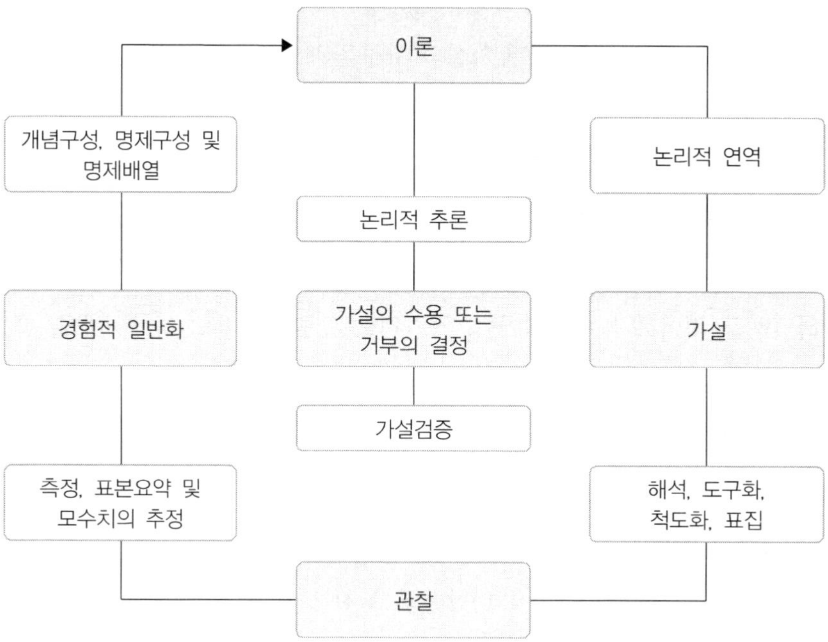

자료: Wallace(1971).

왈라스의 과학적 연구의 과정은 다섯 가지의 중요한 정보의 구성요인들과 이것들 사이의 변형과정을 통제하는 여섯 가지의 중요한 방법들의 집합으로 구성되어 있다. 이를 좀 더 구체적으로 살펴보면 관찰은 측정, 표본요약 및 모수치의 추정 등을 거쳐 경험적 일반화라고 하는 더욱 일반화된 형태로 변형되어지는 매우 구체적이고 독특한 정보의 항목들을 의미한다. 그리고 경험적 일반화는 개념구성, 명제구성 및 명제배열 등을 거쳐 하나의 이론으로 통합되어지는 정보의 항목들을 이른다. 정보의 가장 일반적인 형태인 이론은 논리적인 연역법을 통해 새로운 가설로 변형되어질 수 있다. 경험적 가설은 그 가설을 관찰 가능한 것으로 만드는 해석, 도구화, 척도화 및 표집을 통해서 새로운 관찰로 이행되어가는 정보의 항목이다. 이와 같은 새로운 관찰은 새로운 경험적 일반화로 이행되어질 수 있으며(또다시 측정, 표본요약, 모수치의 추정을 통해서), 이때 새로운 경험적 일반화를 구성하게 만들었던 가설이 그것에 부합되는가의 여부가 검증된다. 이러한 검증은 결과적으로 새로운 정보, 즉 검정된 가설의 사실을 부인하느냐 수용하느냐의 의사결정을 내리도록 만든다. 이것을 통해 이론의 확인, 수정 또는 거부의 여부가 최종적으로 추론된다(Wallace, 1971; 김영정 외, 1990).

왈라스는 자신이 제시하고 있는 과학적 연구의 과정이 첫째, 때로는 신속하게 때로는 완만하게 발생하며. 둘째, 때로는 공식화의 정도가 높고 정밀하게, 때로는 대단히 비공식적이고 비의도적이며, 직관적으로 발생하기도 하고, 셋째, 때로는 독특한 역할을 맡고 있는 다수의 과학자(즉, 이론가, 조사전문가, 면접원, 방법론의 전문가, 표집전문가, 통계학자 등)들의 상호작용을 통해서, 때로는 단지 한 사람의 과학자의 노력만을 통해서 나타나기도 하며, 넷째, 때로는 단지 과학자의 상상력을 통해서, 때로는 실제적인 사실로서도 나타날 수 있다고 한다. 즉, 연구의 과정은 융통성이 없다는 것을 의미한다고 보지는 않는다(Wallace, 1971; 김영정 외, 1990).

2. 필자는 연구의 과정을 어떻게 보고 있는가?

1) 필자가 제시하고자 하는 연구의 과정은 무엇인가?

지금까지 과학적 연구의 과정을 제시하고 있는 다수의 학자들의 견해를 살펴보았다. 학자들마다 각기 다른 과학적 연구의 과정을 제시하고 있다. 필자는 각 학자들의 의견을 종합하여 다음과 같은 연구과정을 제시하고자 한다. 사실 필자가 제시하려고 하는 연구의 과정은 이 책이 논문작성을 위한 참고 서적이라는 점을 고려하여 논문의 목차를 제시한 것이라고 보아야 할 것이다. 즉, 통상적으로 학위논문이나 학술논문을 작성할 때 활용할 수 있는 논문의 목차를 제시한 것이다.

필자는 서론, 이론적 논의, 연구설계, 경험적 분석, 결론과 같은 과정을 제안하고자 한다([그림 1-2] 참조).

그림 1-2 필자의 연구과정(논문의 목차)

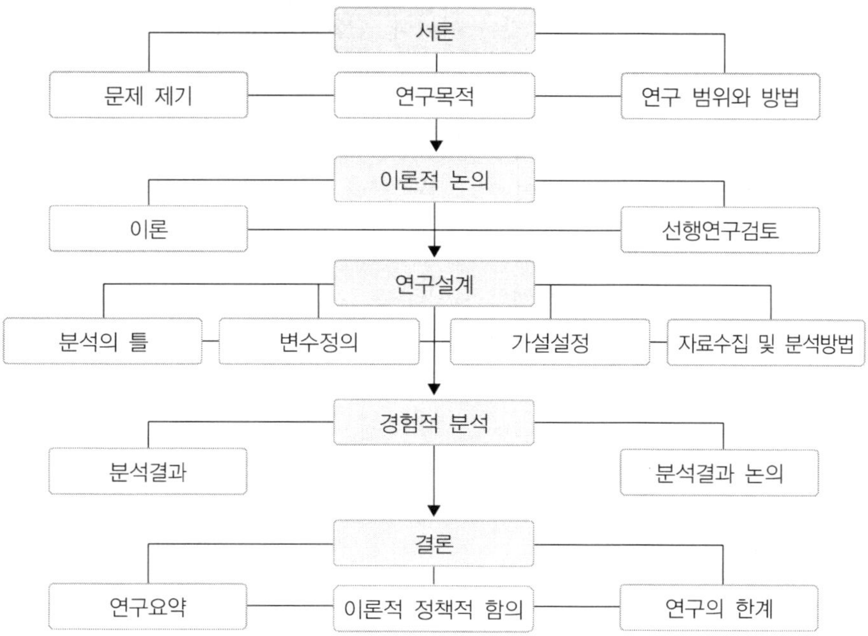

2) 이 책은 어떻게 구성되어 있는가?

연구방법론에 대한 서적은 매우 많다. 현재 출판되어 있는, 그리고 앞으로 출판될 모든 연구방법론 서적들은 매우 훌륭하고 좋은 서적임에 틀림없다. 연구를 하는 데 있어 반드시 필요한 내용을 담고 있다는 점을 한 번도 의심하지 않았고, 이런 생각은 앞으로도 변하지 않을 것이다. 모든 연구자는 현재 출판되어 있는, 그리고 앞으로 출판될 연구방법론 서적들을 정독하여야 좋은 학위논문이나 학술논문을 작성할 수 있을 것이다.

그럼에도 불구하고 이 책을 쓰고 있는 이유는 학위논문과 학술논문을 작성할 때 연구자가 편리하게, 그리고 아주 쉽게 이해할 수 있는 서적에 대한 필자의 갈증을 해소하려는 시도이다. 완벽한 학위논문과 학술논문을 작성할 수 있도록 지침 역할을 할 수 있는 매우 훌륭한 책을 발간하면 좋으나 조금 부족하더라도 논문을 처음으로 작성하는 연구자에게 실질적인 도움을 줄 수 있는 책을 만들어보려는 목적을 가지고 이 책을 저술한 것이다. 필자는 이 책에서 제시하고 있는 필자의 경험이 반드시 옳다고 주장하는 것은 아니다. 단지, 학위논문과 학술논문을 작성할 때에 시작은 할 수 있도록 도움을 주려고 하는 데 있다. 이 책을 통하여 이 정도의 공헌을 할 수 있다면 필자는 만족할 것이다.

이러한 생각을 전달하기 위하여 이 책은 〈표 1-6〉과 같이 구성하였다. 이 책에서는 연구설계까지의 내용만 다루고자 한다. 수집된 자료를 활용하여 경험적으로 분석하는 부분들에 대해서는 통계학이라는 책에 양보하려고 한다.

표 1-6 이 책의 구성

장		절
제1장	들어가는 말	제1절 이 책은 무엇을 이야기하려고 하는가?
		제2절 이 책은 어떻게 구성되어 있는가?
제2장	연구주제의 선정과 연구시작 전 준비사항	제1절 연구주제를 어디에서 얻을 수 있고 어떤 주제가 좋은 주제인가?
		제2절 논문의 작성을 시작하기 전에 무엇을 준비하여야 하는가?
제3장	서론의 의의, 구성요소, 그리고 내용	제1절 서론이란 무엇인가?
		제2절 문제 제기(또는 연구의 배경)란 무엇인가?
		제3절 연구의 목적이란 무엇인가?
		제4절 연구의 범위란 무엇인가?
		제5절 연구의 방법이란 무엇인가?
		제6절 논문의 구성이란 무엇인가?
제4장	이론적 배경의 의의, 구성요소, 그리고 내용	제1절 이론적 배경이란 무엇인가?
		제2절 이론이란 무엇인가?
		제3절 선행연구검토란 무엇인가?
제5장	연구설계의 의의, 구성요소, 그리고 내용	제1절 연구설계란 무엇인가?
		제2절 분석의 틀이란 무엇인가?
		제3절 변수정의란 무엇인가?
		제4절 가설설정이란 무엇인가?
		제5절 자료수집방법이란 무엇인가?
		제6절 자료분석방법이란 무엇인가?

제 2 장

연구주제의 선정과 연구시작 전 준비사항

제 1 절　연구주제를 어디에서 얻을 수 있고 어떤 주제가 좋은 주제인가?

제 2 절　논문의 작성을 시작하기 전에 무엇을 준비하여야 하는가?

☞ 핵심체크

1. 학위논문이나 학술논문을 작성하기 전에 연구주제를 선정하여야 하는데 어떤 연구주제를 선정하여야 하는지를 제시하고 있다. 구체적으로는 연구주제란 어떤 출처를 통하여 형성되며, 연구주제의 선정과정에서 고려하여야 하는 기준 및 요건은 무엇이고, 연구주제의 유형에는 무엇이 있는지를 살펴보고 있다.
2. 연구주제를 선정한 후 학위논문이나 학술논문을 작성하기 전에 어떤 준비를 하는 것이 연구과정에서 실질적인 도움을 주는지를 제시하고 있다. 구체적으로는 "핵심논문을 찾아라, 스토리텔링을 하라, 그림으로 전체를 요약하기 위한 연습을 하라, 책상에 붙여놓고 계속 보면서 수정 및 보완하면서 작업해라" 등과 같은 실질적인 도움이 될 수 있는 내용을 제시하고 있다.

제 1 절

연구주제를 어디에서 얻을 수 있고 어떤 주제가 좋은 주제인가?

학위논문과 학술논문 등을 쓰려면 무엇을 연구할 것인지를 결정하여야 한다. 이것을 연구주제의 선정이라고 한다. 연구주제를 선정한다는 것은 논문의 제목을 결정한다는 것을 의미하기도 한다. 선배 학자들은 연구주제와 논문의 제목을 결정하면 학위논문과 학술논문의 절반 이상을 쓴 것이라고 이야기하기도 한다. 이 과정은 매우 중요하지만 어려운 작업이다.

실제로 인터넷에 '연구주제'라는 핵심어(key word)를 입력하면, "나에게 왜 이런 시련을 주시나요?", "어느 학사과정생의 고민은 주제를 어떻게 정하라는 거야?", "전국 대학원생 최대 고민, 박사과정 연구주제 정하기", "연구주제를 고르는 것이 제일 어렵다", "좋은 연구주제를 찾는 방법은? 그걸 정말 알고 있다면 훌륭한 학자가 되었겠지만……" 등과 같은 글들을 쉽게 발견할 수 있다. 그만큼 연구주제를 선정하는 것은 어렵다는 것을 대변한다고 볼 수 있을 것이다. 이러한 점 때문에 적지 않은 대학원생들은 연구주제의 선정과정에서 좌절하기도 한다. 실제로 학위논문의 작성을 포기하는 대학원생들도 발견할 수 있다.

학위논문과 학술논문 등을 쓰려고 준비하는 연구자들은 연구주제의 결정과 관련하여 어떤 고민을 하고 있을까? 아마도 무수히 많은 고민을 하고 있을 것으로 보인다. 필자는 연구주제의 선정과 관련하여 다음과 같은 몇 가지의 고민을 했던 것 같다. 연구주제란 어떤 것을 이야기하는지, 연구주제에 대한 아이디어를 어디로부터 얻을 수 있는지, 연구주제에는 어떤 유형이 있는지, 그리고 어떤 연구주제가 좋은 연구주제인지 등에 대한 고민을 하였다. 즉, 도대체 연구주제라는 것이 무엇인지를 우선적으로 알고 싶었던 것 같다. 연구주제가 무엇인지를 알아야 연구주제를 선정할 수 있다는 생각에 기인한 것으로 보인다.

1. 연구주제란 무엇인가?

연구주제란 연구자가 연구하려고 하는 것을 말한다. 지도교수는 학위논문을 준비하는 대학생과 대학원생에게 제일 먼저 "자네는 무엇을 연구하려고 하지?"라는 질문을 한다. 즉, 지도교수가 학위논문을 준비 중인 대학생과 대학원생을 만나 처음으로 질문하는 것이 연구하려는 주제를 묻는 것이다. 학위논문을 준비 중인 대학생과 대학원생 역시 지도교수를 만나면 제일 먼저 나올 질문이 연구주제라는 것을 잘 알고 있다. 연구의 주제를 결정하는 것이 연구의 출발점이 되기 때문이다. 그래서 학위논문을 준비 중인 대학생과 대학원생은 연구주제가 결정되지 않으면 지도교수를 만나는 것이 두렵다. 그러다가 시간은 흐르면서 학위논문작성에 대한 두려움과 자신감만 떨어지게 된다. 이런 현상은 대학에서 흔히 발견할 수 있다.

너무 많은 걱정을 하지 않았으면 한다. 그렇다고 아무것도 하지 않으면서 하늘에서 연구주제가 떨어지기를 기다리는 것은 곤란하다. 또한 흔들의자에 앉아서 연구주제를 고민하는 것도 추천하고 싶지는 않다. 연구주제를 결정하기 위하여 많은 노력과 고민을 하여야 한다. 지도교수와 문제 해결을 위하여 함께 고민하고 노력하는 것도 좋으나 실제로 이러한 방법을 취하는 대학생과 대학원생은 많지는 않을 것이다. 어렵게만 느껴지는 지도교수와 연구주제에 대해 논의한다는 것은 준비가 되어 있지 않다는 것을 보여준다고 생각하기 때문에, 무엇인가를 준비해서 지도교수를 만나려고 하는 것이 일반적인 현상일 것이다. 그러면 남는 것은 논문과 책을 읽고 선배들, 그리고 동료들과 많은 이야기를 나누는 것이 될 것이다. 이 역시 좋은 방법임에 틀림없다.

필자의 경험에 의하면 세상에 태어나 처음으로 연구주제를 결정하려고 노력하고 고민하였던 과정이 평생 동안 연구를 하는 데 있어 좋은 밑거름이 되었다. 연구주제를 결정하는 입장에 있는 연구자는 말도 되지 않는 소리라고 말할 수도 있지만 이 과정을 즐기려고 노력하기를 추천하고 싶다.

그러면 다음으로는 연구주제를 어디에서 얻을 수 있는지에 대해 생각해보려고 한다.

2. 연구주제를 어디에서 얻을 수 있는가?

연구주제를 결정하려면 연구주제가 어디에 있는지를 알아야 한다. 즉, 어디에서 연구주제를 찾을 수 있는지를 고민해 보자는 것이다. 이에 대한 답을 쉽게 말하면 연구주제는 어디나 존재하고 어디에도 없다고 하는 것이 맞을 것이다. 고민하고 행동으로 노력하는 연구자에게는 어디나 존재할 것이고, 하늘에서 떨어지기를 기다리는 연구자, 흔들의자에 앉아서 주제가 결정되기를 원하는 연구자에게는 어디에도 없다고 보아야 할 것이다.

연구주제를 결정하려면 우선 충분한 고민이 있어야 한다. 다음으로는 행동을 하여야 한다. 연구주제가 결정되기를 기다리는 것은 곤란하다. 신문을 보면서 한국뿐만 아니라 전 세계적으로 어떤 사건들이 발생하고 있는지를 찾아보고, 다양한 주제에 대한 책과 논문을 읽어보며, 그리고 동료, 선배, 관련 분야 전문가 등과 충분히 토론을 하면서 연구자가 선호하는 다양한 연구주제 중 이번에 연구하려고 하는 연구주제를 선정하기 위하여 연구주제의 범위를 좁혀나가는 것이 중요하다.

그러면 일반적으로 연구주제는 어디에 있는지에 대해 이야기할 때가 되었다. 즉, 연구자는 연구주제를 어디에서 얻을 수 있는지에 대해 논의하려는 것이다. 일반적으로 연구주제는 기존의 지식체계, 사회적 요청, 사회적 가치와 규범, 그리고 개인적 관심과 경험으로 요약해서 이야기할 수 있을 것이다.

1) 기존의 지식체계로부터 연구주제를 얻을 수 있다

세상에는 이미 많은 이론이나 지식들이 있다. 연구주제는 기존의 이론이나 지식에 있다. 기존의 이론이나 지식은 책, 논문 등에 잘 정리되어 있다. 즉, 선행연구로부터 연구주제를 얻을 수 있다는 이야기를 하려는 것이다. 수없이 많이 존재하는 기존의 이론이나 지식 중에서 연구자가 다른 이론이나 지식보다 더 많은 흥미나 관심을 가지고 있는 이론이나 지식이 있다면 그것을 통해서 연구주제를 결정하라는 것이다.

추상적인 말들로 이야기하고 있기 때문에 연구자들의 마음속에 쉽게 들어오지 않을 수 있다. 좀 더 쉽게 이해할 수 있도록 필자의 경험을 이야기하려 한다. 필자가 학위논문을 준비할 때 어떻게 주제를 잡았는지 이야기하려는 것이다. 필자의 경험이 모든 학자들의 경험과 일치하는 것도 아니고 필자의 경험이 바람직하다고 이야기하는 것도 아니다. 연구를 시작하는 연구자들에게 조금이라도 도움이 되기를 희망하면서 경험을 공유하려는 것이다.

필자는 학위논문을 준비하면서 대다수의 연구자가 그러하듯이 연구주제의 선정에 어려움을 겪었다. 필자는 학위과정 중에 행정이론, 특히 조직론에 관심이 많았다. 그러다가 국책연구원에서 3개월 정도 연구보조원으로 연구 활동을 할 수 있는 기회를 가지게 되었다. 학교 안에서만 생활하다가 국책연구원에서 짧은 기간이지만 근무할 수 있었던 것은 현실을 이해할 수 있는 좋은 기회였다. 그 당시 수행한 과제는 "○○광역시의 세수추계모형을 개발하고 모형을 적용했을 때 향후 어느 정도의 지방세가 걷힐 수 있는지를 추정하라"는 주제였다. 지방재정에 대해 공부할 수 있는 기회가 많지 않았던 필자는 난관에 부딪히게 되었다. 문제를 해결하기 위하여 우선 관련된 저서와 논문을 읽기 시작하였다. 그리고 이해되지 않는 부분들에 대해서는 국책연구원에 근무하고 있는 선배 박사님들에게 물어보면서 학습하였다. 또한 세수추계를 위해서는 적용할 수 있는 통계기법과 통계프로그램이 있어야 했다. 세수추계기법은 기존 문헌과 필자가 가지고 있는 통계적 지식을 활용하면 되나 통계프로그램이 필요하였다. 지인찬스를 활용하여 통계프로그램을 가지고 있는 선배를 찾을 수 있었고, 그분의 도움을 통해 통계프로그램을 활용할 수 있었다. 무사히 해당 연구를 마치고 학교로 돌아왔다. 그러면서 학위논문의 주제를 결정하는 시기가 되었다. 대다수의 학생들처럼 고민이 되는 부분이었다. 그러다가 짧은 기간이지만 국책연구원에서 근무하면서 읽었던 논문 중에서 다른 어떤 논문보다 많은 관심을 가졌던 논문이 생각났다. 그 논문을 읽으면서 논문의 저자가 접근하는 방법에 동의할 수 없는 부분들이 있었다. 논문의 저자는 연구의 한계 부분에 자신의 연구에서 부족한 점을 제시하였는데, 바로 그 부분이 동의하지 못하였던 부분이었다. 필자는 학위논문에서 이 부분을 보완하는 것이 어떨까라는 고민을 시작하였다. 관련 책이나 논문들을 찾아서 읽는 과정을 통하여 연구주제에 대한 확신을 가질 수 있었다.

필자의 경험에 근거하면 연구주제를 선정하려면 기존에 발간되어 있는 책, 논문을 많이 읽어야 한다. 읽으면서 연구자가 더 관심이 가는 주제를 몇 개 선정하라는 것이다. 그 이후에는 선정한 몇 개의 주제를 좀 더 깊이 고민하고 관련 책이나 논문을 읽으면서 연구의 수행이 곤란한 연구주제를 제거해 나가야 한다. 그런 과정을 거친 후 남는 것이 연구자의 연구주제가 되는 것이다. 특히, 기존 논문을 읽으면서 연구의 한계부분에 주목할 필요가 있다.

2) 사회적 요청으로부터 연구주제를 얻을 수 있다

연구주제는 일상적인 사회에도 존재한다. 언론을 통해서 한국이나 전 세계에 어떤 문제가 있는지를 알게 되고 이것이 연구주제가 될 수 있다는 것이다. 한국이나 전 세계가 가지고 있는 문제 중에서 연구자가 보다 많은 관심을 가질 수 있는 주제를 선정하면 그것이 연구주제가 될 수 있다는 것이다.

이러한 현상은 일반적인 사회생활을 하면서도 발생한다. 입사동기인 A와 B 중에서 A가 승진하고 B는 승진하지 못하였는데, 그러면 승진을 결정하는 요인은 무엇인지가 궁금해질 수 있다. 성과의 창출 정도에 따라 성과연봉을 결정하는 조직에서 성과연봉제는 성과창출에 기여하는지가 궁금해질 수 있다. 이와 같은 주제들이 연구주제가 될 수 있는 것이다. 이러한 사례들은 직접적인 사회적 요청은 아니나 간접적인 사회적 수요가 연구주제가 되는 경우를 제시한 것이다.

사회적 요청에 의하여 연구주제가 결정되는 다른 유형의 사례도 존재할 수 있다. 대표적인 경우가 어떤 기관이 연구주제를 정하여 연구자에게 연구를 의뢰하는 경우이다. 이 경우에도 연구주제는 결정된다. 일반적으로는 국가적으로나 사회적으로, 그리고 특정 기관이 어떤 곤란한 사안이 발생하였을 때 이로 인해 발생할 수 있는 문제들과 이를 개선할 수 있는 방법이 무엇인지 찾아달라는 경우이다. 예를 들면, COVID-19가 한국사회에 미친 영향은 무엇이고, 향후 어떻게 대처해 나가야 하는지에 대한 답을 요청하는 경우가 이러한 사례라고 볼 수 있을 것이다. 흔히 말하는 용역연구과제, 수탁연구과제, 정책연구과제 등이 여기에 해당된다고 보아야 할 것이다.

3) 사회적 가치와 규범을 벗어난 연구주제는 선택하지 않아야 한다

연구주제는 사회의 가치나 규범으로부터 벗어날 수는 없다. 연구자는 사회의 구성원이기 때문에 사회에서 요구하는 가치와 규범의 틀을 벗어날 수 없다. 이는 연구주제를 정할 때 사회적 가치와 규범에서 벗어난 연구는 할 수 없다는 것을 의미한다. 즉, 연구자가 아무리 많은 관심을 가지고 있다고 하더라도 사회적 가치와 규범을 벗어난 연구는 할 수 없다.

예를 들면, 민주주의를 선호하는 국가에서는 국민들의 여론이 정치에 상당히 중요하게 작용한다. 미국은 민주주의를 선호하는 국가이기 때문에 여론조사가 발전될 수밖에 없었을 것이다. 또한 미국은 개인의 사생활을 매우 중요시하는 국가이다. 따라서 연구주제로 인해 사생활 침해가 발생할 수 있다면 이런 연구는 할 수 없는 것이다.

사회적 가치와 규범은 연구주제에 대한 아이디어를 제공하지는 않으나 연구주제의 범위를 규율할 수 있을 것이다.

4) 개인적 취향과 경험으로부터 연구주제를 얻을 수 있다

연구주제는 개인이 가지고 있는 취향이나 경험에 의하여 결정될 수 있다. 반대로 말하면 연구자가 연구주제를 정할 때에는 연구자가 관심을 가지고 있는 주제, 연구자가 개인적으로 경험한 주제를 선정하는 것이 좋다는 것이다. 다른 연구자들은 별로 중요하다고 생각하지 않는 문제일지라도 개인의 취향이나 경험에 의하여 중요하게 생각되면 이것을 연구주제로 선정하라는 것이다. 이런 연구주제를 선정하면 연구를 진행하는 동안 발생할 수 있는 많은 어려움을 이겨낼 수 있는 원동력이 될 수 있을 것이다.

종합하면, 연구주제는 어디나 존재하고 어디에도 없다. 연구주제는 어디나 존재하지만 관심을 가지고 행동으로 옮기지 않으면 어디에도 없는 것이다. 어디나 존재하는 연구문제 중에서 어느 것을 선정하느냐가 중요하다. 연구주제를 선정할 수 있는 방법은 비판의식을 가지고 사물을 바라보아야 한다. 연구자가 가지고 있는 상식의 범위 내에서 발생하지 않을 것 같은 사건이 나타났을 때 이를 비판의식을 가지고 바라봄으로써 좋은 연구주제를 얻을 수 있다. 또한 사람들이 당연한 것으로 바라보았던 문제들 중에서도 많은 연구주제를 얻을 수 있다. 예를 들면, 옛날에는 유선전화기를 통해서 통화를 할 수 있었다. 밖에서는 공중전화를 활용하여야 통화가 가능하였다. 이를 당연하게 받아들였다면 모바일 폰이 탄생할 수 있었을까? 누군가는 들고 다니면서 자유롭게 통화할 수 있었으면 좋겠다는 생각과 함께 모바일 폰에 대한 연구를 시작하였고, 이러한 연구를 통해 모바일 폰이 탄생한 것이다. 또한 다른 예로는 스마트시티를 들 수 있을 것이다. 스마트시티는 텔레커뮤니케이션을 위한 기반시설이 인간의 신경망처럼 도시 구석구석까지 연결된 도시 또는 정보통신기술(Information & Communication Technology)과 각종 융합기술을 통해 도시 구석구석까지 네트워크로 연결되어 사람과 사람, 사람과 사물, 사물과 사물, 심지어는 도시와 도시 간에도 상호 정보유통이 가능한 도시를 의미한다(이순자, 2017). 스마트도시는 정보통신기술을 활용하여 도시가 가지고 있는 문제를 해결하고, 시민의 삶의 질을 제고함으로써 시민들의 행복한 삶이 영위될 수 있도록 되어 있는 지속 가능한 도시이다(김갑성, 2020). 디지털도시(정보화도시)와 유비쿼터스도시(첨단정보통신도시)를 거쳐 스마트시티(지능형도시)로 변화하였다고 볼 수 있다. 물론 정보통신기술이 도시가 가지고 있는 모든 문제를 완벽하게 해소할 수는 없으나 다수의 문제를 일정 수준 이상 해소할 수 있을 것이다. 또한 현행 기술로 해소되지 않는 문제의 경우에도 언젠가는 해소될 수 있을 것이다(김갑성, 2020). 스마트도시가 되면 기존의 오프라인 서비스보다는 온라인 서비스가 확대되어야 하고, 주민들의 참여수단 역시 다양화되어야 할 것이다. 현장의 목소리를 실시간으로 반영할 수 있는 다양한 방법들이 만들어질 수 있기 때문에 현장행정이 더욱 중요해질 수 있을 것이다. 만약 오프라인으로만 서비스를 제공하고 문제를 해결하는 것을 당연하게 받아들였다면, 그리고 문제를 개별적으로 분리하여 생각하였다면 스마트시티가 탄생할 수 있었을까 하는 의문이 드는 것이다. 누군가가 종합적으로 사고하였고, 온라인 서비스를 통해 문제를 해결하려는 연구주제를 가지고 연구하지 않았다면 스마트시티는 탄생하지 않았을 것이다.

3. 연구하려는 주제는 어떤 유형에 해당되는가?

연구주제는 다양하여 획일적으로 구분하는 데 어려움은 있지만 통상적으로는 세 가지 정도로 유형화할 수 있을 것이다. 구체적으로는 연구자가 다루려는 연구주제가 경험과 관련된 것인지, 이론과 관련된 것인지, 아니면 처방 성격을 가지고 있는 규범적인 것인지 등으로 구분할 수 있다는 것이다.

첫째, 경험과 관련된 연구주제이다. 이는 경험 속에서 관심을 자극하거나 설명이 필요한 것을 연구하는 것을 말한다. 둘째, 이론과 관련된 연구주제이다. 이는 일반적으로 기존 이론의 논리적 일관성이나 타 이론과의 갈등 등과 관련된 주제를 연구하는 것을 말한다. 셋째, 규범과 관련된 연구주제이다. 이는 가치판단에 의하여 해답을 제시할 수 있는 평가적·처방적인 연구주제를 말한다.

학위논문이나 학술논문의 연구주제는 세 가지 유형 모두가 가능할 것이다. 다만, 학위논문이나 학술논문의 연구주제로써 이론과 관련된 연구주제를 선정하여 추진하는 것이 좋을 것으로 생각되기는 하나 이는 매우 어려운 작업이다. 다음은 규범과 관련된 연구주제를 선정하여 학위논문이나 학술논문을 작성하는 것은 현실적인 문제를 다루고 있기 때문에 흥미로울 수 있을 것이다. 그러나 연구의 객관성 문제로 인해 심사과정에서 어려움이 발생할 수도 있을 것이다. 이러한 점 때문에 객관성을 확보할 수 있는 다수의 방법들을 활용하여야 하고 이러한 노력이 쉽지는 않을 것이다. 마지막으로, 경험과 관련된 연구주제를 선정하여 학위논문이나 학술논문을 작성하는 것은 경험적으로 발생한 특이한 현상을 설명하려는 시도이기 때문에, 연구자가 관심을 가지고 있는 것이라면 열정적인 연구가 가능해진다는 장점이 있다. 그러나 특정 현상이 발생한 원인을 찾는 과정은 쉽지 않다. 종합하면, 연구주제의 유형 중 어떤 것도 쉽지는 않을 것이다.

연구자의 성격 등을 고려하여 보다 더 관심을 가지는 연구주제의 유형을 선택하는 것이 연구 활동에서 발생할 수 있는 어려움을 이겨내는 데 도움이 될 것으로 보인다. 어떤 연구주제를 선택하여도 어차피 어려운 현상이 발생할 수밖에 없다면 연구자에게 보다 잘 맞는 것을 찾아서 선택하는 것이 좋다는 것이다.

4. 어떤 연구주제가 좋은 연구주제인가?

필자는 사회적 가치와 규범을 벗어나는 등 일정한 제약을 제외하면 어떤 연구주제를 선택하여 연구하여도 괜찮다고 생각한다. 그러나 어떤 연구주제를 선택하여도 괜찮다는 의미가 성공적으로 연구를 수행한다는 것을 의미하는 것은 아니다. 즉, 어떤 연구주제도 선정 가능하나 연구의 성공을 위해서는 좋은 연구주제를 선택하여야 한다는 것이다. 좋은 연구주제를 선정하여야 한다고 이야기하는 것은 쉽다. 그런데 좋은 연구주제가 무엇인지 물으면 답변하기가 쉽지는 않을 것이다.

일반적으로 좋은 연구주제는 연구할 가치가 있는 것을 말한다. 그런데 연구할 가치가 있다는 말은 너무 광의적이기 때문에 이해하기가 쉽지 않다. 그래서 필자는 추상적인 말보다는 연구자가 실제로 활용할 수 있는 기준에 대해 이야기하려 한다. 필자의 경험에 의하면 좋은 연구주제는 연구자가 관심을 가지는 주제이어야 하고, 남들이 많이 연구하지 않은 주제이어야 하며, 자료의 수집과 분석이 가능한 주제이어야 하고, 연구자가 가지고 있는 능력(예: 시간, 비용, 금전 등)의 범위 내에 있어야 한다. 즉, 이러한 요건이 충족되어야 성공적으로 연구를 할 수 있다는 것이다. 종합하면, 좋은 연구주제는 성공적으로 연구를 할 수 있는 요건을 갖춘

주제라고 요약할 수 있을 것이다.

좀 더 구체적으로는 내용요건, 분석요건, 역량요건으로 구분하여 살펴볼 수 있을 것이다. 첫째, 좋은 연구주제는 일정한 요건을 충족시킬 수 있는 내용을 가지고 있어야 한다. 좋은 연구주제의 요건은 연구주제가 개인적으로 관심이 있는 것이어야 하고, 창의적인 연구주제이어야 하며, 가능하면 현실 문제를 해결할 수 있는 것이어야 하고, 기존의 사회규범이나 가치, 그리고 윤리성 등을 해치지 않아야 한다는 것이다. 모두 동의할 수 있는 부분이다.

그런데 처음으로 학위논문이나 학술논문을 작성하려는 학자들은 창의적인 연구주제이어야 한다는 말에 어려움을 느낄 수 있다. 창의적인 연구주제에 대해서는 일반인과 연구자 간에 약간의 차이가 있는 것으로 생각하는 것이 보다 현실적일 것이다. 일반인들은 다른 연구자가 한 번도 연구하지 않은 아주 새로운 연구이어야 창의적인 연구주제라고 생각할 수 있을 것이다. 이런 연구주제만을 창의적인 연구라고 한다면 기존의 학위논문이나 학술논문 중 창의적인 논문이 어느 정도가 될지 잘 모르겠다. 더군다나 학위논문이나 학술논문을 작성할 때에는 선행연구를 검토하여야 하고, 경험적인 분석을 위하여 사용하는 변수는 이론이나 선행연구를 통하여 검증(또는 근거를 제시)되어야 하는 등의 이야기를 하고 있는데, 기존의 연구 중 이전에 없었던 아주 새로운 연구가 어느 정도인지 말하기는 쉽지 않다. 그러면 기존의 연구주제는 창의적이지 않았는지 궁금해진다. 창의적인 연구가 아닌데 학위논문이나 학술논문이 통과되었을 리가 없다. 그렇다면 기존의 학위논문이나 학술논문은 창의적인 연구였다고 보아야 할 것이다. 그러면 창의적인 연구가 무엇인지 고민이 된다. 연구자들은 다른 사람이 한 번도 다루지 않은 주제를 창의적인 연구주제라고 보는 것이 아니라 연구에서 사용하고 있는 자료, 자료분석의 시간적 범위, 자료의 분석방법, 이론적 근거 등에 차이가 있으면 창의적인 연구주제라고 본다.

예를 들면, 학술지검색시스템 중 하나인 RISS에 관청형성모형이라는 핵심어(key word)를 입력하면 “관청형성모형의 재구성(2006)”, “관청형성모형에 기반한 중앙정부 예산 점증성 분석(2017)”, “세출예산분석을 통한 지방자치단체의 성격규

명: 관청형성모형을 중심으로(2002)", "일본 중앙정부의 행·재정개혁에 관한 경험적 연구: 관청형성모형을 중심으로(1998)" 등 수없이 많은 연구가 있다. 또한 "한국 이민정책의 집행에 관한 연구: 관청형성모형을 통한 세출예산분석을 중심으로", "정부부처 고위관료가 예산구조에 미치는 영향에 관한 연구: 관청형성모형을 중심으로(2021)", "수준별 정부의 예산지출변동패턴 분석 연구: 관청형성모형 적용을 중심으로(2017)" 등 다수의 석·박사 학위논문이 있다. 만약 일반인들이 적용하는 창의적인 연구의 요건이 이전 연구에서 다루지 않았던 내용이라고 한다면 살펴본 것과 같은 연구는 창의적인 연구라고 간주하기 어려울 수 있을 것이다. 그러나 연구자들이 생각하는 창의적인 연구의 의미를 적용한다면 각 연구주제 간에는 자료분석 시기의 차이, 중앙-지방-일본 등 분석대상의 차이 등이 있기 때문에 창의적인 연구로 간주할 수 있는 것이다.

이러한 점을 종합한다면 창의적인 연구는 사용하고 있는 자료, 자료분석의 시간적 범위, 자료의 분석방법, 이론적 근거 등에 차이가 있으면 되는 것으로 이해될 필요가 있을 것이다. 쉽게 말하면, 창의적인 연구는 기존 연구에 한 장의 벽돌을 더 얹는다는 것으로 이해되어야 한다는 것이다.

둘째, 좋은 연구주제는 분석과 관련된 일정한 요건을 충족시킬 수 있어야 한다. 좋은 연구주제가 갖추어야 할 분석요건은 경험적으로 검증이 가능하여야 하고, 범위가 너무 넓지 않도록 구체적으로 적시되어야 하며, 자료의 수집이 가능하여야 한다는 것이다. 경험적으로 검증이 가능한 연구주제가 되려면 기존의 이론이나 선행연구 등에 근거를 두고 선정된 연구주제이어야 할 것이다. 이미 선행연구에서 검증이 이루어졌지만 검증과정에서 부족한 점들이 존재하여 그것을 보완하려는 연구를 한다면 연구자가 선정한 연구주제에 대한 검증이 어렵지 않을 것이다. 또한 연구 범위가 구체적으로 적시되어야 한다는 의미는 연구주제가 너무 포괄적으로 제시되면 검증을 위한 분석이 어렵다는 것이다. 연구주제가 담고 있는 문제가 정확하고 명확하게 한정되어야 분석이 가능할 것이다. 마지막으로, 자료의 수집이 가능하여야 한다는 의미는 아무리 좋은 연구주제라 할지라도 이를 검증하기 위한 자료의 수집이 가능하여야 한다는 것이다. 즉, 연구자가 선정한 연구주제를 검증하여야 하는데, 검증을 위하여 필요한 자료를 수집할 수 없다면 검증이 불가능해지기 때문에 좋은 연구주제라고 보기 어렵다는 것이다.

셋째, 좋은 연구주제는 연구자의 역량을 활용하여 연구를 수행할 수 있어야 한다. 즉, 연구자의 역량 범위를 넘어선 연구주제라고 한다면 좋은 연구주제라고 볼 수 없다는 것이다. 연구자의 역량에는 연구자가 투입할 수 있는 시간, 연구자의 비용부담 능력, 그리고 연구 능력 등이 해당된다. 연구자에게 주어진 시간이 6개월인데 해당 연구주제를 검증하는 데 10년이 걸린다면 좋은 연구주제라고 볼 수 없고, 연구자가 선정한 연구주제를 검증하는 데 다수의 비용이 지출되어야 하나 그 비용이 연구자가 부담할 수 있는 역량을 초과하였다면 좋은 연구주제로 간주하기 어렵다. 그리고 연구자는 아프리카 원주민의 언어를 알지 못하는 데 모든 자료가 아프리카 원주민의 언어로 되어 있다면 이 역시 좋은 연구주제라고 보기 어렵다는 것이다. 이러한 점들은 연구자가 가지고 있는 역량의 범위 내에서 검증이 가능한 연구주제가 좋은 연구주제라는 것을 의미하는 것이다. 종합하면, 좋은 연구주제는 논점이 분명하고 구체적인 주제를 채택하여야 하며, 축적된 문헌이 충분하여야 하고, 검증이 가능한 주제를 잡는 것이 좋다는 것이다.

제2절

논문의 작성을 시작하기 전에 무엇을 준비하여야 하는가?

1. 논문의 작성을 시작하기 전에 작성하려는 논문의 성격을 규명하여야 하는 이유는 무엇인가?

연구주제가 선정되면 다음으로는 연구자가 연구하려는 주제의 내용이 어떤 성격을 가지고 있는지를 결정하여야 한다. 연구주제의 내용상 성격에 따라 수집하여야 하는 자료, 분석방법, 그리고 해석 등 다양한 점이 달라질 수 있기 때문이다.

논문의 성격은 연구를 수행하는 목적을 기준으로 할 때 탐색적 연구(exploratory study), 기술적 연구(descriptive study), 그리고 설명적 연구(explanatory study)로 구분할 수 있고, 자료수집방법에 따라 연성 자료(soft data)를 활용하는 연구와 경성 자료(hard data)를 활용하는 연구로 나눌 수 있다. 그리고 분석방법을 기준으로 할 때 양적 연구(quantitative study)와 질적 연구(qualitative study)로 구분할 수 있고, 연구결과의 활용목적에 따라 이론 연구(theory study)와 정책 연구(policy study)로 구분할 수 있다.

표 2-1 논문의 성격에 의한 분류

기준	분류
연구의 목적	탐색적 연구, 기술적 연구, 설명적 연구
자료수집방법	연성 자료, 경성 자료
분석방법	양적 연구, 질적 연구
연구결과의 활용목적	이론 연구, 정책 연구

첫째, 연구의 목적을 기준으로 하면 탐색적 연구, 기술적 연구, 설명적 연구로 구분할 수 있다. 탐색적 연구(exploratory study)는 예비조사(pilot test)로써의 성격을 보유하고 있는 연구이기 때문에 기술적으로 엄밀한 제한을 하지는 않는다. 탐색적 연구는 추후에 좀 더 체계적으로 조사하기 전에 조사의 대상이나 환경 등에 익숙해지기 위해서, 추후에 어떤 조사를 시행하는 것이 좋은지를 파악하기 위해서, 개념규정을 보다 명확하게 하려는 목적의 충족을 위해서, 그리고 중요하다고 생각되는 각종 문제에 대한 실태 파악을 위해서 시행한다. 탐색적 연구에서는 문헌조사와 경험자 면담 등의 방법을 주로 활용하고 있다.

기술적 연구(descriptive study)는 현상을 있는 그대로 정확히 나타내는 것을 의미한다. 우리가 흔히 이야기하는 6하 원칙 중 누가(who), 무엇을(what), 어디서(where), 언제(when), 어떻게(how)라는 문제에 대한 대답을 시도하는 것이다.

그리고 설명적 연구(explanatory study)는 원인과 결과를 규명하는 연구를 수행한다는 것을 말한다. 6하 원칙 중 왜(why)에 대한 대답을 제시하는 것이다.

학위논문이나 학술논문은 탐색적 연구와 기술적 연구보다는 설명적 연구가 바람직하다. 원인과 결과를 규명하는 것이 학위논문과 학술논문에 적합하다는 의미이다. 그러면 학위논문과 학술논문을 처음으로 작성하는 연구자는 기존에 연구되어 있는 학술논문의 제목을 보면 …… 탐색적 연구가 존재한다고 이야기할 수 있을 것이다. 아마도 논문의 제목에 탐색적 연구라고 되어 있기 때문에 탐색적 연구라고 생각하고 있을 것이다. 그러나 논문을 읽어보면 이 책에서 이야기하는 탐색적 연구가 아니라 설명적 연구에 해당된다고 보아야 할 것이다. 예를 들면, 차태훈 외(2008)가 『소비문화연구』라는 학술논문집에 게재한 "데이마케팅의 의례요소에 관한 탐색적 연구: 소비자 참여에 미치는 영향을 중심으로"라는 논문을 보면 제목에 탐색적 연구라고 되어 있기 때문에 탐색적 연구라고 간주할 수 있을 것이다. 그런데 실제 논문의 내용을 보면 탐색적 연구가 아니고 설명적 연구이다. 초록의 내용을 보면 "현재 우리나라에는 발렌타인데이를 비롯해 50개가 넘는 데이가 있다. 그러나 이 중 참여자들에 의해 참여되고 있는 데이는 극히 제한적이다. 본 연구는 이러한 데이를 의례의 개념으로 접근하였다. 룩(Rook, 1985)의 연구를 바탕으로 소비자들이 하나의 데이 구성요소 네 가지인 데이용품, 데이스크립트, 데이역할, 데이청중이 명확하게 인식하면 할수록 그들의 데이 참여의지가 높아질 것이라는 가설을 설정하고, 이를 심층면접과 설문조사로 검증하였다. 이러한 실증연구들을 통해 데이 구성요소 네 가지가 명확하면 명확할수록 데이의 참여 정도가 높다는 결과를 얻었다. 또한 본 연구의 가설로 설정되지 않았지만 심층면접 결과를 바탕으로 데이의 네 가지 구성요소와 제품구매의도의 관계에서 데이참여가 매개변수의 역할을 한다는 추가적인 가설을 도출했다. 이것에 대한 추가적인 분석을 통해 데이구성요소와 제품구매의도 관계에서 데이참여의 매개 효과가 있다는 사실을 확인하였다"고 되어 있다. 즉, 설명적 연구를 수행한 것이라고 볼 수 있을 것이다.

둘째, 자료를 수집하는 방법에 따라 연구주제의 성격을 구분하면 연성 자료(soft data)를 활용한 연구와 경성 자료(hard data)를 활용한 연구로 구분할 수 있다. 연성 자료란 실험, 설문, 관찰 등의 방식으로 수집한 자료를 의미한다. 그리고 경성 자료란 통계청, IMF, OECD 등과 같은 기관들이 조사해 놓은 통계치 등을 의미한다.

어떤 자료를 활용하는 것이 좋은 것인지를 획일적으로 판단하지 않아야 한다. 연구주제에 따라 연성 자료를 수집하여 분석할 것인지 아니면 경성 자료를 수집하여 분석할 것인지를 결정하여야 할 것이다. 필자의 경험에 근거하면 경성 자료를 활용하는 것이 연구시간, 비용 등 다양한 측면에서 유용할 수 있다. 그러나 연구주제에 따라서는 경성 자료가 없어서 활용하는 것이 불가능한 경우도 다수 존재하기 때문에 연구주제에 따라 연구자가 결정하여야 할 것이다.

셋째, 자료를 분석하는 방법에 따라 양적 연구와 질적 연구로 구분할 수 있다. 양적 연구는 경험적 자료를 수집하여 통계적으로 분석하는 연구방법을 말한다. 양적 연구는 현상에 대한 일반적인 법칙을 발견 또는 설명하려고 할 때 사용하고 있다. 가설검증이나 법칙을 발견하려는 연구에 유용하고 객관적인 연구가 가능하다는 장점을 가진다. 이 책에서 다루고 있는 과학적 연구의 과정과 직접적으로 연계되어 있다고 볼 수 있을 것이다.

질적 연구는 연구자가 가지고 있는 직관적인 통찰을 이용하여 현상을 해석하고 이해하려는 연구를 말한다. 특정 현상에 대해 심층적으로 분석하고자 할 때 주로 활용된다. 연구자의 주관적인 가치가 개입할 가능성이 있고, 객관적인 법칙을 통한 일반화에 어려움이 있을 수 있다.

학위논문과 학술논문은 양적 연구의 성격을 보유한 것도 있고 질적 연구의 성격을 가지고 있는 것도 있다. 이 역시 연구주제에 따라 결정하여야 하는 문제이니 획일적인 기준을 적용할 수는 없을 것이다. 다만, 논문의 규모를 보면 양적 연구의 성격을 보유한 연구가 질적 연구의 성격을 보유한 연구보다 더 많은 것이 사실이다. 이러한 현상이 발생한 이유는 학위논문이나 학술논문의 경우 연구를 통해 법칙을 발견하고 이를 일반화하려는 데 목적이 있기 때문으로 해석할 수 있다.

넷째, 연구결과의 활용목적에 따라 이론 연구와 정책 연구로 구분할 수 있다. 이론 연구는 과학적으로 필요하기 때문에, 특정 현상을 이해하기 위한 지식을 발견하려고, 그리고 이론을 새롭게 형성하려는 목적을 가지고 있다. 반면, 정책 연구는 현실적으로 필요하기 때문에, 정책집행을 위한 지식을 얻기 위하여, 그리고 집행요인을 발견하여 적용하려는 목적을 가지고 있다.

학위논문과 학술논문은 이론 연구, 정책 연구 중 어떤 것이어야 한다고 획일적으로 말하기 어렵다. 일반적으로는 이론 연구를 추구하는 것이 더 좋다고 말하고 싶을 수 있지만 너무나 어려운 과정일 뿐만 아니라 연구주제의 다양성 등을 고려할 때 바람직하지 않을 수 있다. 연구자는 이론 연구를 하여도 되고 정책 연구를 하여도 된다. 연구자가 원하는 것을 선택하여 수행하면 될 것으로 보인다.

표 2-2 연구결과의 활용목적에 의한 연구의 성격 구분

이론적 연구	정책적 연구
과학적 필요	현실적 필요
현상의 이해를 위한 지식	집행을 위한 지식
이론형성과 관련	집행요인의 발견과 관련

자료: 김현구. 미발간 강의노트.

2. 논문의 작성을 시작하기 전에 준비하여야 하는 것은?

논문의 작성을 시작하기 전에 준비하여야 하는 것은 너무나 많을 것이다. 사전에 얼마나 많은 준비를 하였느냐에 따라 본 연구가 시작되었을 때 발생할 수 있는 문제가 줄어들 수 있기 때문이다. 따라서 매우 중요한 과정으로 이해하여야 한다.

필자는 학생들을 지도하면서 사전 준비의 부족으로 인해 중간에 논문을 포기하는 경우를 종종 발견하였다. 필요한 자료가 없는 경우도 있었고, 분석결과가 도출되지 않아 어려움에 직면한 경우 등 다양한 사례가 발견되었다. 이러한 문제들을 예방하기 위해서는 논문의 작성을 시작하기 전에 최소한 몇 가지의 노력들이 이루어질 필요가 있다는 것을 확인할 수 있었다.

지금부터는 필자의 경험에 근거하여 논문작성에 필요한 실질적인 이야기를 하고자 한다. 필자는 학위논문이나 학술논문을 준비하는 연구자가 연구 실패라는 결

과에 직면하지 않도록 하려고 다양한 시도를 해보았다. 그 결과에 대해 이야기하려고 한다.

1) 논문의 내용이 명확하게 드러날 수 있도록 제목을 붙여라

논문의 시작은 제목을 붙이는 것부터 시작한다고 보아야 할 것이다. 논문의 제목은 논문의 내용을 전달하는 수단이며, 연구결과를 분류할 때, 목록을 작성하는 출처가 될 수 있기 때문에 매우 중요하다.

논문의 제목은 어떻게 표현하는 것이 좋은지 고민해볼 필요가 있다. 어렵지 않게 제목을 붙일 수 있다고 생각할 수 있으나 학위논문이나 학술논문을 작성한 경험이 있는 연구자들은 어려움이 있었다고 이야기할 것이다. 일반적으로 학위논문일 경우 학술논문 등에 비해 포괄 범위가 넓은 것이 현실이다. 학술논문검색시스템에서 논문을 검색해보면 수도 없이 많은 학위논문과 학술논문이 있다. 연구 범위를 비교하기 위하여 박사논문과 학술논문 중 각각 1개씩의 제목을 살펴보려고 한다. 박사논문의 제목 중 「한국의 지방정치와 지역개발정책에 관한 연구」(한석지, 2005)가 있고, 학술논문의 제목 중에는 "지방법인세의 도입 필요성, 대안 그리고 효과"(라휘문, 2013)가 있다. 학사학위논문의 제목이 학술논문의 제목에 비하여 훨씬 넓은 범위를 포괄하고 있다는 것을 알 수 있을 것이다. 모든 경우에 해당되는 것은 아니지만 일반적으로 학위논문을 준비하는 시간과 노력이 학술논문의 준비시간과 노력에 비해 더 많기 때문으로 해석하여야 할 것이다.

그러면 논문의 제목을 어떻게 표현하는 것이 좋은지에 대해 생각해볼 필요가 있을 것이다. 연구자의 성격, 지도교수의 특성 등에 따라 논문의 제목을 표현하는 형태에 차이가 있을 수 있다. 논문의 제목을 표현하는 획일적인 방식이 없다는 것을 의미한다. 다만, 통상적으로는 사용된 변수 간의 관계를 중심으로 표현하여야 하고, 가능하면 간결하게 표현하여야 하며 만약 복잡하고 긴 논문의 제목이 필요하다면 이 경우에는 부제를 달아서 처리하는 것을 고려할 필요가 있다는 기본방향은 존재할 수 있을 것이다.

예를 들면, 학위논문의 제목으로 「조세정책이 납세순응도에 미치는 영향에 관한 연구: 세율수준을 중심으로」(유병관, 2014), 「정부의 보육정책이 주택가격에 미치는 영향: 보육시설의 접근성과 질적 수준을 중심으로」(윤진영, 2014) 등이 있다.

2) 핵심논문을 찾아라

학위논문과 학술논문을 처음으로 작성하려는 연구자는 연구를 시작하기 전에 참고할 수 있는 선행 논문을 찾을 것을 권하고 싶다. 필자는 이것을 핵심논문이라는 표현을 사용하였다. 필자가 핵심논문이라고 말하는 것을 보다 정확하게 표현하면 준거할 수 있는 논문을 이야기하는 것이다. 핵심논문은 1개가 될 수도 있고, 2~3개가 될 수도 있을 것이다. 연구자가 연구할 때 전체적인 논리구조를 참고할 수 있는 논문, 이론을 참고할 수 있는 논문, 그리고 분석방법과 분석결과를 해석하는 것과 관련하여 참고할 수 있는 논문 등이 해당될 것이다.

제일 좋은 핵심논문은 학위논문과 학술논문을 처음으로 작성하려는 연구자에게 연구주제를 선정하는 데 영향을 준 선행 논문이다. 예를 들면, 라휘문(2013)은 "지방법인세의 도입 필요성, 대안 그리고 효과"라는 학술논문을 게재하였다. 이 경우 핵심논문으로 활용할 수 있는 것은 라휘문(2005)이 학술지에 게재한 "지방소비세의 도입 필요성과 방식, 그리고 효과"라는 논문일 것이다. 지방법인세와 지방소비세라는 성격이 다른 세목의 신설논의를 하는 것이기 때문에 연계 고리가 없을 것으로 보이나 구체적인 내용을 보면 새로운 세목을 도입할 때 활용하는 방식과 효과분석의 논리구조가 유사하기 때문에 핵심논문으로서의 역할을 수행할 수 있는 것이다. 만약 다른 세목을 신설한다고 하면 앞에서 살펴본 2개의 논문이 핵심논문으로서의 역할을 수행할 수 있을 것이다. 즉, 지방환경세, 지방교통세를 도입한다고 하면, 2개의 핵심논문과 유사한 구조의 논의가 이루어질 수 있을 것이다. 새로운 논문에서 다루고 있는 대상과 범위가 다르기 때문에 창의적인 논문이라고 볼 수 있을 것이다.

학위논문과 학술논문을 처음으로 작성하려고 준비하는 연구자가 핵심논문을 찾아서 가지고 있다는 것은 연구의 수행과정에서 많은 도움이 될 수 있을 것이다. 가능하다면 핵심논문을 찾은 후 연구를 시작하는 것을 권하고 싶다.

3) 스토리텔링을 하라

스토리텔링(story telling)은 학자마다 조금씩 다르게 정의하고 있기 때문에 이를 개념화하기가 쉽지 않은 용어이다. 그러면 이 책에서 스토리텔링의 개념을 정의하기 위하여 어려운 작업을 수행할 필요가 있는지 의문이 든다. 그냥 이 책에서 사용하려고 하는 필자가 생각하는 스토리텔링이라는 용어의 의미를 이야기하는 것이 보다 실질적일 것으로 보인다. 필자는 스토리텔링을 "자신이 연구하고자 하는 연구의 내용을 처음부터 끝까지 이야기하는 것"이라는 의미로 사용하고자 한다. 스토리텔링이 사건의 진실(story)과 말하는 것(telling)의 합성어라는 점을 고려하면 엄청나게 잘못된 의미로 사용하는 것은 아니라고 이해해주기를 부탁드린다.

필자는 논문을 준비 중인 대학생과 대학원생을 지도할 때 자신이 작성하고자 하는 논문의 내용을 스토리텔링의 형식으로 정리해보라고 한다. 스토리텔링을 하라는 것은 연구자가 무엇을 연구하려고 하는지, 어떤 이론을 사용해야 하는지, 어떤 자료가 필요한지, 어떤 분석을 하여야 하는지, 그리고 분석결과가 도출되면 어떻게 해석할 것인지를 이야기 형식으로 정리해 보라는 것이다. 연구를 하다 보면 처음에 연구하려고 했던 논점으로부터 벗어나기도 하고, 범위가 넓어지기도 하며, 잘못된 방향으로 연구를 할 수도 있을 것이다. 이러한 점을 예방하기 위해서는 연구를 하면서 연구자가 정리한 스토리텔링의 내용을 반복적으로 읽어야 한다. 그래야 당초 설정한 연구의 논리적 흐름으로부터 벗어나지 않고 일관적인 연구를 할 수 있는 것이다. 스토리텔링은 한 번에 마무리되는 것이 아니라 지속적으로 수정 및 보완되어야 한다. 자신의 생각을 지속적으로 수정 및 보완하여 정교하게 만들 필요가 있는 것이다.

스토리텔링의 내용은 연구자 스스로 질문하고 연구자 스스로 응답하는 형식으로 정리할 수 있을 것이다. 대표적인 질문을 살펴보면, 연구하려고 하는 것은 무엇이가? 왜 이 연구를 하려고 하는가? 어떤 이론을 사용할 수 있을까? 왜 이 이론을 적용하여야 하는가? 어떤 자료가 필요한가? 이 자료는 어디에 있을까? 연구자가 알려고 하는 연구문제에 대한 답을 구하려면 어떤 분석을 하여야 할까? 분석결과가 나오면 어떻게 해석할까? 만약 분석결과가 다르게 나오면 해석이 가능한가? 이러한 연구를 하면 연구자가 알려고 하는 것을 알 수 있는 것인가? 등이 있을 수 있다. 연구자는 살펴본 것과 같은 질문을 중심으로 답을 하는 것처럼 이야기를 만들어보는 것이다. 이 작업이 끝나면 연구자가 연구하고자 하는 학위논문이나 학술논문의 기본적인 논리구조가 만들어질 것이다.

이와 같은 점에서 스토리텔링 작업을 수행하는 것은 학위논문이나 학술논문을 작성할 때 유용할 것이다. 가능하면 보다 정교하게 스토리텔링을 하려는 노력을 할 수 있기를 바란다. 필자는 지금까지도 스토리텔링을 한 내용을 직접 수정 및 보완하면서 논문을 마무리하고 있다. 필자에게는 매우 유용한 방식이다.

4) 그림으로 전체를 요약하기 위한 연습을 하라

필자는 스토리텔링을 하였으면 그 다음에는 스토리텔링에서 나왔던 내용을 그림으로 표현하도록 지도하고 있다. 말로 이야기하거나 글로 쓰는 것과 달리 그림으로 표현하게 되면 연구자가 연구하려는 내용, 접근방법 등의 측면에서 무엇이 부족한지를 알 수 있을 것이다. 연구자도 모르게 부족한 점이 드러날 것이다. 그림으로 표현하는 작업의 결과는 나중에 학위논문이나 학술논문의 연구모형 또는 분석의 틀로도 활용할 수 있을 것이다.

그림으로 표현하면서 나타난 부족한 부분들은 스토리텔링 단계로 돌아가서 수정 및 보완하는 작업을 거친 후 그 내용을 다시 그림으로 표현하는 순환과정을 거치는 것이 중요하다. 그러면서 학위논문이나 학술논문의 실체가 구체화되면서 모습을 드러내게 될 것이다.

그런데 연구하고자 하는 내용을 연구자에게 그림으로 표현해보라고 하면 어려움을 호소한다. 이는 어디부터 시작하여야 하는지를 결정하지 못하기 때문이다.

그림으로 표현할 때에는 과학적 연구의 과정에서 살펴본 것처럼 주된 흐름과 세부적인 내용으로 구분한 후 주된 흐름을 중심으로 먼저 표현하고, 그 다음에 세부적인 내용을 표현하려는 시도를 할 필요가 있다. 통상적으로 두 가지의 흐름이 가능할 것이다. 첫째는 연구의 절차를 중심으로 그림을 그리는 것이고, 둘째는 변수 간의 관계를 중심으로 그림을 그리는 것이 될 것이다. 전자는 연구의 흐름을 중심

그림 2-1 스토리텔링 결과의 도표화: 연구의 흐름 중심

무엇을 연구 하려고 하는가?	➡	왜 연구 하려고 하는가?	➡	어떤 이론을 활용할 수 있을까?	➡	어떤 자료가 있어야 하고, 그 자료는 어디에 있는가?	➡	어떤 분석을 하여야 하는가?	➡	분석결과가 나오면 어떻게 해석할 수 있는가?

그림 2-2 스토리텔링 결과의 도표화: 변수 간의 관계 중심

	무엇을 연구하려고 하는가?			
	왜 연구하려고 하는가?			
	어떤 이론을 활용할 수 있을까?			
독립변수	➡	종속변수	=	분석결과가 나오면 어떻게 해석할 수 있는가?
	어떤 자료가 있어야 하고, 그 자료는 어디에 있는가?			
	어떤 분석을 하여야 하는가?			

으로 그림을 그린 것이고([그림 2-1] 참조), 후자는 분석을 중심으로 그림을 그리는 것([그림 2-2] 참조)이 될 것이다. 스토리텔링의 결과를 그림으로 표현하는 두 가지 방식 모두 긍정적으로 해석할 수 있을 것이다. [그림 2-1]과 [그림 2-2]는 예시적으로 제시한 것이며, 다양한 형태가 가능할 수 있기 때문에 연구자가 스스로 표현하는 방법을 결정하여 작성하면 될 것이다.

이와 같은 [그림 2-1]과 [그림 2-2]는 연구자의 책상에 부착한 후 수시로 확인할 필요가 있다. 부착한 그림에 따라 연구가 진행되고 있는지 아니면 벗어난 것인지를 수시로 확인하여야 한다. 연구의 일관성 유지를 위하여 반드시 필요한 작업이다. 그러면서 수정 및 보완이 필요한 부분이 발견되면 수시로 수정 및 보완을 통하여 논리구조를 완성해 나가야 할 것이다.

5) 자료의 수집가능성을 확인하라

학위논문이나 학술논문을 처음으로 작성하는 연구자를 보면 문제 제기 및 연구목적, 이론적 배경, 연구설계, 경험적 분석, 결론의 순서로 연구를 하려고 한다. 이론적으로는 바람직한 연구 자세라고 볼 수 있다. 그런데 그동안 수많은 연구를 수행한 연구자를 보면 연구목적만 간단하게 작성한 후 자료를 수집하고 분석을 한 다음 결과를 확인하고 논문의 작성을 시작하는 것을 흔히 발견할 수 있다. 수많은 연구를 한 연구자들은 왜 그렇게 접근하는지 궁금해할 수 있다. 사실은 동일한 연구과정을 취하고 있다고 보아야 할 것이다. 그러면 먼저 분석을 하는 것을 어떻게 해석하여야 하는지 궁금해진다. 그것은 연구의 수행가능성을 판단하기 위해서 예비분석을 시행한 것이라고 보아야 한다. 어떤 자료가 필요하고 그 자료의 수집은 가능한 것인지, 어떤 분석을 하여야 하고 분석을 하면 결과는 도출되는 것인지, 그리고 어떻게 해석할 수 있는지 등에 대해 고민하고, 그 고민을 해소한 후 논문을 작성하기 시작하려는 것이라고 보아야 할 것이다.

그런데 이 차이는 논문을 무사히 완성할 수 있는지의 여부를 결정하는 데 중요한 역할을 한다고 보아야 할 것이다. 어떤 자료가 필요하고 그 자료가 어디에 있으며, 그 자료를 수집할 수 있는지에 대한 확인 없이 서론부터 작성해나가기 시작하면 자료의 수집 곤란으로 인해 연구를 중단하는 경우가 발생할 수 있을 것이다. 이런 현상은 흔들의자에 앉아서 연구주제를 정하고 연구를 시작할 때 흔히 나타날 수 있을 것이다. 필자는 대학생과 대학원생을 지도할 때 자료에 대한 이야기를 반드시 한다. 자료를 수집한 후 연구를 시작하라고 지도하기도 하고, 실제로 필자의 눈으로 수집한 자료를 확인한 다음 연구 시작을 허락하기도 한다.

필자의 경험을 토대로 할 때 연구를 시작하기 전에 필요한 자료의 목록을 작성하고, 그 자료가 어디에 있는지 확인한 후 일부라도 자료를 수집한 다음 연구를 시작하는 것을 권고하고 싶다.

6) 예비조사(사전분석)를 해보아야 한다

연구의 목적을 달성하기 위하여 필요한 자료를 수집하였으면 사전분석을 해보는 것도 필요할 것으로 보인다. 이는 양적인 연구에서 특히 더 필요할 것이다. 사전분석을 해보는 것은 두 가지 점에서 의미를 가질 수 있다.

첫째는 분석이 가능한지를 확인할 수 있다는 점에서 의미를 가질 수 있다. 수집된 자료를 통하여 원하는 분석을 할 수 있는지, 분석과정에서 어떤 문제가 발생할 수 있는지 등을 사전에 파악할 수 있다는 점에서 유용할 것이다.

둘째는 분석결과 나타날 수 있는 문제를 사전에 예방할 수 있다는 점에서 의미를 가질 수 있다. 양적인 연구를 수행하려면 통상적으로 가설을 세운다. 가설에 대해서는 뒤에서 다시 논의할 것이기 때문에 여기에서는 논의하지 않겠다. 수집한 자료에 대한 통계분석을 통하여 가설을 검증하게 되는데, 단 하나의 가설도 채택되지 않는 연구결과가 도출된다면 어려움에 직면할 수 있다. 처음으로 연구를 하는 연구자라면 정신적으로 매우 혼란스러울 수 있을 것이다. 학자에 따라서는 가설이 모두 채택되지 않아도 연구로써 의의가 있다고 보는 경우도 있고, 그렇지 않다고 생각하는 경우도 있을 것이다. 즉, 가설이 모두 채택되지 않고 기각된다면 변수설정이 잘못되었다고 생각하거나 의미가 없는 연구라고 생각하는 학자도 있을 수 있다는 것이다. 연구자 역시 본인이 설정한 가설이 하나도 채택되지 않는 분석결과가 도출되면 재미를 느끼지는 못할 것이다.

이러한 점을 사전에 방지하기 위해서는 수집된 자료를 가지고 사전에 분석을 한 후 연구를 시작하는 것도 좋을 것으로 보인다.

제 3 장

서론의 의의, 구성요소, 그리고 내용

제 1 절 서론이란 무엇인가?

제 2 절 문제 제기(또는 연구의 배경)란 무엇인가?

제 3 절 연구의 목적이란 무엇인가?

제 4 절 연구의 범위란 무엇인가?

제 5 절 연구의 방법이란 무엇인가?

제 6 절 논문의 구성이란 무엇인가?

☞ 핵심체크

1. 학위논문이나 학술논문을 작성할 때 서론에는 어떤 내용을 포함하여야 하는지, 서론을 작성할 때 어떻게 작성하여야 하는지 등에 대해 살펴보고 있다.
2. 서론을 구성하는 문제 제기, 연구목적, 연구 범위, 연구방법, 논문의 구성 등이란 무엇이고 어떻게 작성하여야 하는지 등에 대한 실질적인 방법을 제시하고 있다.

제 1 절

서론이란 무엇인가?

1. 서론은 무엇인가?

서론은 학위논문이나 학술논문을 작성하려고 할 때 본격적인 논의의 시작 전에 특정 주제를 가지고 논문을 쓰게 된 동기, 연구의 목적, 그리고 연구자가 주장하려는 문제나 핵심적인 내용 등을 간략하게 제시하는 것이다. 서론은 독자들의 흥미를 유발하는 역할을 수행하기도 하고, 논문에서 논의하려는 내용의 단초를 제공함으로써 독자들이 논문의 내용을 미리 예상할 수 있도록 하기도 하며, 논문의 내용을 보다 효과적으로 이해할 수 있도록 도움을 주는 역할도 수행한다.

앞에서 살펴본 서론의 개념과 역할을 보면 연구자가 왜 이 연구를 하려고 하는지, 연구를 통해서 얻고자 하는 것은 무엇인지, 그리고 논문에서 어떤 내용을 다루려고 하는지 등을 제시하는 것이기 때문에 서론은 그리 어렵지 않게 작성할 수 있다고 생각할 수 있다. 그러나 연구자들은 서론을 작성하는 것이 논문 전체 중에서 가장 어려운 일 중에 하나라고 말들을 하곤 한다. 이러한 생각을 가지고 있는 연구자가 생각보다 많다는 것에 놀라기도 하였다. 사실은 필자 역시 논문이나 보고서를 작성할 때 서론 부분을 가장 나중에 작성한 경험도 있다. 필자의 경우 논문이나 보고서를 작성할 때 서론을 먼저 작성하기는 하나 완결된 형태로 작성한다기보다는 연구의 목적을 간단하게 제시한 후 이론적 논의, 연구설계, 경험적 분석 등을 거친 후 서론으로 다시 돌아가서 완결하는 형태를 종종 취하곤 한다.

2. 서론은 어떻게 시작하는 것이 좋은가?

서론을 시작하는 방법은 다양할 것이다. 어떤 논문은 사례로부터 시작할 수도 있고, 다른 학자나 연구자의 글이나 말을 인용하면서 시작할 수도 있으며, 비유적 또는 은유적인 표현을 사용하는 경우도 있고, 개념을 정의하면서 시작할 수도 있다. 서론을 시작하는 방법이 획일적으로 정해져 있지는 않다는 것을 의미한다.

필자가 작성한 논문을 예로 들어 보고자 한다. 다양한 논문의 예를 제시하고 싶으나 현실적인 어려움으로 인해 필자의 논문을 예로 활용하고자 한다. 필자의 논문을 활용하는 것은 필자의 논문이 훌륭해서가 아니라 다른 우수한 연구결과물의 경우 저자에게 사용 허락을 받아야 하는데, 허락을 받는 것이 어렵다는 현실적인 측면을 고려한 판단이라는 것을 밝힌다. 라휘문 외(2010a)의 "여성의 사회적 지위와 청렴도 간 관계에 관한 연구"의 서론을 보면 다음과 같다. 독립변수인 여성의 사회적 지위와 관련된 통계자료를 제시하면서 시작하고 있다는 것을 알 수 있다.

논문 제목 **여성의 사회적 지위와 청렴도 간 관계에 관한 연구**

2010년 7월 4일에 통계청이 발표한 "2010 통계로 보는 여성의 삶"이라는 자료에 의하면 2009년 여성의 대학진학률이 남학생보다 높았고, 초등학교와 중학교의 경우 여교사의 비율이 남교사의 비율보다 매우 높은 비율을 보이고 있다. 또한 국회 및 지방의회의 여성비율을 보아도 비약적으로 그 숫자가 증가하고 있음을 알 수 있다. 공무원 채용시험 합격자의 경우에도 여성의 규모가 지속적으로 증가하고 있다. 이는 2010년 외무고시 최종합격자 35명 중 21명이 여성(전체의 60%)이고, 행정고시와 사법시험 합격자의 46.7%와 35.6%를 여성이 차지하고 있다는 사실로부터 알 수 있을 것이다. 물론 의사 치과의사, 한의사, 약사 등 의약직종에서도 여성의 비율은 지속적으로 증가하고 있다(통계청, 2010). 살펴본 것처럼 여성의 사회적 지위는 점차적으로 향상되고 있다.

여성의 사회적 지위가 지속적으로 향상되어야 한다고 주장하는 이유 중 하나는 여성의 경제·사회·정치 참여율과 국가 투명성 간 상관관계 때문일 것이다. 이영(2002)의 연구결과에 의하면 여성의 경제·사회·정치 참여율과 국가 투명성 간에 상관관계가 존재한다. 세계은행이 사용하는 지수들로 분석한 결과 여성 참가율이 10%포인트 증가하면 KKZ 청렴지수가 0.25, 부패인지지수(TI)가 1.2 높아진다는 연구결과를 제시하고 있다. 또한 2001년 3월 세계은행(World Bank)에서 발간한 『권리, 자원, 목소리의 성 평등을 통한 성인지적 발전(*Engendering Development through*

Gender Equality, Resources and Voice)』이라는 보고서에 의하면 정치 및 공공 분야에서 여성의 부패 정도가 낮은 것으로 나타났다. 그러나 오펠론과 버터필드(O'Fallon & Butterfield, 2005: 375-413)는 1996~2003년 동안 수행된 성별 윤리의식 차이에 관한 실증연구논문들을 분석한 결과 차이가 있다고 보는 연구가 60%, 차이가 없다고 보는 연구가 40%를 점하고 있는 것으로 결론지었다. 물론 남성과 여성 간 윤리의식에 차이가 있는 경우에는 여성이 남성보다 윤리의식이 높다는 결론이 제시되고 있다.

이상의 연구를 보면 여성의 사회적 지위 향상이 청렴도 향상과 긴밀하게 연계되어 있다고 보이지는 않는다. 그럼에도 불구하고 여성들은 남성들에 비하여 도덕관념이 대체적으로 높고 위험을 싫어하기 때문에 여성의 정치참여가 확대되면 부정부패가 줄어들 것이라는 기대감을 갖게 한다(World Bank, 2001).

이와 같은 배경 하에서 본 연구는 여성의 사회적 지위 향상과 청렴도 간 관계가 존재하는지를 파악하고자 하는 목적을 가지고 수행하였다. 구체적으로는 청렴도에 영향을 미치는 여성의 사회적 지위 향상과 관련된 변수를 도출하고 정책방향을 설계하고자 하는 목적을 가지고 있다. 연구목적의 충족을 위하여 194개 국가 및 지역을 대상으로 분석하였다. 해당 자료는 UNDP, 국제투명성기구 등에서 발간한 자료를 활용하였다.

라휘문 외(2010a)

다음으로, 라휘문 외(2010b)는 "사회통합을 위한 갈등관리제도의 발전방향"이라는 논문의 서론을 다음과 같이 시작하고 있다. 논문의 주제에 대한 중요성을 언급하면서 논의를 시작하고 있다.

논문 제목 **사회통합을 위한 갈등관리제도의 발전방향**

사회통합은 1970년대 프랑스에서 청소년의 실업문제에 초점을 두고 정책적 관심을 제기한 이래 최근에는 세계 각국에서 주요한 정부의 정책이슈로 다루어지고 있다. 특히, 1990년대 이후부터는 경제적 빈곤의 영역을 벗어나 계층과 이념, 지역 및 세대 등 사회전반의 개인과 집단의 통합을 확립하려는 정책적 관심이 대두되어 왔다.

우리나라의 경우에도 종래의 지역적 갈등과 더불어 경제성장과 민주화의 진전에 따라 사회통합을 저해하는 다양한 갈등이 분출되어 왔다. 남북분단의 고착과 민주화의 진척에 따라 이념적 갈등이 심화되고, 경제성장의 부산물로 계층 간 갈등이 격하되며, 급속한 사회변화는 세대 간 갈등을 유발하고 있는 실정이며, 수도권과 비수도권의 지역적 갈등 역시 역대정부의 주요 현안으로 자리잡아 왔다. 이명박 정부는 사회 제반 영역의 갈등을 해소하기 위하여 2009년 10월 19일 "사회통합위원회"에 관한 규정을 제정하고, 이에 근거하여 대통령 직속으로 "사회통합위원회"를 설치하여 각종 제도적 장치의 연구와 더불어 사회통합을 위한 대안을 모색하고 있다.

그럼에도 불구하고, 정부가 사회통합의 확립을 위한 효과적인 정책을 수립하는 데 있어서는 여러 가지 한계가 존재하고 있다. 특히, 사회 제반 영역의 갈등이 심각한 수준이라는 공감에도 불구하고 실제로는 각 영역 간 갈등의 양상과 수준에 대한 정확한 실태가 분석되거나 도출되지 못하고 있는 실정이고, 이에 따라서 갈등해소나 사회통합을 촉진하기 위한 정책수립의 기초자료들이 확보되어 있지 못하다. 뿐만 아니라 사회통합을 위한 직접적 수단의 하나인 기존의 갈등관리제도가 효과적으로 기능하지 못하는 한계에 대해서도 정확한 진단이 수반되지 못하고 있다.

이러한 배경 하에서 본 연구는 기존 갈등관리제도의 구조를 살펴보고 진단하여 미흡한 부분을 발굴한 후 갈등관리제도의 효능이 제고될 수 있는 대안을 모색해보고자 하는 목적을 가지고 수행하였다.

라휘문 외(2010b)

최재민(2016)은 "비합리적 소비성향이 피부관리실 선택에 미치는 영향"이라는 논문의 서론에서 질문을 하면서 논의를 시작하기도 한다.

논문 제목 비합리적 소비성향이 피부관리실 선택에 미치는 영향

아름다운 피부에 대한 사람들의 관심이 점점 높아지고 있다. 방송뿐만 아니라 일상적인 대화 속에서 물광피부, 동안피부 등과 같은 용어가 자주 등장하고 있다는 사실로부터 피부에 대한 사람들의 관심을 유추할 수 있다. 아름다운 피부에 대한 사람들의 관심 때문인지 피부관리실이 급증하고 있고 피부관리실을 이용하는 이용자 수 역시 증가하고 있다. 그러면 피부관리실을 이용하는 사람들은 왜 피부관리를 받으려고 하는가? 또는 어떤 기준을 가지고 피부관리실을 선택하는가?라는 질문에 대한 답이 궁금해진다.

앞에서 살펴본 질문에 대한 답을 구하기 위하여 피부관리실을 이용하는 이유와 관련한 수많은 연구들이 수행되었다. 김정숙・윤천성(2010), 노상은・김현서(2014),

박정희(2010), 신윤정 외(2012), 이지영(2013), 정영애 외(2009), 최성임(2014), 최영화 · 류화라(2007), 한지영(2012) 등이 피부관리실을 이용하는 이유를 찾고자 연구를 수행하였다. 이들의 연구를 종합하면, 물리적 환경요인, 인적 요인, 서비스 가격 등 성과요인으로 구분하여 어떤 요인들이 소비자 선택에 영향을 미치는지를 살펴보고 있다. 이들의 연구들은 합리적 소비자 행동이론에 근거하여 피부관리실을 선택하는 이유를 찾고 있다.

그러나 피부관리라는 것이 본래 인간의 의 · 식 · 주와 직접 관계되는 필수적 소비대상이 아니기 때문에, 다른 재화나 서비스에 비해 그 소비의 선택에 있어 허영심이나 유행에 영향을 받을 가능성이 높다. 즉, 비합리적 소비자 행동이론에 근거한 소비자 선택현상이 발생할 가능성이 높은 것이다. 그럼에도 불구하고 앞에서 살펴본 것처럼 기존의 연구들은 피부관리를 대상으로 비합리적 소비자 선택현상이 발생하는지를 연구하지는 않았다. 박현주 · 박숙현(2011, 2014), 안현순 · 박준(2005), 홍수남(2013), 김명옥 · 진용미(2015) 등과 같은 학자들에 의하여 일부의 연구가 수행되기는 하였으나 이 연구들은 비합리적 소비자 선택이론 중 일부에 한정하였고, 뷰티 또는 미용 분야 전반을 대상으로 연구하였다는 점에서 피부관리를 집중적으로 연구하였다고 볼 수는 없을 것이다.

이와 같은 배경 하에서 이 논문에서는 피부관리실을 선택하는 데 있어서 베블런효과나 밴드왜건효과와 같은 비합리적 소비자 선택현상이 나타나는지를 검증하고자 하였다. 이 연구는 물리적 · 합리적 선택요인에서 나아가 심리적 · 비합리적 선택요인에 대해 실증적으로 분석한 결과를 제공함으로써 피부관리에 대한 기존의 경제학적 설명을 보완하는 이론적 기여를 할 수 있을 것이다.

최재민(2016)

살펴본 것처럼 다양한 방식으로 서론을 시작하고 있다는 것을 알 수 있다. 연구자의 성격, 논문의 특성 등을 고려하여 연구자가 판단하여 논의를 하면 될 것으로 보인다.

3. 서론은 어떻게 구성되어 있는가?

서론에 포함되어야 하는 내용은 학위논문과 학술논문 간 차이가 있는 것으로 보이나 실제로는 구성요소에 대한 제목을 포함하는지의 여부, 분량의 많고 적음의 차이일 뿐 포함하여야 하는 내용에는 큰 차이가 있다고 보여지지는 않는다.

학위논문의 서론에 포함되어 있는 내용을 보면 논문마다 차이가 있을 수 있으나 대체적으로는 문제 제기(때로는 연구의 배경), 연구목적, 연구 범위와 방법, 그리고 논문의 구성(생략되어 있는 경우도 다수 존재함) 등이다.

「조직공정성과 참여적 의사결정이 군 조직유효성에 미치는 영향」(신금석, 2011)이라는 박사논문의 목차를 보면 제1장 서론에 제1절 문제 제기, 제2절 연구목적, 제3절 연구방법 및 논문구성으로 되어 있다. 「초국적 메가프로젝트의 개발거버넌스 구조와 특징」(허정화, 2016)이라는 박사논문의 목차를 보면 제1장 서론에 1. 연구배경과 연구목적, 2. 연구방법 및 논문의 구성, 3. 논문구성 및 연구흐름도의 내용이 포함되어 있다. 「협력적 문화거버넌스에서 문화예술단체의 참여」(전주희, 2018)라는 박사논문의 목차는 제1장 서론에 제1절 연구배경과 목적, 제2절 연구범위와 방법으로 구성되어 있고, 「비합리적 소비성향이 피부관리실 선택행동에 미치는 영향」(최재민, 2016)이라는 박사논문의 목차는 제1장 서론에 제1절 연구의 목적 및 의의, 제2절 연구의 범위와 방법이 포함되어 있다.

이를 종합하면, 학위논문의 서론에는 문제 제기(또는 연구배경), 연구목적(연구

표 3-1 서론의 구성과 포함내용: 학위논문

서론	문제 제기(연구배경)
	연구목적
	연구 범위
	연구방법
	논문의 구성

의 의의 포함), 연구 범위, 연구방법, 그리고 논문의 구성 정도의 내용이 포함된다고 볼 수 있을 것이다.

다음으로, 학술논문의 서론에 포함되어 있는 내용을 살펴보고자 한다. "경기도 일자리 지원사업에 대한 평가모형의 설계"(라휘문, 2012a)라는 학술논문의 서론을 보면 문제 제기, 연구목적, 연구 범위가 제시되어 있다.

논문 제목 **경기도 일자리 지원사업에 대한 평가모형의 설계**

▶ 문제 제기

1990년대까지는 경제가 성장하면 소비 및 투자가 활성화되어 자연스럽게 일자리가 늘어나는 것이 일반적인 현상이었다. 그러나 최근에는 잠재성장률과 고용탄성치가 이전에 비해 감소하여, 경제가 성장하더라도 일자리는 별로 늘어나지 않는 고용 없는 성장 현상이 나타나고 있다. 이에 따라 일자리 창출이 우리 경제의 최우선 과제로 떠오르고 있다(국회예산정책처, 2006: 1).

우리나라 정부는 경제위기에 대응하기 위하여 지속적으로 일자리 창출대책을 마련하고 있다. 2004년과 2006년 종합적인 일자리 창출대책의 마련, 2009년 대규모 추경예산을 편성하는 등 일자리 창출과 저소득층 생활안정에 역량을 집중하고 있다. 특히, 지방자치단체는 2010년 7월 1일 민선 5기가 출범하면서 모든 지방자치단체장들이 지역일자리 창출과 관련된 입장을 표명하였고, 현재까지 이를 추진하기 위하여 다양한 일자리 창출정책들을 마련하여 현재까지 지속적으로 추진하고 있다.

경기도의 경우에도 이러한 흐름에 예외일 수는 없다. 경기도는 김문수지사가 취임하면서 최소 일자리 60만 개 창출, 신용보증·중소기업육성자금 14조 원 지원을 약속하였고, 현재까지 약속을 이행하기 위하여 노력하고 있다. 이와 같은 노력을 하였으면 그에 상응하는 고용창출이 이루어져야 함에도 불구하고 고용 창출효과가 그리 크지 않다고 보는 것이 일반적인 견해이다.

위와 같은 현상이 발생한 원인은 다양하나 그 중에 김찬수·이혜승(2010: 4)이 지적하고 있는 내용을 보면 일자리 창출 잠재력을 고려한 재원배분 미흡 및 단기 일자리 위주의 정책, 일자리정책의 총괄·조정기능 미흡 및 전략부재(사업의 유사·중복 등), 일자리사업의 총괄 성과평가체계 부재 및 부실한 사업관리, 고용 인프라 미비 및 사업 간 유기적 연계 부족, 괜찮은 일자리 창출을 위한 제도적 여건 미흡(법률, 재정 및 세제, 규제완화 등) 등이다. 이러한 문제를 해소하기 위해서는 종합적인 대응체계를 마련하는 등의 노력을 전개하는 것이 필요하다고 볼 수 있다. 종합적인 대응체계를 마련하기 위해서는 현행 일자리 지원사업이 가지고 있는 문제점을 발굴하는 것이 무엇보다 중요하다고 할 수 있다. 문제점을 발굴할 수 있는 방법은 다양하나 그 중에 하나는 일정한 평가모형을 설계하여 적용하는 것이 될 것이다.

▶ 연구목적

이러한 문제인식 하에서 본 연구는 일자리 지원사업의 문제점을 발굴하여 개선할 수 있도록 평가할 수 있는 평가모형을 설계하고자 하는 목적을 가지고 수행하였다. 구체적으로는 평가모형을 구성하고 있는 다양한 요소인 평가주체, 평가대상, 평가내용, 평가지표, 평가시기와 횟수 등에 대하여 논의하였다.

라휘문(2012a)

"피부관리실 이용자 만족도 및 재방문의사 결정요인에 대한 연구"(최재민 외, 2012)라는 학술논문을 보면 문제 제기, 연구목적, 연구의 의의, 연구의 범위와 방법 등의 내용이 기술되어 있다.

논문 제목 **피부관리실 이용자 만족도 및 재방문의사 결정요인에 대한 연구**

▶ 문제 제기

젊고 아름답게 살고 싶은 욕망으로 인해 노화방지, 안티에이징에 관한 관심이 커지면서 동안(童顔) 트렌드가 유행처럼 번지고 있고 우윳빛 피부, 도자기 피부, 물광 피부 등과 같은 신조어가 만들어졌으며 이는 현대인들의 로망이 되었다(김현주, 2011: 1). 최근에는 동안열풍이 불면서 미인의 기준은 이목구비가 뚜렷하고 비율이 좋은 생김새에서 피부미인이 진정한 미인이라고 한다. 이렇게 최근 외모중심사회에서 피부는 아름다움의 요소가 되어 가고 있으며, 아름다운 외모의 완성은 깨끗한 피부, 탄력있는 피부를 가진 얼굴을 의미한다. 한편, 남성들도 과거와는 달리 깨끗한 피부를 만들고 유지하기 위해 투자를 아끼지 않고 있다(노상은, 2011: 1). 최근 걸그룹들에 대한 인기상승뿐만 아니라 모 정치인의 억대 피부관리 시설 이용에 대한 파문 등 다양한 측면에서 피부관리시설에 대한 대중의 관심은 지속적으로 증가하고 있는 실정이다.

이러한 현상을 반영하듯 피부관리와 관련된 산업이 발전하고 있다. 기본적으로 얼

굴만을 관리하던 초창기의 피부관리실 형태에서 벗어나 현재는 그 형태가 매우 세분화되었으며, 여러 가지 대체요법이 접목되어 고유의 전문성을 강조하는 전문관리실도 증가하고 있다(이유민, 2011: 2). 그러나 피부관리산업은 개인을 대상으로 비교적 커다란 시장을 형성하고 있음에도 불구하고 내적으로는 과다경쟁과 고객의 기호변화, 요금인하 등으로 인해 많은 어려움을 겪고 있다(신정숙, 2011: 1). 이러한 어려움을 극복하기 위해서는 타 업체와의 경쟁에서 우위를 점하기 위한 다양한 서비스 전략이 요구된다(황복주, 2006: 180).

▶ 연구목적

이와 같은 배경 하에서 이 연구는 피부관리실을 이용하는 이용자들을 만족시키는 요인이 무엇인지를 파악하여 제시하려는 목적을 가지고 수행하였다.

▶ 연구방법

이용자 만족도를 확인할 수 있는 가장 적절한 방법 가운데 하나가 재방문의사에 따라서 만족요인의 평균 인식도가 어떻게 달라지는지를 분석하는 데 있다고 판단하여, 이용자 재방문의사를 기준으로 집단을 구분하고 평균 차이분석을 병행하여 실시하였다. 따라서 이 연구의 결과는 피부관리실 운영자가 타 업체와의 경쟁에서 우위를 점할 수 있도록 마켓팅전략을 수립하는 데 참고자료로 활용할 수 있을 것이다.

▶ 자료수집방법

이 연구를 위한 자료수집은 대학생들을 대상으로 한 설문조사 방법을 이용하였는데, 이는 대학생들의 경우 다양한 경로의 정보수집을 통해 피부관리실을 결정하며, 상대적으로 피부관리실을 이용하는 소비자들의 태도를 확연히 드러내는 대상이라고 판단되기 때문이다.

최재민 외(2012)

이를 종합하면, 학술논문의 서론에는 문제 제기(또는 연구배경), 연구목적(연구의 의의 포함), 연구 범위, 연구방법 등의 내용이 포함된다고 볼 수 있을 것이다.

살펴본 것처럼 학위논문과 학술논문은 서론에 포함되는 내용에는 큰 차이가 없다고 보아야 할 것이다. 다만, 학위논문은 제1절 문제 제기와 연구목적, 제2절 연구 범위와 방법과 같이 제목을 붙이고 해당 내용을 논의하는 반면, 학술논문은 서론이라는 하나의 장에서 별도의 제목을 붙이지 않은 상태로 해당 내용을 기술하고 있다는 것을 알 수 있다. 이는 학위논문과 학술논문이 가지고 있는 분량의 차이가 발생시킨 현상이라고 보아야 할 것이다.

표 3-2 서론의 구성과 포함내용: 학술논문

서론	문제 제기(연구배경)
	연구목적(연구의 의의 포함)
	연구 범위
	연구방법

제 2 절

문제 제기(또는 연구의 배경)란 무엇인가?

1. 문제 제기는 무엇인가?

문제 제기가 무엇이고 어떤 내용을 담아야 하는지 등에 대해서 명확하게 정의를 내리기는 쉽지 않을 것이다. 그 이유는 학자들이 문제 제기가 무엇인지 이야기하고 있지 않을 뿐만 아니라 개념을 제시하고 있다고 하더라도 조금씩은 다른 생각을 가지고 있을 수 있기 때문이다. 그럼에도 불구하고 모든 학위논문과 학술논문은 문제 제기로부터 출발한다. 이는 문제 제기가 무엇인지를 구체적으로 밝힐 수는 없으나 연구자들이 공유하고 있는 개념상의 의미는 존재한다는 것을 의미할 것이다.

필자가 보기에 연구자들은 자신들이 가지고 있는 연구문제에 대한 문제의식을 문제 제기라고 생각하는 것으로 보여진다. 즉, 왜 자신이 그러한 연구문제를 설정하게 되었는지를 개괄적으로 기술하는 것이라고 생각하는 것으로 보인다. 예를 들면, 라휘문(2019c)은 “중앙정부와 특례시 간 재정조정에 대한 고찰”이라는 학술논문에서 특례시 도입 후 재정수요를 충족시킬 수 있는 재정체계를 재설계하려는 연구문제를 왜 설정하게 되었는지에 대해 문제 제기를 하고 있다.

논문 제목 **중앙정부와 특례시 간 재정조정에 대한 고찰**

한국의 지방자치제도를 보면 사무와 재정구조가 계층별로 획일화되어 있다. 예외적으로 지방자치법 제175조에 대도시특례가 인정되어 있는 것이 차이가 있는 부분이다. 지방자치법 제175조의 내용을 보면 "서울특별시 · 광역시 및 특별자치시를 제외한 인구 50만 명 이상 대도시의 행정, 재정운영 및 국가의 지도 · 감독에 대하여는 그 특성을 고려하여 관계 법률로 정하는 바에 따라 특례를 둘 수 있다"고 되어 있다. 그리고 대도시에 대한 특례를 인정하고 있는 법률은 지방자치분권 및 지방행정체제개편에 관한 특별법이다. 동 법률 제40조, 제41조, 제42조, 제43조에는 대도시 특례와 관련된 내용이 제시되어 있다. 먼저, 제40조는 대도시에 대한 사무특례, 제41조는 인구 100만 명 이상 대도시의 사무특례, 제42조는 인구 100만 명 이상 대도시의 보조기관, 제43조는 대도시에 대한 재정특례 등을 제시하고 있다.

현행 법률에 제시되어 있는 대도시에 대한 행 · 재정특례만으로는 대도시의 특성을 반영할 수 없다는 인식 하에 문재인 정부는 특례시의 도입을 약속하였고, 약속을 이행하기 위해 지방자치법 전면개정법률안을 마련하여 개정을 추진 중에 있다. 지방자치법 전면개정법률안이 통과되면 획일적으로 운영되고 있었던 지방행정계층에 변화가 발생한다. 즉, 광역자치단체, 기초자치단체로 구성되어 있던 계층구조는 유지하되 기초자치단체에 특례시가 추가되는 형태가 될 것이다(라휘문, 2019a).

지방자치법 개정법률안이 통과되어 특례시가 도입되면 현재 지방자치법과 지방자치분권 및 지방행정체제개편에 관한 특별법에 제시되어 있는 대도시특례만을 가지고는 행 · 재정수요를 충족시킬 수 없을 것이다. 따라서 새로운 행 · 재정시스템을 설계하여야 할 것이다.

이와 같은 배경 하에서 본 연구의 목적은 특례시 도입 후 재정수요를 충족시킬 수 있는 재정체계의 재설계방안을 마련하고자 하는 것이다. 그동안 많은 연구들은 특례시가 도입될 경우 광역자치단체와 특례시 간의 재정관계에 초점을 맞추고 있으나 본 연구는 중앙정부와 특례시 간 재정체계를 재설계하고자 하는 목적을 가지고 있다.

라휘문(2019c)

2. 문제 제기는 논문에서 어떤 역할을 하는가?

문제 제기는 논문에서 몇 가지의 역할을 수행하고 있기 때문에 중요하게 다루어져야 한다. 첫째, 문제 제기는 연구문제의 형성, 연구목적 도출 등의 근거로 활용될 수 있다. 이러한 점을 고려하면 문제 제기는 연구목적을 설정하게 된 근거가 되기 때문에 문제의식이 분명하게 드러날 수 있도록 작성되어야 할 것이다.

둘째, 문제 제기는 향후 연구가 어떻게 진행될 것인지에 대한 독자들의 궁금증을 해소해주는 역할을 수행한다. 즉, 왜 이와 같은 연구주제를 선정하게 되었고, 향후 어떤 문제를 다룰 필요가 있다는 내용이 제시되는 것이기 때문에 독자들이 가지고 있는 궁금증 중 일부를 해소할 수 있어야 할 것이다.

셋째, 문제 제기에서는 연구자의 가치가 드러날 수 있기 때문에 신중하게 작성하여야 한다. 즉, 연구자가 선정한 주제에 대한 연구자의 가치판단이 나타날 수 있다는 것이다. 예를 들면, 미세먼지가 심하여 생활하는 데 힘들다는 생각을 가지고 있는 연구자가 미세먼지에 대한 발생 원인을 자연적인 원인과 인위적인 원인 중 인위적인 원인에 있다고 보고, 인위적인 원인에 초점을 맞춘 연구를 한다고 하면 자연적인 원인보다 인위적인 원인이 더 중요하다는 연구자의 가치가 반영된 것으로 볼 수 있다. 또한 빈곤의 문제를 다루면서 빈곤의 문제가 개인적인 요인에 의하여 발생한 것인지 아니면 사회구조적 요인에 의하여 발생한 것인지를 결정하여야 할 때 사회구조적 요인으로 간주하고 연구를 수행하였다면 이 역시 연구자의 가치가 반영된 판단으로 보아야 할 것이다.

예를 들면, 박승규(2021)는 "에너지, 지역내총생산, 인구변화가 미세먼지 발생에 어느 정도 기여하는가?"를 알아보기 위한 연구를 하였다. 구체적으로는 석유가격 감소에 따라 변화되는 에너지원, 지역내총생산, 인구변화가 미세먼지 및 초미세먼지 발생에 기여하는 정도를 파악하려는 목적으로 연구를 한 것이다. 박승규(2021)는 미세먼지에 대한 발생원인을 인위적인 측면에서 살펴보고 있음을 알 수 있다.

논문 제목 **에너지, 지역내총생산, 인구변화는 미세먼지 발생에 어느 정도 기여하는가?**

2019년 에너지밸리포럼은 2015년 기준으로 일산화탄소(CO), 황산화물(SO_X), 질소산화물(NO_X), 미세먼지(PM10), 초미세먼지(PM2.5), 암모니아(NH_3), 포름알데히드(VOC)으로 인한 대기오염으로 중국과 인도 210만 명이 사망하였으며, 한국은 2060년 100만 명당 1,000명이 대기오염으로 사망할 것으로 예측하였다. 2015년 기준 오염물질 배출량은 질소산화물(25.5%), 포름알데히드(22.2%), 일산화탄소(17.4%), 미세먼지(5.1%), 초미세먼지(2.2%) 순으로 나타났으며(국립환경과학원 오염물질 배출량, 2015), 또한 최근 미세먼지에 대한 우려 증가와 함께 국민들이 체감하는 '생활에 대한 불만족도(82.5%)'를 증대시키는 대기오염물질은 미세먼지, 초미세먼지로 환경문제에서 사회문제로 확산되고 있다(통계청 사회조사, 2018). 더불어, 지난 10년 간 중국의 도시화 및 산업화의 진전에서 대기오염 발생 원인을 찾는 국외의 연구(Xia et al., 2014; Hu et al., 2014; Huang et al., 2018) 외에 국내 미세먼지 및 초미세먼지의 발생 원인으로 인구 증가, 석탄 및 광산업, 제조업 생산에 대한 산업별 영향, 풍향 및 강수량 변화에 대한 기후변화가 주요 원인으로 논의되고 있다.

반면, 최근 미세먼지 및 초미세먼지의 발생은 중국 산업발전과 편서풍에 영향을 받는 해당 국가 간 지리적인 문제가 아닌 국가적인 문제로만 일축되고 있어 향후 발생할 수 있는 국가 간 갈등을 사전에 방지하기 위해서도 미세먼지 및 초미세먼지 발생의 과학적인 근거가 필요한 실정이다. 특히, 최근 급격하게 증가한 미세먼지 및 초미세먼지의 발생량 증가는 중국의 급격한 성장에 의한 산업별 영향으로 주로 고려되고 있다. 그럼에도 불구하고, 국내 미세먼지 및 초미세먼지의 발생에 대한 명확한 근거를 찾기는 어려운 실정이다. 또한 응우옌 외(Nguyen et al., 2010)는 한국의 미세먼지 증가는 중국 환경 변화에 의한 것으로 제시하고 있지만 국내에서는 이에 대해 명확한 근거를 제시하지 못하고 있다. 심지어, 국민들이 체감하고 있는 미세먼지 및 초미세먼지에 대한 원인에 대해서는 국외 환경 변화에 의한 영향 외에 국내 환경 영향에 의해 발생되는 것으로 주장하였으며, 주요 오염 원인을 공장 및 배출 산업, 도로 오염원으로 지목하였다(Vellingirl et al., 2015; Jin et al., 2017; Wang et al., 2019; Yang et al., 2019). 그럼에도 불구하고, 지역과 오염유발 원인별 구분으로 미세먼지 및 초미세먼지의 원인을 파악함으로써 오염유발 원인별 기여 정도를 제시한 연구는 상대적으로 많지 않다.

박승규(2021)

3. 문제 제기에서는 어떤 내용을 포함하여야 하는가?

문제 제기의 목적을 고려할 때 문제 제기에서는 다음과 같은 두 가지의 내용을 다루는 것이 중요하다. 첫째, 연구문제 또는 연구목적을 선정하게 된 배경을 확실하게 밝히는 것이 무엇보다 중요하다. 즉, 연구와 관련하여 무엇이 문제인지를 구체적으로 밝히고 무엇을 해결하려고 하는지를 제시할 필요가 있다는 것이다. 아마도 이 부분이 문제 제기와 관련하여 논문을 작성하면서 직면하는 가장 큰 어려움이자 해소하여야 할 과제이기도 할 것이다.

학위논문을 준비할 때 문제 제기와 관련하여 지도교수들이 하는 이야기 중 하나는 "왜 이 연구를 하려는지가 명확하게 제시되어 있지 않은 것 같아요. 연구의 이유와 배경 등이 구체적으로 제시되지 않으면 무엇을 연구하려고 하는지와 연계될 수 없어요. 이 부분에 대한 수정 및 보완이 필요합니다"일 것이다.

둘째, 이론적 정책적인 측면에서 해결되어야 할 중요한 과제가 무엇인지를 일반적으로 소개하면서, 본 논문에서 다루고자 하는 내용의 논점을 확실히 부각시킨다.

예를 들면, 박재희 · 라휘문(2022)의 논문에서 보는 것처럼 지방자치법 전부개정으로 인해 특별지방자치단체의 설치가 가능해졌기 때문에 다수의 지방자치단체가 특별지방자치단체를 설치하려고 시도할 것으로 예상됨에도 불구하고, 현행 제도는 특별지방자치단체가 수행할 수 있는 분야 및 기능과 행 · 재정지원방안을 제시하지 않고 있다는 점이 문제라고 지적하면서 이에 대한 해소대안을 강구하고자 한다는 것이다. 살펴본 것처럼 어떤 내용을 다루고자 하는지를 구체적으로 제시하여야 한다는 것이다.

논문 제목 **특별지방자치단체 사무발굴의 논리 및 행·재정적 지원방안**

지방자치단체는 본래적으로 고정적인 행정구역에서 일반주민이 구성원으로서 포괄적인 자치권을 행사하는 것을 가정한다(금창호, 2018). 하지만, 현실적으로는 교통과 통신의 발달, 도시 외곽 택지 개발 등으로 인한 생활권의 변동·확대에 따라 기존 행정구역을 넘어서는 행정수요가 발생하면서 본래적 의미의 일반지방자치단체가 아닌 특수한 형태의 행정기구의 설치가 필요하게 되었다. 최근에는 인구 감소로 인한 지방소멸 위기가 심화됨에 따라 비수도권 광역자치단체를 중심으로 광역행정체제 구축에 대한 논의도 진행되고 있다.

「지방자치분권 및 지방행정체제개편에 관한 특별법」 제2조에 따르면 지방행정체제는 지방자치 및 지방행정의 계층구조, 지방자치단체의 관할 구역, 특별시, 광역시·도와 시·군·구 간 기능 배분 등과 관련한 일련의 체제를 의미한다. 전문가들은 미래사회의 지방행정체제는 다극형 광역협력체제의 모습을 나타나게 될 것이라고 예견하고 있는데, 계층구조의 유연성과 다양성의 강화, 행정구역 재구조화에 따라 중앙-지방 간, 지방자치단체 간 새로운 역할 분담에 따른 기능 개편, 기관 구성의 다양화 등으로 요약될 수 있다(김순은, 2020; 홍준현, 2021).

광역협력체제 중 지방자치단체 간 협력은 지리적으로 인접한 두 기관 간 경제 및 개발, 교류 및 행사, 공공기관 설치, 행정서비스 제공 등의 분야에서 나타날 수 있으며, 이러한 협력은 지방자치단체 간 발생하는 갈등과 분쟁의 해결 수단으로서의 협력과 인접 지역 간 공동 추진을 통한 경제개발의 협력으로 구분해 볼 수 있다(서정섭, 2011). 현재 「지방자치법」에서 규정하고 있는 지방자치단체 간 협력제도에는 사무위탁(제168조), 행정협의회(제169조), 지방자치단체조합(제176조), 지방자치단체장 등 협의체(제182조)가 있다. 지방자치단체 간 협력제도는 30년 이상 운영되어 왔으나 활동 실적은 매우 부진한 것으로 평가되고 있다. 부진 원인으로는 제도상 행·재정적 체계 미비, 결정 사항에 대한 법적 구속력의 결여, 규약 정비 미비 등이 지적되었다(김길수, 2008; 최용환, 2019). 지방자치단체 조합을 예로 들면, 파견된 직원과 조합에서 신규 채용된 직원의 처우, 임용제도, 기구의 존속 여부 등이 불투명하였고, 이에 따른 임용제도 체계화 부족 및 고용 불안정 등으로 인하여 조직 운영이 원활하게 이루어지지 않았다. 또한 사무이양 및 위탁 시 집행 권한이 동반되지 않아 권한의 중복이 발생하였다.

2022년 1월부터 시행되는 지방자치법 전부개정 법률은 특별지방자치단체를 하나의 새로운 장으로 명시하여 그 지위를 보다 명확하게 하였다. 「지방지치법」 제199조는 특별지방자치단체 설립 의의를 “2개 이상의 지방자치단체가 공동으로 특정한 목적을 위하여 광역적으로 사무를 처리할 필요가 있을 때에는 특별지방자치단체를 설치할 수 있다”고 규정하였다. 이 기구에는 ‘지방의회’를 구성하고, 정부로부터 교부금 및 정식 직원임용 등 또 다른 형태의 지방자치단체 유형과 상당히 유사한 특성을 부여하여 지방자치단체 간 협력의 활성화를 촉진하고자 하였다.

앞으로 특별지방자치단체 설치가 가능해짐에 따라 특별지방자치단체 수행에 효과적인 사무발굴의 논리 및 특별지방자치단체 사무 이관에 따른 지원방안 등을 선제적으로 제시할 필요가 있다.

박재희 · 라휘문(2022)

4. 문제 제기는 어떻게 기술하는 것이 좋은가?

필자는 논문을 작성하면서 문제 제기와 관련해서는 몇 가지의 질문을 하면서 작성을 시작하곤 한다. 첫 번째로 하는 질문은 “나는 무엇을 연구하려고 하는가?” 이다. 즉, 앞에서 살펴본 연구주제에 대한 질문을 먼저한다. 예를 들면, 이민정책과 관련하여 법무부 등 정부에서 추진하고 있는 사회통합프로그램이 정상적으로 작동되고 있는지를 파악하려는 연구주제를 설정하였다고 하자. 두 번째로는 “내가 연구하려는 주제와 관련하여 현 상태는 어떠한가?”라는 질문을 한다. 앞에서 예로 들었던 사회통합프로그램의 필요성, 프로그램 내용 등과 관련된 현황을 파악하는 것이다. 세 번째로는 “현행 연구주제와 관련하여 살펴본 현황을 볼 때 어떤 문제가 있는가?”라는 질문을 한다. 이를 통하여 문제점을 개괄적으로 파악하려고 한다. 예를 들면, 선행연구를 볼 때 부처별 중복프로그램 운영 등을 통한 예산활용의 비효율문제가 존재한다는 등이 될 것이다.

필자는 문제 제기 부분을 작성할 때 위에서 살펴본 것과 같은 세 가지의 질문에 대한 답을 제시하는 방식을 활용한다. 처음에는 각 질문에 대해 메모하는 형식으로 답변을 작성한다. 그 다음에는 각 메모부분에 대해 좀 더 고민하면서 분량을 확대하고 논문에서 이야기하고자 하는 내용을 구체적으로 제시하는 과정을 거치고 있다.

사실 논문에서 서론 부분의 작성이 어렵다는 것은 논문을 작성해본 사람들은 모두 인정하는 부분일 것이다. 이러한 점 때문에 가장 마지막에 서론을 작성하는 연구자도 상당수 있다는 것을 부인할 수는 없을 것이다. 물론 이론적으로는 마지막에 서론부분을 작성하는 것이 맞지는 않는다. 다만, 현실적인 어려움 때문에 마지막에 서론을 작성하기도 한다는 것을 염두에 둘 필요가 있을 것이다. 필자는 서론부분을 먼저 작성하고 논문을 마무리한 후 다시 서론부분을 수정 및 보완하는 과정을 거치고 있다. 논문의 일관성 유지를 위하여 이러한 작업을 수행하고 있는 것이다.

논문 제목 **외국인 사회통합을 위한 정책의 추진방향: 사회통합기금 및 프로그램을 중심으로**

▶ 현황은 어떠한가?

2014년 10월 현재 우리나라에 체류하는 외국인의 수는 1,667,076명이다. 이는 외국인처우기본법이 시행된 2007년 이후 지속적으로 증가하고 있는 수치이다. 이러한 사실을 토대로 할 때 이들에 대한 한국사회 정착과 사회통합을 지원하여야 할 필요성 역시 증가하고 있다고 볼 수 있다. 우리나라에 거주하는 외국인의 사회통합지원 정책을 추진하는 기관은 중앙부처, 지방자치단체, 민간단체 등과 같이 다양해지고 있다.

▶ 어떤 문제가 있는가?

이와 같이 사회통합지원정책을 추진하는 기관의 다양성에도 불구하고 실제 서비스를 수혜 받는 대상자는 우리나라에 거주하는 전체 외국인 중 극히 일부에 지나지 않는다는 것이 일치된 견해이다.

또한 외국인을 대상으로 실시하는 각종 프로그램의 유사·중복성으로 인해 예산의 낭비 및 비효율적 운영 문제 등이 발생한다는 지적이 있다. 우리나라의 경우 이민자의 성별, 자격별, 업무 영역별로 구분하여 다문화가족지원센터, 외국인근로자지원센터, 외국인복지센터 등 별도의 전달체계를 운영하고 있으며, 이 과정에서 프로그램의 유사·중복성으로 인한 예산의 낭비와 비효율성 문제가 제기되었다(김준현, 2014: 361). 정부는 이와 같은 문제를 해소하기 위한 일환의 하나로 외국인 사회통합기금의 신설을 추진하고 있다. 즉, 외국인대상 프로그램의 운영과 관련된 모든 부처가 참여하는 추진체계를 만들어 사회통합기금을 가지고 통합·조정된 형태의 사회통합 프로그램을 추진함으로써 프로그램의 유사·중복성의 문제와 예산의 낭비 및 비효율성 문제를 해소하려고 한 것이다. 그러나 외국인 사회통합기금 신설에 대해 관계 부처 간 입장 차이가 발생하였고 이에 따라 관련된 모든 부처의 참여를 보장할 수 없게 되었다. 이는 곧 기금운용의 효율성을 저하시키는 요인으로 작용할 것이다.

라휘문(2015)

제3절

연구의 목적이란 무엇인가?

1. 연구의 목적은 무엇인가?

문제 제기는 앞에서 살펴본 것처럼 연구가 필요한 이유와 연구목적이 중요한 이유 등을 제시하는 것이다. 특히, 문제 제기는 이 연구를 수행하는 이유를 논리적으로 제시함으로써 독자들을 설득할 수 있다는 점에서 매우 중요하다고 볼 수 있다.

문제 제기를 통하여 이 연구가 중요하다는 것을 도출하였으면 그 다음에는 무엇을 연구하려고 하는지를 구체적으로 제시할 필요가 있을 것이다. 연구의 목적이란 바로 문제 제기를 통하여 제기된 문제를 구체적으로 정의하는 것이다.

필자가 경험한 내용을 토대로 하면 연구목적은 연구자가 연구하려고 하는 것을 그대로 기술하는 것이다. 연구자가 특정 현상을 설명하는 데 있어 독립변수와 종속변수간에 관계가 있는지를 파악하려고 연구를 시작하였다면 그대로 기술하면 된다. 즉, 독립변수와 종속변수간의 관계분석이 연구목적이 되는 것이다. 통상적으로 연구목적은 논문의 제목과 밀접하게 관련이 있다고 보아야 할 것이다. 특히, 학술논문의 경우에는 논문의 제목과 연구목적의 일치 정도가 높은 것이 현실이다. 학술논문의 제목을 좀 더 길게 풀어서 구체적으로 제시하면 연구목적이 된다고 볼 수 있을 것이다. 그러나 학위논문의 경우에는 학술논문과 비교할 때 상대적으로 논문의 제목을 좀 더 포괄적으로 제시하려는 경향을 보이기 때문에 학술논문처럼 학위논문의 제목을 단순하게 길게 풀어서 쓰는 방식으로는 연구목적을 제시하기가 쉽지는 않은 것이 현실이다. 좀 더 많은 고민이 필요한 부분이다.

연구목적에는 주된 목적과 주된 목적을 달성하기 위한 세부적인 목적이 있을 수 있다. 이 경우에는 주된 목적을 먼저 제시하고, 그 다음에 세부목적을 제시하는 방식으로 접근하여야 할 것이다.

2. 연구의 목적은 논문에서 어떤 역할을 하는가?

연구의 목적은 논문에서 크게 두 가지의 역할을 수행한다고 볼 수 있을 것이다. 첫째는 독자들에게 학위논문이나 학술논문의 방향을 제시하는 기능을 수행한다. 보다 구체적으로는 연구자가 어떤 것을 연구하려고 하는 것인지를 독자들에게 알려주는 것이다. 논문의 제목이 연구 분야 등을 특정할 수 있도록 하는 데 기여하는 것이라면 연구목적은 구체적으로 무엇을 연구하려고 하는지, 그리고 연구를 통하여 무엇을 얻고자 하는지를 제시하고 있기 때문에 논문을 이해하는 첫 번째 출발점이라고 볼 수 있을 것이다.

둘째는 연구목적의 경우 학위논문이나 학술논문의 향후 전개과정을 통합적으로 제시하는 기능을 수행한다. 즉, 연구목적에 따라 연구의 범위, 자료수집방법, 자료분석방법, 이론적 논의, 경험적 분석결과에 대한 해석 등이 결정된다고 보아야 할 것이다. 이러한 점 때문에 연구목적이 중요하다고 말하는 것이다.

연구자들이 학위논문을 쓰면서 지도교수와 이야기할 때 가장 많이 듣는 말들을 보면 연구목적과 관련되어 있는 것들이 다수를 차지할 것이다. 학위논문을 시작할 때 처음으로 부딪하는 문제이기 때문이기도 하지만 연구목적이 그만큼 중요하다는 것을 의미하기도 할 것이다. 학위논문을 작성하려는 연구자가 나름대로의 과정을 통하여 연구제목을 정한 후 지도교수와 이야기할 때 지도교수가 묻는 질문 중에 하나는 "왜 그걸 연구하려고 하는거지요?"일 것이다. 이는 연구목적이 무엇인지를 묻는 질문이라고 이해하여야 할 것이다. 참으로 답하기 쉽지 않은 부분이다. 학위를 취득한 연구자들에게 "그걸 연구하려는 이유가 무엇입니까? 연구를 통하여 얻고자 하는 것은 무엇이지요?라고 질문하였을 때 그때는 왜 답을 하지 못하였는지요?"라고 물어보니, "머릿속에는 들어가 있는데, 정리된 형태로 나오지 않는다"는 것이다. 그러면 지금은 "그걸 연구하려는 이유가 무엇입니까? 연구를 통하여 얻고자 하는 것은 무엇이지요?에 대해 답을 할 수 있나요?"라고 하니 쉽게 답변하는 것을 종종 발견한다. 이런 현상이 나타나는 이유는 논문에 대한 두려움, 지도교수의 어려움 등이라고 이야기할 수도 있으나 그보다는 연구목적에 대해 충분한 고민이 되어 있지 않다고 보아야 할 것이다. 학위논문을 작성하고 심사하는 과정에서 연구목적이 보다 구체화된 형태로 연구자에게 명확하게 전달되었기 때문에 논문을 마무리한 후에는 쉽게 답을 할 수 있는 것으로 보인다.

그 다음으로, 지도교수가 많이 하는 질문이기도 하고 수정 요구사항이기도 한 것은 연구목적이 구체화되어 있지 않으니 수정 및 보완이 필요하다는 것이다. "원생이 작성한 내용으로는 원생이 무엇을 하려고 하는지 도저히 알 수가 없어요. 도대체 무엇을 하려고 하는 것인지요? 아직 준비가 덜 된 것 같아요. 이 상태로는 논문을 진행할 수 없을 것 같아요. 다음에 만날 때는 연구목적을 구체화해서 가져왔으면 좋겠어요"일 것이다. 이런 이야기를 듣고 스트레스를 받으면서 힘들어하는 연구자를 발견하는 것은 어렵지 않다. 필자의 경험에 의하면 스트레스를 받지 않을 수는 없겠지만 가능하면 스트레스를 받지 않았으면 한다. 지도교수의 입장을 반영하려는 것이 아니라 지도교수들이 연구목적과 관련하여 예민하게 반응하는 이유는 연구목적이 구체적으로 또는 명확하게 제시되어 있지 않으면 연구 범위, 필요한 자료, 자료의 분석방법, 이론, 그리고 겸험적 분석결과에 대한 해석 등 다양한 내용을 결정할 수 없게 되기 때문이다.

3. 연구의 목적에서는 어떤 내용을 포함하여야 하는가?

연구의 목적에서는 크게 두 가지의 내용을 포함하여야 할 것이다. 단순하게 "이 연구는 외국인의 사회통합을 위하여 각 부처별로 추진하고 있는 프로그램의 효율적 추진방향을 제안하고자 하는 목적을 가지고 있다"와 같이 기술하고 마무리하는 것은 아니다. 가능하면 문제 제기 부분에서 제기한 문제를 축약, 요약해서 정리할 필요가 있을 것이다. 그다음에는 자신의 연구를 정당화할 수 있는 내용 역시 포함되어야 할 것이다.

논문 제목 **외국인 사회통합을 위한 정책의 추진방향: 사회통합기금 및 프로그램을 중심으로**

▶ 연구목적

이와 같은 배경 하에서 이 연구는 외국인의 사회통합을 위하여 각 부처별로 추진하고 있는 프로그램의 효율적 추진방향을 제안하고자 하는 목적을 가지고 있다. 특히, 이 연구는 수익자부담원칙의 적용을 통한 사회통합 프로그램의 효율적 운영을 위하여 도입을 추진하고 있는 외국인 사회통합기금의 설치와 관련되어 있다.

▶ 문제 제기 부분에서 제기한 문제의 축약 및 요약

현재 부처별로 추진하고 있는 사회통합 프로그램은 앞에서 살펴본 것처럼 유사·중복으로 인한 예산의 낭비 및 비효율적 운영현상이 발생되고 있다는 지적이 있다. 이러한 문제를 해소하기 위하여 외국인 사회통합기금을 설치하려고 하고 있으나 일부 부처의 경우 해당 부처가 수행하고 있는 사회통합 프로그램은 대상, 성격의 차이로 인하여 외국인 사회통합기금 대상사업에 포함될 수 없다는 주장을 하고 있다. 이와 같은 문제의식 하에 이 연구에서는 각 부처별로 추진하고 있는 사회통합 프로그램을 대상으로 사회통합기금사업의 적격성 여부를 판단한 후 향후 추진방향을 제안하고자 한다. 또한 외국인 사회통합기금이 설치될 경우 기금을 효율적으로 운영하기 위해서는 충족하여야 할 몇 가지 요소 등이 있다. 이 연구에서는 이에 대한 분석 후 정책제언을 하고자 한다. 이와 같은 연구목적의 달성을 위해서는 사회통합 프로그램에 대한 범위가 선정되어야 한다. 이 연구에서는 제2차 외국인정책 기본계획에 제시되어 있는 프로그램에 한정하여 논의하고자 한다.

라휘문(2015)

4. 연구의 목적은 어떻게 기술하는 것이 좋은가?

연구의 목적은 어떻게 기술하는 것이 좋은지가 궁금해진다. 연구자마다 자신들의 기술방법을 가지고 있기 때문에 A방법이 맞고 B방법이 틀리다고 이야기할 수는 없을 것이다. 각자가 다른 다양한 형태의 기술방법이 있다고 보아야 할 것이다.

그럼에도 불구하고 정리해보면 첫째, 의문문의 형태로 물어보았을 때, 뜻이나 문제가 명확할 수 있도록 기술하는 것이 좋을 것이다. 예를 들면, 라휘문(2015)의 연구에서는 "이와 같은 배경 하에서 이 연구는 외국인의 사회통합을 위하여 각 부처별로 추진하고 있는 프로그램의 효율적 추진방향을 제안하고자 하는 목적을 가지고 있다"라는 목적을 제시하고 있다. 이를 의문문의 형태로 제시하면 "외국인의 사회통합을 위하여 각 부처별로 추진하고 있는 프로그램은 효율적으로 추진되고 있는가? 효율적으로 추진되고 있지 않다면 효율적 추진방향은 무엇인가?"가 될 수 있을 것이다. 이처럼 의문문의 형태로 바꾸었을 때 무엇을 하려고 하는지가 명확해질 수 있도록 연구목적이 기술되어야 한다는 것이다. 통상적으로는 "이와 같은 배경 하에서 본 연구는 ______________와 같은 목적을 가지고 있다"와 같이 기술하고 있다.

다음으로는 우선순위에 따라 중요한 연구목적부터 차례로 쓴다. 주목적과 부수적 목적을 차원을 달리하여 기술한다. 즉, 본질적으로 달성하고자 하는 목적을 먼저 기술하고, 이에 도달하기 위하여 달성하여야 할 세부적인 목적을 제시한다는 의미이다.

논문 제목 **외국인 사회통합을 위한 정책의 추진방향: 사회통합기금 및 프로그램을 중심으로**

▶ 주목적

이와 같은 배경 하에서 본 연구는 우리나라의 재정분권 추진현황을 평가한 후 문제점을 도출하고 바람직한 재정분권의 방향을 제언하고자 하는 목적을 가지고 있다.

▶ 부목적

구체적으로 본 연구는 재정분권 관련 개념, 필요성 등 각종 이론과 관련된 논의, 각 정부의 재정분권 추진계획, 평가기준의 도출, 평가기준의 적용, 그리고 분석결과를 토대로 한 재정분권의 나아갈 방향을 제언하고자 하는 목적을 가지고 수행하였다.

라휘문(2015)

제 4 절

연구의 범위란 무엇인가?

1. 연구의 범위는 무엇인가?

연구의 범위는 연구하려고 하는 것을 명확하게, 그리고 확실하게 밝히는 것을 의미한다. 연구자가 연구하려는 대상이 무엇인지, 공간적으로는 어디까지 다루려고 하는지, 그리고 연구에서 논의하려는 기간은 언제부터 언제까지인지 등을 정확하게 밝히는 작업을 말한다.

연구의 범위는 학위논문과 학술논문에서 약간의 차이를 보이고 있다는 것을 쉽게 발견할 수 있다. 학술논문에서는 서론의 마지막 부분에 연구의 범위와 방법에 대해 제시하는 것이 일반적이나 이때에도 연구의 범위라는 제목을 달고 제시하고 있지는 않는다. 연구목적을 제시한 다음에 간단하게 연구의 범위를 기술하고 있는 수준이다. 그나마도 일부의 학술논문에서는 연구의 범위를 기술하지 않고 있다.

그러나 학위논문을 보면 대다수의 논문에서 연구의 범위를 포함하고 있다. 학위논문의 서론에는 문제 제기와 연구목적, 그리고 연구 범위와 방법 등이 제시되어 있다. 물론 정확하게 제목을 붙이고 연구의 범위를 밝히고 있는 것이 일반적이라고 보아야 할 것이다. 연구의 범위를 생략하고 있는 학위논문을 찾기는 쉽지 않을 것이다.

이런 점을 고려하면 연구의 범위는 학술논문에서도 중요한 위치를 차지하고 있지만 상대적으로 학위논문에서 더 비중있게 다루고 있다고 볼 수 있을 것이다. 필자는 학술논문을 작성할 때에는 연구 범위를 제시하고 있는 경우도 있고 그렇지 않은 경우도 있다. 항상 그런 것은 아니지만 계량적인 분석이 수반되는 학술논문을 작성할 때에는 연구의 범위를 제시하고 있고, 질적인 연구 또는 간단한 기술통계 등을 사용할 때에는 연구의 범위를 명확하게 제시하지는 않았던 것으로 생각된다. 이론적으로는 연구의 범위를 제시하는 것이 바람직하나 학술논문의 분량 등을 고려하여 생략하고 있는 경우도 있는 것으로 보인다.

표 3-3 학술논문과 학위논문에서의 연구 범위

학술논문
논문제목: 근무성적평정과정에서 나타나는 초과근무의 후광효과에 관한 경험적 연구 ▸ 연구목적 이와 같은 배경 하에서 본 연구는 평가오류의 하나인 후광효과가 평가과정에서 어떠한 결과로 나타나게 되는가를 분석하고, 그 결과에 기초하여 시사점을 도출하고자 하는 목적을 가지고 수행되었다. ▸ 연구의 범위 본 연구의 목적을 달성하기 위하여 범위를 한정하였다. 먼저, 후광효과를 발생시킬 수 있는 다양한 요인 중에서 초과근무만을 대상으로 하였다. 초과근무는 다른 요인들과 비교할 때 후광효과를 발생시킬 수 있는 대표적인 사례로 볼 수 있기 때문이다. 다음으로는 자료수집의 용이성 등을 고려하여 국민권익위원회라는 특정 기관만을 분석대상으로 선정하였다. 라휘문 외(2010c)
학위논문
논문제목: 비합리적 소비성향이 피부관리실 선택행동에 미치는 영향 ▸ 연구의 범위 본 연구의 목적을 달성하기 위하여 연구의 내용적 범위, 대상적 범위, 공간적 범위, 그리고 시간

적 범위를 설정하였다.

먼저, 내용적 범위는 어떤 내용을 연구할 것인가에 대한 것이다. 본 연구는 목적에서 제시한 것처럼 피부관리를 결정하는 데 있어 베블런효과, 밴드왜건효과가 영향요인으로 작용하는지를 파악하고자 한다.

대상적 범위는 연구대상을 누구로 할 것인가에 대한 것이다. 이 연구에서는 20세 이상의 성인여성을 연구대상으로 설정하였다.

공간적 범위는 연구의 공간을 어디로 할 것인가에 대한 것이다. 본 연구에서는 우리나라를 대상으로 하였고, 특히 연구결과의 일반화를 위하여 전국을 대상으로 하였다. 2016년 1월 현재 우리나라는 17개 광역자치단체가 존재하고 있기 때문에 17개 광역자치단체를 대상으로 하였다. 17개 광역자치단체는 서울특별시, 부산광역시, 대구광역시, 인천광역시, 광주광역시, 대전광역시, 울산광역시, 세종특별자치시, 경기도, 강원도, 충청북도, 충청남도, 전라북도, 전라남도, 경상북도, 경상남도, 제주특별자치도이다.

시간적 범위는 종단적 연구인가 아니면 횡단적 연구인가에 대한 것이다. 종단적 연구는 같은 집단 또는 개인을 연구대상으로 하여 그 대상의 특성을 일정기간 반복적으로 관찰하고 조사하는 연구방법으로 특정대상의 역동성(dynamic)을 반영할 수 있다는 장점을 가진 반면, 동시에 넓은 지역을 연구할 수는 없다는 단점을 가진다. 반면, 횡단적 연구는 동일한 시점에서 서로 다른 집단들의 특성을 비교하는 연구방법으로 추세치를 반영하지 못하지만 현 시점에서 소비자의 일반적인 인식을 파악한다는 측면에서 의미가 있다. 그리고 광범위한 지역을 동시에 연구한다는 점에서 유용성을 가지고 있다. 이에 본 연구는 횡단적인 연구를 수행하였다. 그 이유는 전국의 성인여성들이 가지고 있는 일반적인 인식수준을 도출하여 분석하기 위해서이다. 이와 같은 연구결과가 축적되면 종단적 분석이 가능하고, 이 경우 역동성 등을 파악할 수 있다. 특히, 이 연구에서 활용하고 있는 주된 자료의 수집방법이 설문조사에 의존하고 있기 때문에 2016년 현 시점에서의 횡단적 연구를 수행하였다.

최재민(2016)

2. 연구의 범위는 논문에서 어떤 역할을 하는가?

연구의 범위는 다음에서 보는 것과 같이 논문에서 일정한 역할을 수행하고 있기 때문에 가능하면 제시하는 것이 바람직할 것이다. 첫째, 연구의 범위는 연구방향을 한정하는 역할을 수행한다. 이는 연구의 범위가 연구목적을 좀 더 구체화하는 역할을 수행한다는 것을 의미한다. 즉, 이 연구에서는 연구목적을 달성하기 위하여 어떤 내용을 다룰 것이고, 언제부터 언제까지의 자료를 분석할 것이며, 공간적으로는 어디를 대상으로 한다는 것을 제시하는 것이다. 이러한 작업은 앞으로 하게 될 연구의 방향을 제시하는 역할이라고 볼 수 있을 것이다.

둘째, 연구의 범위는 연구자가 연구하려고 하는 연구의 내용, 공간, 시간 등에 대한 충분한 정보를 독자들에게 제공하는 역할을 수행한다. 이는 독자들이 사전정보를 가지고 논문을 읽을 수 있도록 한다는 점에서 유용하다. 즉, 연구의 범위는 독자들이 논문을 본격적으로 읽기 전에 논문에 대한 사전정보를 제공한다는 점에서 필요하다는 것이다. 이는 독자들이 논문을 보다 쉽게 이해할 수 있도록 하는데 도움을 줄 수 있을 것이다.

셋째, 연구의 범위는 연구의 내용, 공간, 시간 등을 한정하는 과정을 통해 연구하려고 하는 것을 명확하게, 그리고 확실하게 제시하는 작업이다. 따라서 연구의 범위를 보면 전체적인 연구의 방향이 무엇인지를 알 수 있을 것이다. 또한 연구의 범위를 통해 연구의 내용, 대상, 공간, 시간 등이 제한되었기 때문에 제한된 범위 내에서 분석결과의 해석이 이루어질 수밖에 없다는 것을 알게 할 것이다.

넷째, 연구자가 수행하는 연구가 창의적인 연구인지를 판단하는 기준이 될 수 있다는 점에서 중요하다. 즉, 유사한 주제의 연구가 존재한다고 하더라도 연구의 범위가 다를 경우 창의적인 연구로 간주할 수 있을 것이다.

3. 연구의 범위에서는 어떤 내용을 포함하여야 하는가?

연구의 범위에는 어떤 내용이 포함되어야 하는지에 대해 학자들 간에 합의된 결론은 없는 것으로 보인다. 연구의 범위에 포함되어야 할 내용에 대한 학자들 간 합의가 있었다면 연구자들이 가지고 있는 고민들 중 하나는 해소될 수 있었을 것이나 현재까지는 그런 합의내용은 존재하지 않는다. 아마도 연구의 범위에 대한 생각들의 차이로 인해 앞으로도 연구의 범위에 포함되어야 할 내용에 대한 합의를 도출하는 것은 쉽지 않을 것으로 보인다. 따라서 연구자들의 판단에 의하여 연구의 범위를 작성하여야 할 것이다. 다만, 연구의 범위를 제시할 때 연구자들이 공통적으로 제시하고 있는 것들은 있다.

먼저, 최재민(2016)은 내용적 범위, 대상적 범위, 공간적 범위, 그리고 시간적 범위로 구분하고 있고, 라휘문 외(2010c)는 내용적 범위, 대상적 범위, 공간적 범위로 분류하고 있다. 또한 라휘문 외(2010d)는 내용적 범위, 대상적 범위, 공간적 범위, 그리고 시간적 범위로 구분한 후 연구의 범위를 제시하고 있다. 이러한 점을 고려하면 내용적 범위, 대상적 범위, 공간적 범위, 그리고 시간적 범위 등이 포함되어 있다고 볼 수 있을 것이다.

논문 제목 근무성정평정과정에서 나타나는 초과근무의 후광효과에 관한 경험적 연구

본 연구의 목적을 달성하기 위하여 범위를 한정하였다. 먼저, 후광효과를 발생시킬 수 있는 다양한 요인 중에서 초과근무만을 대상으로 하였다. 초과근무는 다른 요인들과 비교할 때 후광효과를 발생시킬 수 있는 대표적인 사례로 볼 수 있기 때문이다. 다음으로는 자료수집의 용이성 등을 고려하여 국민권익위원회라는 특정 기관만을 분석대상으로 선정하였다.

라휘문 외(2010c)

논문 제목 지방공기업 경영평가에 대한 메타평가: 경기도 지방공기업 경영평가 사례를 중심으로

본 연구의 목적을 달성하기 위한 연구의 범위는 경기도가 주관한 지방공기업 경영평가에 한정하고자 한다. 그 이유는 평가주체가 2008년도부터 행정안전부 경영평가단에서 중앙정부와 광역자치단체가 역할을 분담하는 체제로 전환하였고, 이 과정에서 다수의 지방공기업을 보유하고 있는 경기도가 자체적으로 지방공기업 경영평가를 실시하였기 때문에 많은 시사점을 도출할 수 있을 것으로 기대되기 때문이다. 시간적으로는 2009년도에 실시한 지방공기업 경영평가제도를 중심으로 하되 필요한 부분에서는 2008년까지 그 범위를 확대하였다.

라휘문 외(2010d)

모든 연구의 범위가 중요하나 그 중에 대상적 범위는 분석의 단위와 연계되어 있다는 점에서 특히 중요하다고 볼 수 있을 것이다. 분석의 단위는 연구를 통해 지식을 얻으려는 구체적 대상이 무엇인지, 자료의 수집이나 관찰의 기본적 단위가 무엇인지를 의미한다. 즉, 분석의 단위를 결정한다는 것은 개인의 행태를 대상으로 연구를 하는 것인지 아니면 집단이나 조직을 대상으로 연구를 하는 것인지 등을 결정하는 작업이고, 대상이 결정되면 필요한 자료의 단위를 결정할 수 있다는 점에서 중요성을 가지고 있다. 분석의 단위에는 개인, 집단이나 조직, 각종 제도 등 사회적 산물과 같이 구분할 수 있을 것이다. 분석의 단위가 개인이라는 의미는 분석할 때 소비자, 공무원, 시민, 학생, 투표자, 회사직원 등을 대상으로 연구를 한다는 것이고, 집단이나 조직이라는 의미는 분석할 때 조직이나 기관, 행정 단위, 국가 등과 같은 집합체가 연구의 대상이라는 것을 의미한다. 사회적 산물이라는 의미는 교육수준, 이혼 등과 같은 사회제도를 대상으로 연구를 한다는 것을 의미한다.

분석의 단위는 수집하려는 자료의 단위와 종류를 결정하는 기준이 될 뿐만 아니라 연구결과를 해석할 때 기준이 된다는 점에서 중요하다고 볼 수 있다. 즉, 분석의 단위가 개인이면 연구결과를 해석할 때에도 개인으로 해석하여야 하고, 분석의 단위가 집단이면 연구결과 역시 집단으로 해석하여야 한다는 것이다. 분석의 단위가 개인인데, 분석결과를 해석할 때 집단을 대상으로 하면 환원주의적 오류(개별주의적 오류)를 범하고 있는 것이고 분석의 단위가 집단인데, 결과를 해석할 때 개인에 적용하면 생태적 오류(분할의 오류)를 범하게 되는 것이다.

분석의 단위는 연구를 수행하는 데 있어 매우 중요함에도 불구하고 흔히 발생할 수 있는 문제이기 때문에 좀 더 구체적으로 살펴볼 필요가 있다. 먼저, 생태적 오류는 집단을 포함한 집합적 단위를 대상으로 연구한 결과를 개인 등 하위 단위에 적용하려고 할 때 발생하는 오류이다. 남궁근(2016)은 생태적 오류를 설명하기 위하여 강남과 강북의 고등학교를 예로 들고 있다. 그는 강남의 A라는 고등학교가 강북의 B라는 고등학교보다 부모의 사회·경제적 지위가 높은 학생이 많다고 가정하고 논의를 하고 있다. 그런데 강남의 A고등학교에서 학교공부에 적응하지 못하는 학생의 비율이 강북의 B고등학교보다 높은 것으로 나타났다면 부모의 사회·경제적 지위가 높을수록 그 자녀가 학교에 적응하기 어렵다는 결론을 내릴 수 있는가?라는 질문을 던지고 있다. 강남의 A고등학교에서는 경쟁이 치열하기 때문에 강북의 B고등학교보다 적응하지 못하는 학생의 비율이 높았고, 강남의 A고등학교에서 학부모의 사회·경제적 지위가 낮을수록 부적응하는 학생이 많았다면 앞의 해석은 생태적 오류를 범하였다는 것이다. 즉, 집단을 대상으로 연구한 후 연구의 결과를 개인에게 적용하기 위하여 분할하는 과정에서 오류가 발생한다는 것이다.

환원주의적 오류는 개인을 분석 단위로 연구한 결과를 집단, 사회 등의 특성을 도출하는 데 활용할 때 발생하는 오류를 말한다. 남궁근(2016)은 개인을 분석 단위로 연구한 결과, 즉 민주주의적 가치에 동의하는 사람의 비율을 정치체제의 민주화의 정도를 나타내는 지표로 사용할 때 발생한다고 한다. 구체적으로 살펴보면 어떤 정치체제가 고도로 권위적일 경우에도 그 구성원들의 대다수가 민주적인 가치를 보유할 수 있다. 더 나아가서 민주적이라는 용어의 개념이 두 분석 단위에서 다른 뜻을 가지고 있는 것이다. 개인적인 수준에서 이 용어는 가치나 태도에 관한 것이고 정치체제 수준에서 이 용어는 구조와 행태에 대한 것이다. 그러므로 정치체제의 구조와 행태를 그 구성원에 관한 지식을 토대로 설명하거나 예측할 수 없다는 것이다.

그림 3-1 분석의 단위와 결과해석

		결과해석의 적용대상	
		개인	집단
분석의 단위	개인	O.K	환원주의적 오류 (개별주의적 오류)
	집단	생태적 오류 (분할의 오류)	O.K

4. 연구의 범위는 어떻게 기술하는 것이 좋은가?

연구의 범위에 포함되어야 하는 내용을 대상적 범위, 공간적 범위, 그리고 시간적 범위로 한정하여 논의할 수 있을 것이다.

먼저, 대상적 범위에 대한 논의이다. 대상적 범위는 무엇을 대상으로 연구를 하는가에 대한 논의를 말한다. 즉, 연구의 대상이 무엇인가를 묻는 것으로서 예를 들면, 지방세에 대한 체계를 알고자 하는 연구인지, 아니면 국세에 대한 체계를 알고자 하는 연구인지를 제시하는 것이다.

다음은 공간적 범위이다. 공간적 범위는 연구의 공간이 무엇인지를 밝히는 것이다. 한국 전체를 대상으로 하는 것인지, 주요 국가를 포함하고 있는 것인지 아니면 한국 중에서도 수도권을 대상으로 하고 있는지 등을 명확하게 밝히는 것을 말한다. 이는 모집단을 대상으로 연구하는 것인가, 아니면 표본추출을 통한 연구인지를 분명하게 밝히는 부분도 포함된다. 예를 들면, 이 연구가 한국의 지방자치단체와 주요 외국의 지방자치단체를 대상으로 연구하는 것이라면 모집단에 대한 연구라고 간주 가능할 것이다. 반면에, 한국의 지방자치단체 중 경기도를 대상으로 연구를 진행하고자 한다면 표본추출에 의한 연구라고 보아야 할 것이다.

다음은 시간적 범위에 대한 논의이다. 시간적 범위는 횡단적 연구(Cross-sectional research)를 하는 것인지 아니면 종단적인 연구(Longitudinal research)를 하는 것인지에 대한 논의를 말한다. 횡단적 연구는 특정 시점에서 모집단에 대한 연구를 하고자 할 경우 자주 이용되는 방법이다. 장점은 전체를 연구하는 것이므로 분석결과를 일반화하는 데 유리한 반면, 동태성을 파악할 수는 없다는 단점을 가질 수 있다. 반면, 종단적 연구를 한다는 것은 특정 시점을 기준으로 연구를 하는 것이 아니라 언제부터 언제까지와 같이 일정한 기간을 연구하는 것을 말한다. 종단적 연구의 장점은 동태성을 파악할 수 있다는 것이며 단점은 모집단을 대상으로 연구를 하기에는 시간적·비용적 여건으로 인해 어렵다는 것이다. 종단적 연구에는 추세연구(trend study)와 시계열연구(time series study), 코호트연구(cohort study), 패널연구(panel study) 등 다양한 종류가 있다. 추세연구 또는 시계열연구는 복수의 연구대상을 둘 이상의 시점에서 관찰한 다음 그 결과를 비교하는 연구를 말한다(남궁근, 2016). 예를 들면, 2022년 지방자치단체의 역량을 측정한 후 2012년 지방자치단체의 역량과 비교하는 것을 말한다. 문제는 2022년과 2012년의 모집단과 표본이 다르다는 것이다. 그럼에도 불구하고 2012년에 비해 2022년에 어느 정도 변화하였는지를 파악할 수는 있을 것이다.

코호트연구는 동일경험집단을 대상으로 두 번이상의 다른 시기에 조사한 내용을 비교 연구하는 것이다. 즉, 시간에 따라서 동일한 경험을 보유하고 있는 서로 다른 사람에게 반복적으로 동일한 측정을 시도하는 것이다. 이때의 응답자는 동일한 경험을 공유하여야 하며 반드시 동일한 응답자일 필요는 없다. 예를 들면, 88올림픽 세대의 의식변화를 10년 단위로 연구한다고 하자. 1998년은 10대가 조사대상이며, 2008년은 20대, 2018년은 30대가 조사대상이 될 것이다. 살펴본 것처럼 코호트연구는 동일경험집단을 대상으로 연구하는 것이기 때문에 시간이 경과함에 따라 연령이 달라진다는 것을 알 수 있을 것이다.

패널연구는 한 번 조사된 사람들을 동일한 질문을 활용하여 수차례 반복적으로 조사한 후 그 값을 비교하는 연구를 말한다. 패널연구는 시간에 따라서 다른 경험을 보유하고 있는 동일한 사람에게 반복적으로 동일한 측정을 시도하는 것이다. 패널연구는 코호트연구가 동일한 경험을 보유하고 있는 서로 다른 사람을 대상으로 연구하는 것과 달리 다른 경험을 보유하고 있는 동일한 사람을 대상으로 연구를 하는 것이다. 패널연구에서는 동일한 사람이 응답하는 것이기 때문에 응답자 관리에 만전을 기하여야 할 것이다.

표 3-4 종단적 연구방법의 비교

구분	추세연구 또는 시계열연구	코호트연구	패널연구
동일 경험자 여부	부	여	부
동일 응답자 여부	부	부	여

필자는 학술논문을 쓰면서 연구 범위를 다양한 방식으로 제시하고 있다. 논문의 성격이 이론적인 논문인지 아니면 정책적인 논문인지를 제시하였다. 즉, 이론형성과 정책개발연구 등 연구의 종류를 제시하였다. 그 다음에는 공간적 범위를 제시하였고, 마지막으로는 시간적 범위를 제시하였다.

논문 제목 **지역경제 활성화 정책의 성과와 지방세입의 연계구조 설계: 대산임해 산업지역(대산공단) 사례를 중심으로**

이러한 문제의식 하에 이 논문은 서산시에서 수행한 또는 향후 수행하여야 할 지역경제 활성화 정책의 성과가 지방재정수입으로 연계되어 있는지를 살펴보고 연계되어 있지 않을 경우 연계할 수 있는 정책방향을 제안하고자 하는 목적을 가지고 수행하였다. 이 연구의 목적을 달성하기 위한 연구의 범위를 보면 첫째, 이 연구는 이론적인 논문이라기보다는 정책적 제언을 위하여 작성한 글이기 때문에 이론을 새롭게 만드는 데 초점을 두기보다는 정책대안을 발굴하여 제안하는 데 초점을 맞추었다. 둘째, 우리나라 전체를 대상으로 한 연구가 아니라 서산시에 초점을 두고 연구하였다. 즉, 공간적 범위를 서산시라는 특정 지역으로 한정함으로써 심도있는 논의를 하고자 하였다. 다만, 논의의 편의를 위하여 필요할 경우 몇 개 사례지역으로 공간적 범위를 확대하였다. 셋째, 지방재정이 가지고 있는 동태적 속성을 반영하기 위하여 단년도가 아닌 다년도의 자료를 활용하였다.

라휘문(2014)

또한 다음의 연구에서는 대상적 범위, 시간적 범위, 그리고 공간적 범위를 제시하고 있다.

논문 제목 **외국인정책과제의 연계성 분석 및 향후 추진방향: 제2차 외국인정책 기본계획의 정책과제를 중심으로**

이 연구의 목적을 달성하기 위한 연구의 범위는 제2차 외국인정책 기본계획에서 제시한 5개 정책목표 19개 중점과제 51개 과제 147개 세부과제를 대상으로 한다. 또한 시간적 범위는 현재를 기준으로 하되 과거자료(제1차 외국인정책 기본계획, 2008~2012)가 필요하다면 과거로 그 논의를 확대하고자 한다. 공간적 범위 역시 우리나라를 기준으로 하되 필요하면 선진국가로 확대하고자 한다.

라휘문 외(2015)

그리고 대상적 범위, 내용적 범위 등을 기술하고 있다. 앞에서 살펴본 것과 다른 방식으로 연구의 범위를 제시하고 있다.

논문 제목 **외국인 사회통합을 위한 정책의 추진방향: 사회통합기금 및 프로그램을 중심으로**

▶ 연구목적

이와 같은 배경 하에서 이 연구는 외국인의 사회통합을 위하여 각 부처별로 추진하고 있는 프로그램의 효율적 추진방향을 제안하고자 하는 목적을 가지고 있다. 특히, 이 연구는 수익자부담원칙의 적용을 통한 사회통합 프로그램의 효율적 운영을 위하여 도입을 추진하고 있는 외국인 사회통합기금의 설치와 관련되어 있다.

▶ 연구 범위

현재 부처별로 추진하고 있는 사회통합 프로그램은 앞에서 살펴본 것처럼 유사·중복으로 인한 예산의 낭비 및 비효율적 운영현상이 발생되고 있다는 지적이 있다. 이러한 문제를 해소하기 위하여 외국인 사회통합기금을 설치하려고 하고 있으나 일부 부처의 경우 해당 부처가 수행하고 있는 사회통합 프로그램은 대상, 성격의 차이로 인하여 외국인 사회통합기금 대상사업에 포함될 수 없다는 주장을 하고 있다. 이와 같은 문제의식 하에 이 연구에서는 각 부처별로 추진하고 있는 사회통합 프로그램을 대상으로 사회통합기금사업의 적격성 여부를 판단한 후 향후 추진방향을 제안하고자 한다. 또한 외국인 사회통합기금이 설치될 경우 기금을 효율적으로 운영하기 위해서는 충족하여야 할 몇 가지 요소 등이 있다. 이 연구에서는 이에 대한 분석 후 정책제언을 하고자 한다. 이와 같은 연구목적의 달성을 위해서는 사회통합 프로그램에 대한 범위가 선정되어야 한다. 이 연구에서는 제2차 외국인정책 기본계획에 제시되어 있는 프로그램에 한정하여 논의하고자 한다.

라휘문(2015)

논문 제목 **지방자치단체 평가제도의 연계 및 통합방안**

연구의 시간적 범위는 각 평가제도가 도입된 시점으로부터 연구기간(2007년)까지를 대상으로 하되, 연구의 대상은 2006년도에 평가가 실시되었거나 2007년도 평가계획이 존재하는, 즉 현존하는 평가제도로 한정하였다. 광역자치단체인 경기도에서 시행되고 있는 평가제도를 분석의 주요 대상으로 삼되, 경기도가 주관이 되어 실시하는 평가제도뿐만 아니라 중앙정부 주관의 평가제도도 분석 범위에 포함하여 중복평가의 실태를 파악하였다.

박충훈 외(2008)

필자는 연구의 범위를 제시하면서 연구목적을 달성하기 위하여 어떻게 접근하고 있는지를 대상적 범위, 내용적 범위, 공간적 범위, 시간적 범위 등을 적절하게 활용하였다.

제5절

연구의 방법이란 무엇인가?

1. 연구의 방법은 무엇인가?

연구의 방법이란 연구의 목적을 달성하기 위하여 해당 연구에서 적용하려고 하는 방법을 말한다. 좀 더 쉽게 말하면, 다음과 같은 몇 가지를 결정하여 제시하는 것이라고 볼 수 있을 것이다.

첫째, 1차 자료를 활용하여 연구를 할 것인지 아니면 2차 자료를 활용하여 연구를 할 것인지를 결정하는 것이다. 1차 자료란 어떤 과정도 거치지 않은 자료를 연구자가 직접 만들어서 연구에 활용하는 것이다. 2차 자료란 1차 자료를 가공하여 만든 자료를 연구에 활용하는 것이다. 1차 자료는 연구자가 필요로 하는 정확한 자료를 얻을 수 있고 연구자가 원하는 방식으로 자료를 수집할 수 있다는 장점이 있는 반면, 충분한 시간과 비용이 필요하다는 단점을 가진다. 2차 자료는 현대의 연구경향이 가지고 있는 충분한 양의 정보를 쉽게 얻을 수 있다는 장점을 가지고 있는 반면, 1차 자료가 충분하지 않을 경우 2차 자료를 활용한 연구를 수행할 수 없다는 문제점을 가진다.

둘째, 양적 연구를 할 것인지 아니면 질적 연구를 할 것인지를 결정하는 것이다. 양적 연구는 계량화된 자료를 체계적인 분석을 통해 인과관계를 밝히는 것을 말한다. 양적 연구는 실증주의적 연구에는 적합하나 인간의 내면적인 특성에 대한 연구 등에서는 단점을 가질 수 있다. 질적 연구는 인간의 행동 자체와 인간이 특정 행위를 하는 이유를 밝혀내기 위하여 수행되는 경우가 다수를 차지한다. 양적 연구를 하고자 할 때 어떤 방법으로 자료를 수집하여 분석할 것인지 등을 제시한다.

필자는 학술논문을 작성하면서 다음과 같이 필요한 부분을 중심으로 기술하고 있다.

논문 제목 지방공기업 경영평가에 대한 메타평가: 경기도 지방공기업 경영평가 사례를 중심으로

이 연구에서는 이와 같은 문제의식 하에 지방공기업 경영평가 제도의 대분류 지표들 간의 상호 연계성 측면을 확인하는 작업을 2010년 지방공기업 경영평가 결과 데이터를 이용한 실증분석 방법을 적용하여 실시한다. 그리고 현재 지방공기업 경영평가의 주체는 형식적인 측면에서 보면 행정안전부이지만 실제로는 광역자치단체 공기업의 경우 행정안전부(자치경영평가원), 기초자치단체 공기업의 경우 시・도로 위임되어 있어 이원화되어 있다고 볼 수 있다. 따라서 평가정보를 총괄하는 기관이 부재한 만큼 관련 데이터 수집이 매우 어렵다. 현재까지 각 지표별 지방공기업 경영평가 결과 도출된 평가점수를 각 기관별로 수집하여 수행한 연구가 거의 없는 이유가 여기에 있다. 이 연구에서는 매우 제한적이지만, 평가결과 데이터를 수집하여 실증분석을 수행한다.

라휘문 외(2010d)

최재민(2016)은 다음에서 보는 것과 같이 학위논문에서 좀 더 다양한 내용을 연구의 방법으로 제시하고 있다. 문헌검토와 실증분석을 위한 설문조사를 하였다는 내용, 그리고 수집된 자료를 활용하여 통계분석을 하였다는 내용이 제시되어 있다.

논문 제목 **비합리적 소비성향이 피부관리실 선택행동에 미치는 영향**

연구의 목적을 달성하기 위한 연구방법으로는 문헌연구와 실증분석을 병행하였다.

첫째, 피부관리 및 비합리적 소비자선택 관련 문헌검토를 통하여 이론적 토대를 구축하였다. 피부관리의 의의, 피부관리의 특성을 검토하여 피부관리에 대한 이해를 도모하였다. 또한 소비자선택이론의 변화, 베블런효과(veblen effect), 밴드왜건효과(bandwagon effect) 등의 비합리적 소비자 선택이론과 선행연구를 살펴보았다. 선행연구는 피부관리와 관련된 것, 그리고 베블런효과, 밴드왜건효과 등 비합리적 소비자 선택이론과 관련된 것으로 구분하여 살펴보았다. 이와 같은 선행연구결과를 토대로 본 연구와의 차별성 및 연구의 방향 등을 찾을 수 있었다.

둘째, 실증분석을 위한 설문조사를 실시하였다. 선행연구를 검토하여 영향요인을 추출하였고, 이를 토대로 구조화된 설문지를 설계하였다. 이를 이를 전국의 성인여성 1,000명에게 2016년 2월 10일부터 2016년 2월 29일까지 20일 간 Web 방식과 대면조사(face to face) 방식을 활용하여 조사하였다. 주로 Web 방식을 활용하였고, 대면조사는 50세 이상의 여성 중 컴퓨터를 활용하지 못하는 사람을 대상으로 실시하였다. 대면조사는 사전에 전화를 통하여 시간과 장소에 대한 약속을 정한 후 방문하여 조사하는 방식을 활용하였다.

셋째, 회수된 설문지를 가지고 통계분석을 실시하였다. 통계분석은 SPSS v.19.0을 활용하여 t-test, ANOVA, 기술통계분석, 빈도분석, 상관관계분석, 그리고 회귀분석 등을 실시하였다. 마지막으로는 분석된 결과를 이론적 검토에 기초하여 해석하였다.

최재민(2016)

2. 연구의 방법은 논문에서 어떤 역할을 하는가?

연구의 방법은 학위논문과 학술논문에서 몇 가지의 중요한 역할을 수행한다고 볼 수 있다. 첫째, 연구방법을 통하여 이 연구가 질적 분석을 하는 연구인지 아니면 양적 분석을 하는 연구인지를 알 수 있다. 독자들은 각자가 선호하는 연구의 방법을 가지고 있다. 해당 논문의 연구방법을 읽어봄으로써 자신에게 필요한 연구인지를 파악할 수 있다는 점에서 연구의 방법을 제시하는 작업은 필요하다고 볼 수 있을 것이다.

둘째, 연구의 방법은 연구결과를 해석할 때 준거할 수 있는 정보를 제공한다. 예를 들면, 특정 연구가 표본을 대상으로 연구를 한 것이라면 확률적 표본추출방법을 사용한 것인지 아니면 비확률적 표본추출방법을 사용한 것인지를 제시하여야 결과를 해석할 때 연구의 결과를 일반화시킬 수 있는지 아니면 해당 연구에만 적용 가능한 결과인지를 판단할 수 있다.

셋째, 유사한 연구를 수행하고자 할 때 어떤 연구방법을 활용하는 것이 바람직한지에 대한 정보를 얻을 수 있다. 어떤 연구자든 특정 연구주제에 대해 연구를 하게 되면 선행연구를 검토하게 된다. 선행연구에 제시되어 있는 연구방법은 후속연구를 수행하고자 할 때 유용한 정보를 제공할 수 있을 것이다.

넷째, 연구자가 수행하는 연구가 창의적인 연구인지를 판단하는 기준이 될 수 있다는 점에서 중요하다. 즉, 유사한 주제의 연구가 존재한다고 하더라도 연구의 방법이 다를 경우 창의적인 연구로 간주할 수 있기 때문이다.

3. 연구의 방법에서는 어떤 내용을 포함하여야 하는가?

연구의 방법에서는 연구에 활용하려는 자료의 성격, 자료의 수집방법, 수집된 자료의 분석방법 등의 내용이 포함되는 것이 일반적이다.

자료의 성격이란 앞에서 살펴본 것처럼 1차 자료인지 아니면 2차 자료인지를 의미한다. 1차 자료를 활용하여 연구하고자 한다면 연구자가 직접 자료를 수집하여야 하는데, 이때 어떤 방법을 활용할 것인지가 제시되어야 한다. 예를 들면, 설문조사를 통하여 연구에 필요한 자료를 수집하는 것이라면 모집단은 무엇이고, 표본추출방법은 무엇이며 표본의 규모와 성격은 어떠한지 등을 제시하여야 한다.

자료의 수집방법이란 기존에 발간된 통계자료를 활용하는 것인지 아니면 1차 자료를 수집하려고 하는지를 제시하는 것이다. 자료의 성격보다는 좀 더 구체적인 내용이 제시되어야 할 것이다.

수집된 자료의 분석방법은 연구설계에서 일부 다루고 있을 뿐만 아니라 통계학 또는 계량분석의 영역으로 남겨 놓고자 한다. 따라서 여기에서는 구체적인 내용을 다루지는 않겠다.

4. 연구의 방법은 어떻게 기술하는 것이 좋은가?

연구자는 충분한 수준의 연구경험을 보유하고 있지 않기 때문에 연구의 절차와 각 절차별 내용이 구체적으로 제시되어 있으면 좋겠다는 생각을 가지게 된다. 그러나 연구는 다양한 요인에 의하여 달라질 수 있기 때문에 합의된 기술방법이 존재하지는 않는다. 실제로도 다수의 학자들이 자신들이 선호하는 방식으로 연구의 방법을 기술하고 있다.

필자는 구체적인 내용보다는 관련 문헌검토, 면담 등을 활용하겠다는 내용을 제시하기도 한다.

논문 제목 지역경제 활성화 정책의 성과와 지방세입의 연계구조 설계: 대산임해산업지역(대산공단) 사례를 중심으로

연구의 방법은 관련 문헌검토, 전문가면담 등 질적 연구방법을 활용하고자 한다.

라휘문(2014)

또한 조경훈 외(2016)는 연구자의 경험, 평가과정에서 수집한 자료, 전문가 및 공무원과의 면담 등을 연구방법으로 제시하고 있다. 주로 자료수집방법을 기준으로 연구방법을 보고 있는 것으로 보인다.

논문 제목 지방자치단체 재정사업평가의 개선방안에 대한 연구

지방자치단체에서의 재정사업평가에 대한 진단을 통해 제도의 빠른 안착과 성공적인 운영 및 확산으로 이어지도록 기여하는 것이 본 연구의 목적이라 할 수 있다. 이 목적을 달성하기 위하여 다종다수의 사업을 평가대상으로 하여 재정사업평가가 이루어졌던 A지방자치단체를 연구의 대상 사례로 하였으며, 평가의 전반적인 운영을 관리한 연구자의 경험과, 평가과정에서 직·간접적으로 수집한 자료 및 전문가 및 공무원과의 면담을 활용하여 정리되었다.

조경훈 외(2016)

박충훈 외(2008)는 선행연구, 관련 자료분석, 면접조사방법 등을 제시하고 있다.

논문 제목 지방자치단체 평가제도의 연계 및 통합방안

본 연구의 방법은 선행연구 및 관련 자료분석 등 문헌연구방법과 평가담당자 등과의 면접조사방식 등 크게 두 가지 접근방법을 활용하였다. 첫째, 지방자치단체 평가제도의 내용에 대하여 문헌 및 관련 자료분석을 진행하였다. 각 평가제도 관련 법령검토 및 선행연구검토 등의 방법을 활용하여 문헌연구(literature review)를 진행하고, 기존의 문헌에서 도출할 수 있는 각종 자료와 자치단체로부터 수집한 평가제도 운영과정에서 생산된 문서자료를 토대로 내용분석(content analysis) 및 평가제도 간 비교분석(comparative analysis)을 실시하였다. 둘째, 면접은 평가제도의 운영실태 및 개선방안을 중심으로 수행하였으며, 피평가기관의 실무담당자, 평가기관의 실무담당자, 평가 관련 전문가 등 관계자를 대상으로 수행하였다.

박충훈 외(2008)

이러한 점을 고려하면 연구방법은 각 연구자가 필요한 방법을 제시하고 있다는 것을 알 수 있다. 연구자는 자신에게 가장 적합하다고 생각하고 있는 방법을 활용하면 될 것으로 보인다. 다만, 연구설계에서 제시되고 있는 자료의 분석방법과는 차이가 있다는 것을 생각하여야 한다. 서론에서 제시하는 연구의 방법은 구체적이고 세부적인 분석방법을 제시하는 것이 아니라 연구의 접근방법을 제시한다는 것이다. 반면, 연구설계에서 제시하는 자료의 분석방법은 수집된 자료를 분석할 때 어떤 통계분석기법을 활용하려고 하는지를 구체적이고 명확하게 제시하는 것을 말한다. 이러한 점을 고려하면 서론에서 제시하는 연구방법은 보다 거시적이고 본질적인 내용을 담는 것이고, 연구설계에서 제시하고 있는 분석방법은 수집된 자료를 분석하기 위한 구체적인 방법, 예를 들면 회귀분석, 요인분석 등을 실시한다는 것을 제시하는 것이라고 볼 수 있다.

제 6 절

논문의 구성이란 무엇인가?

1. 논문의 구성은 무엇인가?

논문의 구성이란 전체 논문의 구성을 간단하게 개관하여 제시해주는 것을 의미한다. 즉, 논문에서 논의하고자 하는 순서를 보여주는 것이라고 볼 수 있을 것이다. 실제로는 각 장별로 어떤 내용이 포함되어 있다는 것을 요약하여 제시하고 있다. 주로 논문의 목차별 내용을 제시한다고 보면 될 것이다.

일반적으로 학술논문에서는 논문의 구성을 제시하지는 않는다. 물론 학위논문에서도 논문의 구성을 생략하는 다수의 경우가 존재하고 있다. 그럼에도 불구하고 학술논문과 학위논문에서 제시하고 있는 사례를 보면 다음과 같다.

학술논문에서는 제1장, 제2장, 제3장, 제4장, 그리고 제5장과 같이 각 장별로 포함되어 있는 내용을 제시하는 경우도 있고, 장을 구분하지 않은 채 논리적 흐름을 제시하는 경우도 존재한다. 어떤 방식을 활용하여야 한다고 특정지우는 것은 쉽지 않은 일이다.

논문 제목 성과창출을 위한 지방재정관리제도 개선방향

향후 이 연구에서는 구체적인 실증분석 방법을 적용하여 감세정책의 영향을 확인한다. 효과적인 논의를 위하여 향후 제2장에서는 자치단체의 '정책정향' 측면에서 재정상황 변동에 따른 자치단체의 재정지출구조의 변화와 관련된 선행연구들의 논의를 정리한다. 제3장에서는 주민세와 지방교부세의 추정과 비교를 위한 방법론을 설명하고, 제4장에서는 실증분석, 그리고 마지막으로 제5장에서 분석결과를 정리하고 함의를 도출한다.

라휘문(2012b)

논문 제목 지방선거제도의 역할제고를 위한 개혁과제와 논의

이 연구는 연구목적의 달성을 위하여 먼저 이론적・제도적인 논의를 하였다. 지방선거의 의의, 선거제도의 구성요소, 현행 지방선거제도, 선행연구 등을 검토하였다. 이와 같은 검토를 통하여 논의가 필요한 지방선거제도의 쟁점을 도출하였다. 도출된 쟁점들은 선행연구를 통하여 도출된 일정한 기준(대표성, 공정성, 용이성, 참여성)에 의거하여 재분류하였고, 분류결과를 토대로 문제점을 도출한 후 개선대안을 마련하였다. 다만, 지방선거와 관련된 모든 요소들이 동일하게 중요하고 시급하게 처리되어야 하지는 않을 것으로 보이는 바 행정학자 10명을 대상으로 FGI를 실시하여 핵심적이라고 판단되는 요소들을 도출하여 논의하였다. 이와 같은 과정을 통하여 도출된 쟁점별 문제점에 대한 개선대안을 강구하여 제안하였다.

라휘문 외(2014a)

살펴본 것처럼 학위논문에서도 논문의 구성을 포함하는 경우도 있고 그렇지 않은 경우도 있다. 서론의 마지막 부분에 도표를 활용하여 제시하는 경우도 존재한다.

그림 3-2 논문의 흐름도

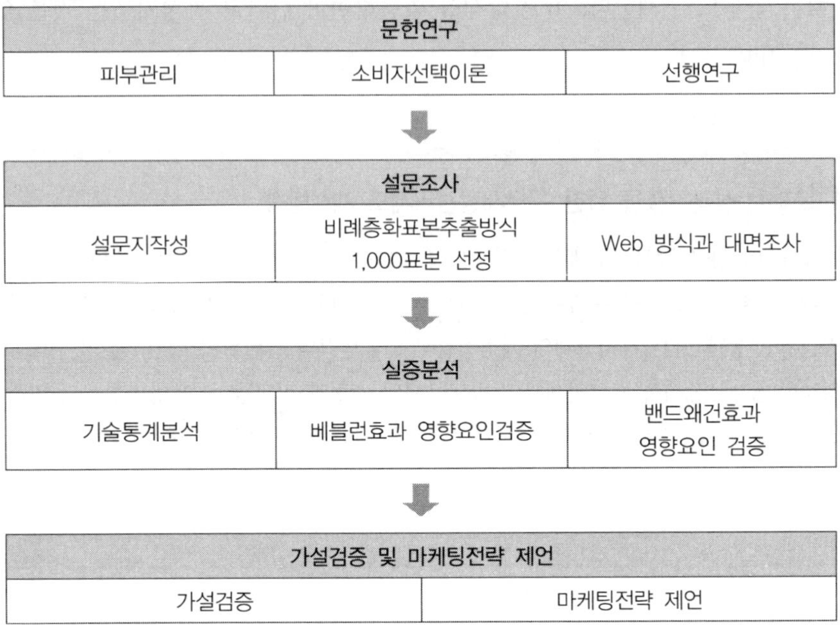

자료: 최재민(2016).

2. 논문의 구성은 논문에서 어떤 역할을 하는가?

논문의 구성은 독자와 연구자 모두에게 다양한 측면에서 기여를 할 것으로 보인다. 먼저, 독자들에게는 다음과 같은 두 가지의 측면에서 기여를 할 것으로 보인다. 첫째, 논문의 구성을 독자들에게 보여줌으로써 독자들이 논문을 읽을 때 논문의 논리적 흐름이 어떻게 전개될 것인지를 파악할 수 있기 때문에 논문에 대한 이해도가 높아질 것이다. 논문의 전체 흐름을 모를 경우 앞부분을 읽다가 왜 이런 부분이 포함되지 않았을지 의문을 가지는 경우가 있을 수 있다. 물론 독자가 제기하고 있는 의문은 논문의 뒷부분에 포함되어 있음에도 독자가 그 사실을 모른다면 의문을 가질 수 있는 것이다. 이런 점에서 논문의 구성을 사전에 알려준다면 독자들에게 매우 유용할 것이다.

둘째, 독자들 중에는 논문 전체를 읽고 싶어하는 사람도 있을 것이고 일부만 읽고 싶은 사람도 있을 것이다. 논문의 전체 구성을 미리 보여 준다면 독자들은 필요한 부분만 선택해서 읽을 수 있을 것이다. 이러한 점 역시 논문에서 논문의 구성을 제시하여야 하는 이유가 될 것이다.

다음으로, 연구자에게는 다음과 같은 측면에서 논문의 구성이 기여를 할 것으로 보인다. 첫째, 연구자는 논문의 구성을 제시하면서 연구의 논리적 흐름을 재정리해 볼 수 있다는 장점을 가진다. 연구자가 논의하고자 하는 내용을 좀 더 견고하게 정리할 수 있는 기회를 가질 수 있을 것이다.

둘째, 논문의 구성이 제시되면 연구자는 논문의 구성에 의거하여 논의를 함으로써 논리의 일관성을 확보할 수 있다는 장점을 가질 수 있다. 일정한 흐름에 의거하여 논의를 진행할 수 있다는 점에서 연구자에게 유용할 것으로 보인다.

3. 논문의 구성에서는 어떤 내용을 포함하여야 하는가?

논문의 구성은 전체 논문의 논리적 흐름을 제시하는 것이다. 따라서 논문의 구성에는 다음과 같은 내용이 포함되어야 할 것이다. 첫째, 논문의 전체적인 구성이 제시되어야 한다. 각 장별로 어떤 내용이 포함되어 있는지를 제시하여야 한다. 아마도 가장 기본적인 내용이 될 것이다.

둘째, 각 장별로 제시되어 있는 내용은 분절적으로 제시되는 것이 아니라 하나의 논리적 흐름 속에서 연계하여 제시되어야 한다. 각 장이 연구목적과 관련하여 왜 작성되어야 하는지, 어떤 점에서 필요한지 등이 상호 연계성을 가지면서 충분히 기술되어야 할 것이다. 반드시 장과 절별로 기술되어야 할 필요는 없다.

논문 제목 성과창출을 위한 지방재정관리제도 개선방향

구체적으로는 먼저 예산과정을 검토하였다. 예산과정은 예산편성-예산집행-결산 및 결과환류로 구분하였다. 다음으로는 성과를 창출하기 위하여 예산편성-예산집행-결산 등의 제반과정에서 충족시켜야 할 요소들을 발굴하였다. 선행연구를 검토한 결과 다양한 요소들을 발굴할 수 있었다. 다음으로는 예산과정에서 충족시켜야 할 요소들을 현행 지방재정관리제도가 충족하고 있는가를 판단하였다. 이를 판단하기 위하여 지방자치단체 예산담당 공무원 120명과 지방재정학회 회원 80명을 대상으로 설문조사를 실시하여 반영하였다. 마지막으로는 지방재정관리제도가 성과요소를 충족시키지 못한다고 할 경우 성과창출형 지방정부를 만들기 위하여 지방재정관리제도를 어떻게 개선하여야 하는가를 제안하였다.

라휘문(2012b)

4. 논문의 구성은 어떻게 기술하는 것이 좋은가?

논문의 구성은 기술하는 방식과 관련한 합의된 기준은 없다. 독자들에게 해당 논문의 논리적 흐름을 가장 잘 보여줄 수 있는 방식으로 기술하면 될 것이다.

필자는 다음과 같은 방식으로 논문의 구성부분을 기술하고 있다. 첫째, 논문이나 보고서에서 논문의 구성과 관련된 내용을 기술할 때에는 전체를 요약하는 방식으로 기술하고 있다. 구체적인 내용을 기술하기보다는 전체적인 방향 및 논리적인 연계가 어떻게 이루어지는지를 기술하고 있는 것이다. 대체로 제1장은 서론부분으로서 연구목적은 무엇이며, 연구 범위 및 방법은 무엇이다. 제2장은 이론적 배경을 다룬 부분으로서 본 연구에서 사용하고자 하는 이론적 배경, 관련 문헌검토, 분석의 틀 등이 기술되어 있음을 제시한다. 이러한 방식으로 제3장, 제4장 등을 기술한다.

보고서 제목 **국가균형발전특별회계 제주계정 재설계 연구**

제3절 연구의 구성체계

본 연구의 목적을 달성하기 위하여 단계적 접근을 실시하였다. 첫째, 제주특별자치도의 재정현황을 살펴보았다. 제주특별자치도의 재정현황을 살펴봄으로써 제주특별자치도가 가지고 있는 재정상 문제 등을 도출하고자 하였다.

둘째, 국가균형발전특별회계의 변화내용과 현황을 살펴보았다. 국가균형발전특별회계의 변화내용에서 제주특별자치도에 긍정적 또는 부정적 영향을 미칠 수 있는 요인들이 있는지를 파악하고자 하였다.

셋째, 국가균형발전특별회계 제주특별자치도계정의 변화내용과 현황을 살펴보았다. 제주특별자치도계정의 제도적 변화과정과 현황을 살펴봄으로써 제주특별자치도계정이 가지고 있는 문제점을 도출하였다. 제주특별자치도 내 도민들의 인식을 분석하여 도내 여론에서 생각하고 있는 문제들이 제도개선방안에 반영될 수 있도록 하였다. 특별지방행정기관 이관에 따른 문제점 등을 해소하기 위하여 이관기관들의 담당자를 대상으로 면담을 실시한 후 결과를 반영하였다. 제주특별자치도계정과 관련하여 전문가들이 생각하고 있는 문제점과 방향을 파악하기 위하여 선행연구들을 검토한 후 반영하였다.

넷째, 제주특별자치도 재정현황, 국가균형발전특별회계, 국가균형발전특별회계 제주특별자치도계정과 관련된 자료를 분석 후 제주특별자치도계정에 대한 재설계 방안을 마련하였다. 제주특별자치도계정은 자율편성사업(+특별지방행정기관사업, 자치경찰사업), 그리고 부처직접편성사업으로 세분화될 수 있다. 본 연구에서는 기존의 연구와 달리 국가균형발전특별회계 제주특별자치도계정을 세분화하여 대안을 마련하였다.

〈본 연구의 구성체계〉

재정현황분석	제주특별자치도 재정현황분석 제주특별자치도 재정 관련 문제점 도출
⬇ 국가균형발전특별회계 분석	국가균형발전특별회계제도 변화내용과 현황분석 국가균형발전특별회계제도 분석 ➡ 제주특별자치도계정에 미치는 영향 분석
⬇ 제주특별자치도계정 분석	제주특별자치도계정의 변화내용과 현황분석 제주특별자치도계정 분석 ⬌ 국가균형발전특별회계와 비교 절대규모: 2007년~현재 / 기타: 도내 주민인식, 선행연구 등 — 상대규모: 타 지방자치단체 비교분석
⬇ 제주특별자치도계정 재설계 방안 제안	제주특별자치도계정 재설계 발안 자율편성사업 / 특별지방행정기관사업 / 자치경찰단사업 / 부처직접편성사업

라휘문 외(2022)

둘째, 논문의 구성을 작성할 때에는 전체 논문의 논리적 흐름이 일관성 있게 흘러가고 있다는 것을 보여주기 위하여 노력하고 있다. 각 장을 요약하면서도 각 장과 절이 분리되어 있는 것이 아니라 하나의 흐름 속에서 필요한 내용을 논의하고 있다는 것을 보여주어야 한다는 것을 마음속에 새기면서 논문의 구성을 기술하고 있다.

셋째, 앞에서 이야기한 두 가지를 모두 충족시키는 방식으로 연구보고서나 학위논문에서는 그림을 활용할 것을 권고하고 있고 실제로도 그림을 활용하고 있다. 그러나 학술논문에서는 지면의 한계를 고려하여 3~4줄로 표현하고 있기도 한다.

그림 3-3 논문의 구성: 그림으로 표현

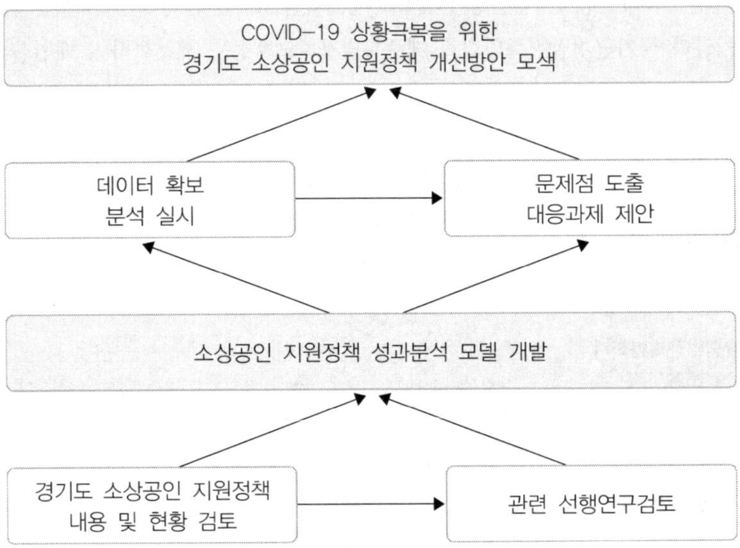

자료: 조경훈 외(2022).

제 4 장

이론적 배경의 의의, 구성요소, 그리고 내용

핵심체크

1. 학위논문이나 학술논문을 작성할 때 이론적 배경에는 어떤 내용을 포함하여야 하는지, 그것들은 무엇을 의미하는 것이고, 이들의 기능은 무엇인가를 살펴보고 있다.
2. 이론적 배경을 구성하는 이론, 선행연구검토란 무엇이고, 어떻게 작성하여야 하는지 등에 대한 실질적인 방법을 제시하고 있다.

제1절

이론적 배경이란 무엇인가?

1. 이론적 배경은 무엇인가?

대학교수라는 신분을 가지고 있으니 논문을 지도하는 경우가 다른 직업군에 비하여 많은 것은 사실이다. 지도하면서 이론적 배경을 잘 정리하라고 하면서 이론적 배경이란 무엇인지에 대해 설명하면 학생들 중 일부는 자신이 연구하려고 하는 것과 관련되어 있는 선행연구가 없다고 이야기하곤 한다. 자신이 작성하려고 하는 논문은 매우 창의적이고 특별한 논문이기 때문에 선행연구가 존재할 수 없다는 것이다.

그럴 때마다 필자는 선행연구가 없다는 것은 두 가지로 해석할 수 있다고 이야기한다. 첫째는 연구자가 쓰려고 하는 논문이 가치가 있는지를 다시 검토해볼 필요가 있다고 이야기한다. 연구자가 작성하려고 하는 논문의 주제가 별로 중요한 주제가 아닐 수 있다는 것이다. 수없이 많은 연구가 존재하고 있는데, 연구자가 쓰려고 하는 논문과 관련되어 있는 논문이 없다는 것은 그만큼 연구의 필요성이 없다는 것을 이야기하는 것이라고 생각할 수 있다는 것이다. 그럼에도 불구하고 이 주제를 가지고 반드시 논문을 써야 하는지를 고민해보라고 한다.

둘째는 연구자가 선행연구를 찾지 못하였을 수 있기 때문에 다양한 키워드를 통해 찾아볼 것을 권고한다. 그러면서 선행연구의 의미를 이야기한다. 선행연구는 연구자가 연구하려고 하는 주제와 100% 일치하는 것을 의미하는 것이 아니라 서로 관련이 있는 기존의 연구를 의미한다고 이야기해준다.

물론 이론적으로는 좋은 연구주제임에도 불구하고 정말로 선행연구가 없는 경우도 있을 수는 있을 것이다. 그러나 이런 경우는 그리 많아 보이지는 않는다. 따라서 연구자가 연구하려고 하는 연구주제와 관련한 선행연구가 없다는 생각을 갖지 않기를 바란다.

이론적 배경은 자신이 연구하려고 하는 연구주제에 대한 배경을 말한다. 통상적으로 이론적 배경은 주로 기존의 문헌이나 전문가들의 의견을 토대로 구축한다. 즉, 기존 연구를 요약하는 형식으로 제시하는 것이 일반적이다.

이론적 배경은 자신의 연구가 다른 기존의 연구와 다르다는 것을 보여주고, 자신의 연구논리를 전개하는 토대를 제공하고자 하는 데 있다. 이는 결국 자신의 연구가 정당하다는 것을 보여주기 위하여 작성하는 것이다.

2. 이론적 배경은 논문에서 어떤 역할을 하는가?

이론적 배경은 논문에서 몇 가지의 중요한 기능을 수행한다. 첫째, 이론적 배경에서는 연구자가 근거하고 있는 이론이 제시되기 때문에 독자들이 논문을 이해하는데 도움을 줄 수 있을 것이다. 이론적 배경에서 제시하고 있는 이론은 연구자가 연구주제를 바라보는 관점이기 때문에 연구자가 제시하는 이론을 보면 독자들은 연구주제에 대한 연구자의 생각을 예측해 볼 수 있다.

둘째, 이론적 배경은 자신의 연구가 기존의 연구와 차이가 있다는 것을 보여줄 수 있을 것이다. 특히, 기존 연구와의 차이는 이론적 배경의 구성요소 중 하나인 선행연구검토를 하면서 명확하게 보여주어야 한다. 예를 들면, 연구자가 연구하려고 하는 연구의 주제는 기존 연구와 유사한 점들이 있지만 연구의 대상, 연구방법, 분석방법 등에서 차이가 있다는 것을 제시하는 것이다.

셋째, 이론적 배경은 연구자가 수행하고 있는 연구의 정당성을 강조한다. 즉, 연구자가 수행하려고 하는 연구주제를 바라보는 관점인 이론이 존재하고, 연구자의 연구주제와 유사한 선행연구들이 존재하고 있다는 점을 제시함으로써 연구자가 수행하려고 하는 연구가 정당성을 가질 수 있는 것이다.

연구논문에서 이론적 배경은 살펴본 것과 같은 역할을 수행한다. 따라서 이론적 배경은 적어도 이론과 선행연구에 대한 검토내용이 포함되어야 한다. 물론 세부적으로는 개념 등 보다 많은 내용이 포함되어야 할 것이다.

3. 이론적 배경은 어떻게 구성되어 있는가?

이론적 배경에는 어떤 것들이 포함되어야 하는지에 대해서 학자들 간에 합의된 결론은 없으나 공통적으로 제시하고 있는 점들은 직·간접적으로 파악할 수 있을 것이다. 즉, 직접적으로 이야기하는 학자도 있고, 연구자가 작성한 논문을 통해 간접적으로 파악할 수도 있을 것이다.

직·간접적인 검토를 통해 공통요소를 도출하면 이론과 선행연구검토 등이 포함되어 있다는 것을 알 수 있다. 이론과 선행연구에 대한 검토와 같은 두 가지 요소는 대다수의 논문이 포함하고 있다고 볼 수 있다. 다만, 이론적 검토, 선행연구검토와 같이 제목을 붙이고 내용을 살펴보는 경우도 있지만 제목을 붙이지 않고 본문에서 해당 내용을 살펴보고 있는 경우도 쉽게 발견할 수 있다. 학위논문에서는 선행연구검토라는 제목을 붙인 후 내용을 충분한 수준에서 검토하도록 하고 있는 반면, 학술논문에서는 제목을 붙이지 않고 본문을 작성하면서 내용을 다루고 있는 경우를 쉽게 발견할 수 있다.

이론적 배경의 구성요소(사례)	
학술논문	학위논문
제목: 결혼이민자의 자기효능감이 직무성과에 미치는 영향에 대한 연구: 가족건강성의 조절효과를 중심으로	제목: 지방정부규모와 지방정부의 질이 주민 삶의 만족에 미치는 영향
Ⅱ. 결혼이민자의 자기효능감, 직무태도, 직무성과, 그리고 가족건강성 관련 논의 1. 자기효능감, 직무태도, 직무성과, 그리고 가족건강성의 의의 2. 자기효능감, 직무태도, 직무성과, 그리고 가족건강성의 관계	제2장 이론적 배경 제1절 삶의 만족 제2절 정부규모 제3절 정부의 질 제4절 정부규모, 정부의 질과 삶의 만족 제5절 선행연구의 한계 및 본 연구의 필요성
라휘문 외(2017)	이지은(2019)

제목: 지방자치단체의 정원관리제도와 공무원 수의 관계에 대한 연구 Ⅱ. 이론과 정원관리제도 1. 정부 간 관계와 자율성 2. 자치조직권 3. 정원관리제도 4. 선행연구 라휘문(2018)	제목: 행위자 중심의 갈등관리모형에 대한 탐색적 고찰: Q방법론을 활용한 이해관계자 유형화를 중심으로 제2장 이론적·제도적 배경 제1절 공공갈등 제2절 공공갈등의 과정과 해소 제3절 공공갈등의 영향요인 제4절 공공갈등의 영향요인의 재구성 제5절 갈등영향분석 조경훈(2015)

제2절 이론이란 무엇인가?

1. 이론은 무엇인가?

1) 이론은 어떤 의미를 가지는가?

이론이 무엇이라고 이야기한 학자들은 많다. 만약 이론은 ○○○이라고 모든 학자들이 이야기했다면 이 책에서도 이론은 ○○○이라고 쉽게 말할 수 있었을 것이다. 그러나 불행하게도 이론이 무엇인지에 대해 통일된 이야기를 하고 있지는 않다.

카플란(Kaplan, 1964: 295-297)은 이론이란 “습관을 고치거나 새로운 것으로 대체시키는 데 좀 더 효과적이 되도록 난처한 상황을 의미있게 만드는 하나의 방법”이라고 하면서 실제와는 대비되는 상징적인 것으로 보았다. 즉, 이론은 추측적이며 가상적인 특성을 갖는다는 것이다(김태룡, 2007: 34). 또한 컬링거(Kerlinger, 1973: 9)는 이론을 “어떤 현상을 설명하고 예측할 목적으로 그 현상을 구성하는 변수들 간의 관계를 구체적으로 밝힘으로써 현상에 대한 체계적인 관점을 제시하는 일련의 상호 관련된 구성, 개념, 정의 및 명제"라고 하였다. 또한 코헨(Cohen, 1980: 171)은 이론이란 "서로 관련된 일련의 보편적인 진술들로서 그 중 어떤 것은 단순한 개념구정이나 정의들이고, 또 어떤 것은 참이라고 규정하는 관계적 진술들"이라고 한다.

윤재풍(2014: 30)은 컬링거(Fred N. Kerlinger)와 코헨(B. P. Cohen)이 정의한 이론의 개념을 종합하여 "우리가 연구하는 대상 및 현상을 설명하거나 예측하기 위해 제시하는 일련의 체계적으로 상호 관련된 개념 · 명제 · 가설 · 원리 및 법칙 등을 말한다"라고 하였다. 이들은 경험적으로 검증되지 않은 단순한 진술(예: 가설)과 경험적 검증을 거쳐 확립된 진술들(예: 원리와 법칙들)로 구분된다. 경험적 검증을 거쳐 확립된 원리와 법칙이야말로 일반화와 보편적인 수준이 높은 이론에 해당하며, 검증되지 않은 진술들로 궁극적으로는 검증 가능한 것이라야 한다. 김태룡(2007: 34)은 남궁근(2003: 120-121)이 정의한 개념을 토대로 이론이란 "상호 관련된 개념(사실)들의 연결관계 또는 규칙성을 나타내는 일반적 진술로 구성되는데, 이는 사회현상을 설명하고 예측하는 데 전제로 쓰이며, 또한 구체적인 가설을 도출할 수 있는 근거로서 경험적 연구의 지침이 된다"고 하였다. 즉, 이론은 현상을 분석하고 규칙성을 설명하고 이해시키며, 미래를 예언하고 통제하는 역할을 하는 데 지침이 된다고 할 수 있다.

이론이 무엇인지에 대한 질문에 다수의 국내 · 외 학자들이 답을 하였다. 그런데 쉽게 와 닿지가 않는다. 이론이 실재성보다는 추상성을 가지고 있는 말이기 때문이다. 이 책에서는 이론의 의미를 모두 포괄할 수는 없으나 좀 더 쉽고 간결하게 표현하려고 한다. 그러한 과정이 있어야 그나마 이론이 무엇인지가 그려질 수 있을 것으로 생각되기 때문이다. 이 책에서는 이론이란 "경험적으로 검증 가능하고 어느 정도의 법칙적인 일반성을 포함하는 체계적으로 연관성을 가진 일련의 진술"이라고 정의하려고 한다. 이론이라면 "① 경험적으로 적용될 수 있어야 한다. ② 어느 정도 법칙적인 일반성을 가지고 있어야 한다. ③ 그 구조가 체계적으로 상호 연결된 일련의 진술 또는 명제라고 할 수 있다"의 요건을 충족하여야 한다.

2) 이론은 개념, 명제, 가설, 법칙, 정리, 모형, 패러다임 등 유사개념과 어떻게 다른가?

이론이 무엇인지에 대해 이해도를 높이기 위하여 유사한 의미로 자주 사용되고 있는 용어와 비교해볼 필요가 있다. 여기에는 개념, 명제, 가설, 법칙, 정리, 모형, 패러다임 등이 있다. 이러한 과정을 통하여 이론이 무엇인지 좀 더 명확하게 드러나지 않을까 생각한다.

먼저, 이론을 이야기할 때에는 개념이라는 용어를 알아야 한다. 개념은 일정하게 관찰된 사실에 대한 추상적인 표현이다. 개념은 다수의 기준에 의거하여 종류를 분류할 수 있다. 먼저, 지시대상을 기준으로 하면 구체적 개념과 추상적 개념이 있다. 구체적 개념은 일정형태를 갖추고 하나의 독립된 단위로 실재하는 대상을 나타내고, 추상적 개념은 실재하는 대상이 아니라 대상의 성질이나 관계를 나타낸다. 다음으로, 포함하는 범위를 기준으로 분류하면 상위개념과 하위개념으로 구분 가능하다. 상위개념은 다른 개념을 포함하는 개념이고, 하위개념은 다른 개념에 포함되는 개념을 말한다. 마지막으로, 지시대상의 크기를 기준으로 개념을 분류하면 단독개념과 복합개념이 있다. 단독개념은 하나의 대상을 지시하고, 복합개념은 여러 대상을 지시한다. 개념은 이해의 수단, 의사전달의 기초, 분류와 일반화의 수단, 이론형성의 기본단위, 그리고 연구의 출발점과 연구방향제시의 기능을 수행한다. 다만, 개념이 되기 위해서는 관찰 가능해야 하고(관찰할 수 있는 그 무엇을 가리키는 것이어야 한다), 엄밀해야 하며(어떤 현상을 한정적으로 명확히 나타내어야 한다), 이론적 의미를 가져야 하고(다른 개념과 어떤 연관성을 가지고 설명해야 한다), 그리고 적정 범위를 가져야 한다(범위가 너무 넓으면 측정이 곤란하고 너무 좁으면 일반화가 곤란하다).

다음으로는 이론을 이야기할 때 자주 거론되고 있는 명제(proposition)라는 용어이다. 명제는 실제 세계에 대한 하나의 진술을 말하는데 경험적 근거가 확인된 가설이라고 할 수 있다. 명제는 하나 이상의 개념을 포함하는 것으로 개념 간의 관계에 의하여 실제 세계를 표현한다.

가설(hypothesis)은 확인 또는 검증되지 않은 두 개 이상의 변수 간의 관계에 대한 논술을 말한다. 즉, 경험적으로 입증 가능한 명제이다.

또 많이 사용하는 것 중에 하나가 법칙(laws)이다. 법칙은 보다 넓은 범위에서, 그리고 보다 높은 수준에서 확증을 얻은 명제를 말한다. 종종 이론과 동일시되고 있다.

그리고 정리(theorem)라는 용어가 있다. 정리는 사회과학에서는 잘 사용하지 않고 수학이나 논리학에서 사용하는 용어이다. 이는 사회과학의 명제와 의미가 유사하다.

이론이 무엇인지를 보다 명확하게 하려고 다양한 시도를 하였다. 그럼에도 잘 드러나지는 않는다. 이해도를 높이기 위하여 이론과 유사한 개념들 간의 관계를 그림으로 표현하면 [그림 4-1]과 같다.

그림 4-1 개념, 명제, 가설, 법칙, 이론의 관계

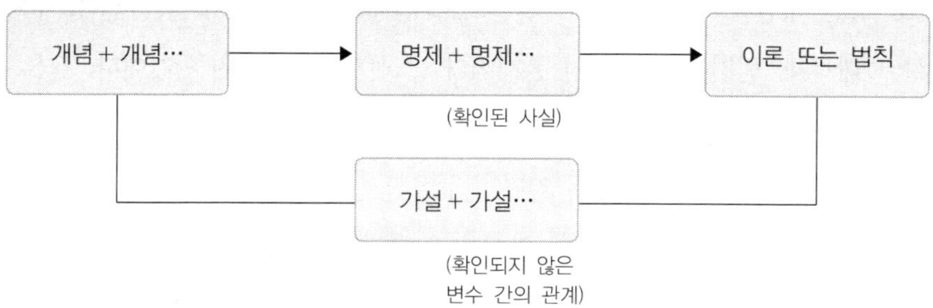

자료: 김현구. 미발간 강의노트.

그 이외에도 모형, 패러다임 등과 같은 용어도 이론과 유사하게 사용되고 있다. 이때 모형은 현실세계의 본질적 특성을 부각시키면서 현실세계를 질서있게 정돈하고 단순화한 것이다. 예를 들면, 자동차 모형을 생각할 수 있을 것이다. 패러다임은 토마스 쿤(Thomas Kuhn)에 의하여 제시되었는데 두 가지의 의미로 사용된다. 하나는 과학공동체의 구성원들이 공유하고 있는 믿음, 가치, 기술 등과 같은 것들을 의미한다. 다른 하나는 과학의 연구와 교육에서 범례로 제시되고 있는 퍼즐놀이로 정의하고 있다.

3) 이론은 어떻게 도출하는가?

통상적으로 우리가 알고 있는 이론은 두 가지 방법을 통하여 도출된다. 하나는 연역법이고 다른 하나는 귀납법이다. 이를 연역적 접근방법과 귀납적 접근방법이라고 부르고 있다.

연역법이란 일정한 이론적 전제를 수립해 놓고 그에 따라 구체적인 사실을 수집하여 검증함으로써 이론적 결론을 유도하는 것을 말한다. 좀 더 쉽게 말하면, 수립해 놓은 전제를 입증하려는 연구라고 볼 수 있다. 대표적인 예로 들 수 있는 것이 삼단논법과 같은 형식을 취하는 것이다. 물론 연역법의 경우 직접적인 추론과 간접적인 추론으로 구분할 수 있는데, 삼단논법은 간접적인 추론의 유형에 해당된다. 여기에서는 구체적인 논의는 하지 않겠다. 연역적 추론의 과정을 삼단논법으로 보면 대전제 → 소전제 → 결론으로 연계되는 논리구조를 가진다. 구체적으로는 "대전제: 인간은 이기적인 존재이다. 소전제: 공무원은 인간이다. 결론: 공무원은 이기적인 존재이다"와 같은 사례를 들 수 있을 것이다.

귀납법은 구체적인 사실로부터 일반원리를 도출하는 것을 의미한다. 즉, 개별적인 사실 또는 현상에 대하여 얻은 인식을 일반적인 인식으로 만들어가는 과정이라고 볼 수 있다. 이는 연구대상으로부터 직접적인 지식을 얻음으로써 사회적 세계를 이해할 수 있다는 견해에 근거한다. 따라서 연구대상에 접근하여 그 상세한 배경과 생활사를 탐구하는 것을 강조한다. 연구자가 상황의 내면을 이해하고 일상생활의 흐름에 스스로 관여함으로써 연구대상이 생성하는 주관적 설명의 분석을 강조하는 것이다. 이러한 접근방법은 연구과정에서 그 연구대상 자체의 성격과 특징이 나타나도록 하는 것이 중요하다는 것을 강조한다(윤재풍 역, 1990). 쉽게 말하면, 귀납법은 각 인간이 개별적으로 얻은 경험 등을 일반화하는 사고라고 볼 수 있다. 귀납적 추론을 통하여 얻은 결론은 일정한 개연성을 지닌 것으로 보아야지 필연적인 것으로 간주하지 않아야 한다.

이러한 점 때문에 귀납적인 접근방법을 통하여 이론을 도출하기보다는 연역적인 접근방법을 통하여 이론을 도출하는 연구를 선호하고 있다고 보아야 할 것이다. 특히, 학위논문의 경우 귀납적 접근보다는 연역적 접근이 선호된다.

4) 이론에는 어떤 유형이 있는가?

이론의 유형은 다수의 기준을 적용하여 분류할 수 있을 것이다. 대표적인 분류기준이 적용 범위, 분석의 수준, 그리고 추상성의 정도일 것이다.

첫째, 적용 범위를 기준으로 이론을 구분할 수 있을 것이다. 이론을 적용 범위를 기준으로 유형화하면 소범위이론, 중범위이론, 일반이론 등 세 가지로 구분된다. 소범위이론이란 해당 이론이 좁은 범위의 이론에만 적용된다는 의미이다. 소범위이론이 다른 이론과 결합하면서 중범위이론으로 성장한다. 중범위이론은 한정된 사회현상에만 적용되는 이론이다. 그리고 일반이론은 가장 넓게 적용되는 이론이다.

둘째, 분석수준을 기준으로 이론을 분류하면 거시수준의 이론과 중위수준의 이론, 그리고 미시수준의 이론으로 구분할 수 있다. 거시수준의 이론은 국가나 사회 등과 같이 거시수준에서 작용하는 과정에 관한 이론이다. 미시수준의 이론은 개개인의 행동에 초점을 맞추고 있는 이론이다. 그리고 중위수준의 이론은 정부기관이나 이익집단 등 집단의 수준에서 작용하는 과정에 관한 이론이다.

셋째, 추상성의 정도에 따른 분류는 메타이론, 규범적 이론, 그리고 경험적 이론으로 구분할 수 있다. 메타이론은 과학의 기본적 가정과 선행조건 등에 관한 이론이다. 고도의 추상성을 띠는 이론이다. 규범적 이론은 사회에서 무엇이 어떻게 되어야만 하는가에 관한 다양한 생각들을 검토하고, 이를 지지하는 이론적 언어와 논쟁으로 이루어진 것을 말한다. 경험적 이론은 사회적 현실과 관련된 좀 더 근본적인 특성, 구조, 내부적 관계, 메커니즘 등을 지칭한다(김태룡, 2007: 36-39).

살펴본 것처럼 이론은 일정한 기준에 의하여 다양하게 분류할 수 있다. 어떤 분류기준이 바람직한지를 이야기하려는 것이 아니고, 이론이 무엇인지를 말하기 위해 다양한 기준에 의하여 이론을 유형화하였다는 것을 밝힌다.

2. 이론은 논문에서 어떤 역할을 하여야 하는가?

이론은 논문에서 몇 가지의 기능을 수행한다. 첫째, 과학적인 조사연구에 대한 기본적인 토대를 제공한다. 즉, 어떤 과학적인 조사연구를 할 때, 이론에 의하여 사실들에 대한 질서를 알게 될 때 연구 범위와 방향을 알 수 있다. 다시 말해, 이론은 조사연구하려는 현상에 대한 개념적인 준거 틀의 역할을 하여 그 현상에 대한 관찰, 자료수집, 분석, 그리고 결과의 처리에 이르기까지 기본적인 지침의 역할을 한다.

둘째, 이론은 조사하고 있는 현상을 설명해주며, 또한 새로운 사실을 예측하게 해준다. 이론은 현상을 바라보는 일종의 관점을 제시하는 것이기 때문에 현상을 이해하는 데 도움을 줄 수 있다.

셋째, 이론은 과학적 지식을 간단명료하게 표현해 줄 뿐만 아니라 과학적 지식의 근원이라 할 수 있는 불확실한 명제, 가설 등에 대한 판단의 기준이 된다. 이론은 분석결과를 해석하는 데 지침을 준다는 점에서 의미를 가질 수 있다.

넷째, 이론은 기존 지식간의 간격을 메워주는 역할을 하고, 또 다른 경험적 연구를 하지 않고서도 관련된 새로운 다른 이론의 도출을 가능하게 한다. 이를 통해 추가연구를 가능하게 한다.

이를 종합하면, 이론적 배경은 연구의 본론에 해당되는 부분으로써 매우 중요하다고 볼 수 있다. 이론적 배경이 취약하면 연구는 방향을 잃을 수 있고, 다른 독자들에게 설명을 할 수 있는 힘을 잃어버릴 수 있을 것이다. 따라서 충분히 많은 선행연구를 검토하여야 하고, 이를 토대로 이론을 정립함으로써 연구의 목적, 방향, 자료수집방법, 자료의 분석방법 등에 관하여 알 수 있도록 할 필요가 있을 것이다.

3. 이론에서는 어떤 내용을 다루어야 하는가?

이론에서 어떤 내용이 다루어져야 하는가에 대해서는 학자들 간에 합의가 이루어지지는 않았으나 적어도 개념에 대한 정의와 개념 간의 관계는 검토되어야 한다. 즉, 연구주제와 관련된 중요한 개념을 정의하고, 개념과 개념 간의 관계가 검토되어야 한다는 것이다. 동시에 현상을 바라보는 시각을 제시하여야 한다. 이는 현상을 분석할 때 준거가 되는 이론이 제시되어야 한다는 것이다.

예를 들면, 라휘문 외(2017)는 "결혼이민자의 자기효능감이 직무성과에 미치는 영향에 대한 연구: 가족건강성의 조절효과를 중심으로"에 대한 연구를 하였다. 라휘문 외(2017)는 이론적인 배경이라고 제목을 붙이지는 않았지만 결혼이민자의 자기효능감, 직무태도, 직무성과, 그리고 가족건강성 관련 논의라는 이론적 배경 관련 제목을 설정하였다. 여기에서 연구의 주요 개념인 가족건강성, 자기효능감, 직무태도, 그리고 직무성과 등의 개념을 정의하였다. 그 다음에는 개념 간의 관계를 살펴보기 위하여 자기효능감, 직무태도, 직무성과, 그리고 가족건강성의 관계라는 제목 하에 개념 간 관계를 제시하고 있다.

그림 4-2 개념 간의 관계

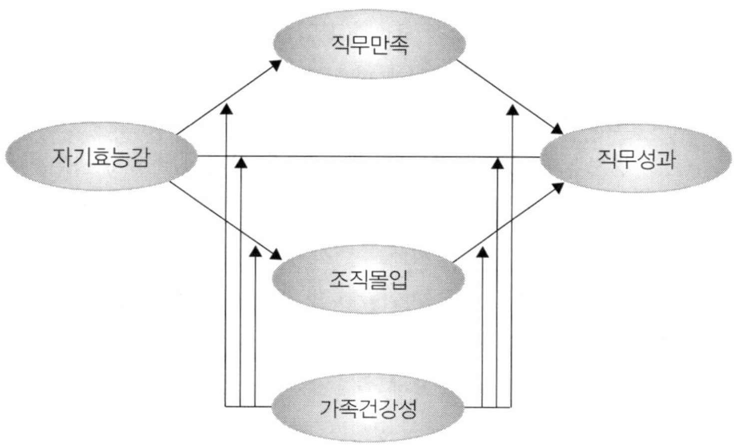

또한 라휘문(2019c)은 “중앙정부와 특례시 간 재정조정에 대한 고찰”이라는 연구에서 이론적 배경으로 차등분권을 제시하고 있다. 즉, 차등분권의 관점에서 특례시에 대한 재정특례가 부여되어야 한다는 것이다.

논문 제목 중앙정부와 특례시 간 재정조정에 대한 고찰

Ⅱ. 대도시 재정특례 관련 이론적 · 제도적 논의

1. 이론적 논의: 차등분권

대도시에 대한 재정특례는 차등분권의 논리에 기반을 두고 있다. 차등분권논리는 각기 다른 지방자치단체의 능력 및 규모에 따라 권한 · 사무배분에 차등을 두어야 한다는 것이다(이규환, 2004). 이와 같은 차등분권은 지방자치단체별로 다양한 수요와 역량 측면에서 차이가 있는 바 모든 지방자치단체를 동일한, 그리고 획일적으로 간주하는 것은 바람직하지 않다는 것이다. 즉, 동일한 권한과 사무를 이양 또는 배분하기 보다는 인구, 재정 능력 등과 같은 다수의 기준을 활용하여 차등적으로 권한을 배분하여야 한다는 것이다. 예를 들면, 행 · 재정적 능력이 우수한 지방자치단체, 그리고 정책의지를 보유한 지방자치단체는 보다 많은 권한을 가질 필요가 있고, 중앙정부로부터 자율성을 부여받을 필요가 있다는 것이다. 즉, 대도시에게 자치역량에 부응할 수 있도록 권한을 부여함으로써 정책성과를 높일 수 있도록 하여야 한다(전국대도시시장협의회, 2003)는 것이다. 위와 같은 필요성 때문에 이 분야에 대한 다수의 연구가 있다. 대표적인 연구는 소순창(2007), 심익섭 외(2000), 이승종(2003), 이규환(2004), 전국대도시시장협의회(2003), 조성호 외(2011) 등이다. 그 이외에 일본의 중핵시 제도의 소개를 통하여 시사점을 도출하고 있는 채원호 · 오영균(2003)의 연구를 들 수 있다. 그들은 특례시제도의 도입에 따른 기대효과를 다음과 같이 제시하고 있다. 첫째, 특례시제도의 도입 및 운영은 행정서비스의 신속화와 효율화를 도모할 수 있다고 한다. 중앙정부와 도의 권한을 특례시에 이양하여 신속하게 사무를 처리할 수 있도록 하고, 이를 통해 경비를 절감할 수 있도록 하자는 것이다. 물론 행정서비스전달의 효율성을 기할 수 있고 동시에 주민서비스의 질을 향상시킬 수 있도록 하자는 것이다. 둘째, 특례시가 스스로 지역발전 및 지역경제 활성화 정책 등을 추진함으로써 지역진흥을 도모할 수 있다는 것이다. 특례시가 필요로 하는 권한을 이양받음으로써 자기결정권이 확대되기 때문에 자율적으로 해당 지역의 발전을 도모할 수 있는 정책을 수립하여 집행할 수 있는 것이다. 셋째, 특례시가 되면 기존에 가지고

> 있었던 일반시 기초자치단체라는 이미지를 벗고 중대도시라는 이미지를 가질 수 있을 것이다. 넷째, 특례시가 되면 여기에 거주하는 지역주민들 역시 보다 많은 관심을 가지고 참여할 수 있을 것이다. 이와 같은 이유 때문에 차등분권에 기반한 특례시의 도입이 필요한 것이다.
>
> 라휘문(2019c)

4. 이론은 어떻게 기술하는 것이 좋은가?

이론을 기술하는 가장 좋은 형태가 있을지에 대해서는 의문이 있다. 다만, 선행연구에서는 이론을 어떻게 기술하고 있는지를 파악함으로써 참고로 활용할 수는 있을 것으로 보인다.

정용덕 외(2001)는 "일본 자본주의 국가의 기능과 기구, 1981~1996"이라는 논문에서 기존이론 고찰과 자본주의 국가기구 유형화 모형이라는 내용을 제시하고 있다. 기존이론 고찰은 선행연구에 대한 검토를 말하는 것이고, 지본주의 국가기구 유형화 모형이 이론적인 내용이라고 볼 수 있다.

> **논문 제목 일본 자본주의 국가의 기능과 기구, 1981~1996**
>
> Ⅱ. 이론적 배경 및 연구설계
> 1. 기존이론 고찰
> 2. 자본주의 국가기구 유형화 모형
>
> 정용덕 외(2001)

그리고 라휘문(2014)은 "지역경제 활성화 정책의 성과와 지방세입의 연계구조 설계: 대산임해산업지역(대산공단) 사례를 중심으로"라는 논문에서 지역경제활성화 정책과 지방세입이라는 이론적인 내용을 제시하고 있다. 여기에서는 주요 개념에 대한 설명과 함께 개념 간 관계를 보여주고 있다. 즉, 지역경제 활성화 정책과 지역경제의 성과, 그리고 지방재정의 확충에 대한 관계도를 개념적으로 제시하고 있는 것이다.

논문 제목 **지역경제 활성화 정책의 성과와 지방세입의 연계구조 설계: 대산임해 산업지역(대산공단) 사례를 중심으로**

Ⅱ. 지역경제 활성화 정책의 성과와 지방세입 관련 이론적 논의

1. 지역경제 활성화 정책과 지방세입

2. 선행연구검토

라휘문(2014)

그림 4-3 지역경제와 지방재정과의 관계에 대한 개념적 모형

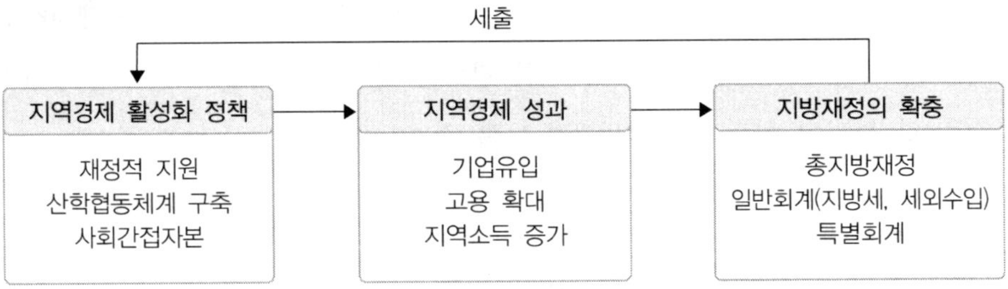

자료: 손희준 · 라휘문(1998: 54).

라휘문(2015)은 “외국인 사회통합을 위한 정책의 추진방향: 사회통합기금 및 프로그램을 중심으로”라는 논문에서 주요 용어에 대한 개념과 수익자부담원칙이라는 이론을 제시하고 있다. 외국인, 사회통합, 사회통합기금이라는 용어에 대한 개념정의와 사회통합기금을 마련할 때 근거할 수 있는 수익자부담원칙에 대한 이론적 논의를 하고 있는 것이다.

논문 제목 **외국인 사회통합을 위한 정책의 추진방향: 사회통합기금 및 프로그램을 중심으로**

Ⅱ. 외국인 사회통합 프로그램 관련 이론적 · 제도적 논의
1. 이론적 논의
1) 외국인과 사회통합의 개념, 영역과 대상
(1) 외국인
(2) 사회통합
(3) 외국인 사회통합의 영역과 대상의 종합
2) 사회통합기금과 수익자부담원칙
(1) 사회통합기금
(2) 수익자부담원칙

라휘문(2015)

또한 라휘문(2019b)은 "재정분권에 대한 평가와 추진방향"이라는 논문에서 이론적 논의를 하면서 주요 용어인 재정분권의 개념과 필요성을 살펴보았고, 재정분권을 어떤 관점에서 보려고 하는지에 대한 답을 제시하기 위하여 재정분권이론을 제시하고 있다.

논문 제목 **재정분권에 대한 평가와 추진방향**

1. 재정분권 관련 이론적 논의
1) 재정분권의 의의
(1) 재정분권의 개념
(2) 재정분권의 필요성
2) 재정분권이론

라휘문(2019b)

앞에서 제시하고 있는 사례들이 이론을 정리하는 정확한 방법이라고 주장하는 것은 아니다. 단지, 다양한 형태로 제시할 수 있다는 것을 보여주고자 하는 것이다. 연구자들이 연구를 하면서 본인의 연구주제를 가장 잘 이야기할 수 있는 방식으로 이론을 제시하면 될 것으로 보인다. 다만, 공통적으로 포함되어야 할 것은 주요 용어에 대한 개념정의, 개념간 관계, 그리고 현상을 바라볼 수 있는 관점은 제시되는 것이 좋을 것으로 보인다.

제3절

선행연구검토란 무엇인가?

1. 선행연구검토는 무엇인가?

선행연구검토는 "연구자가 연구하고자 하는 문제와 유사한, 그리고 관련되어 있는 이전 연구문헌을 살펴보는 것"을 말한다. 아마도 연구자가 연구하려고 하는 연구주제와 관련되어 있는 다수의 연구결과를 모으는 작업이라고 보아야 할 것이다.

대다수의 연구는 그 분야의 최초 연구가 아니기 때문에 선행연구검토를 통하여 연구의 필요성을 도출하고 정당성을 확인하여야 하며, 그리고 연구추진과정에서 필요한 정보를 획득할 수 있도록 하여야 할 것이다. 가끔은 최초의 연구이기 때문에 선행연구가 존재하지 않는다는 연구자들도 있을 수 있으나 이는 선행연구검토에 대한 오해에서 비롯된 말로 보아야 할 것이다. 선행연구는 연구하고자 하는 주제와 유사한 또는 관련되어 있는 연구를 검토하는 것이지 연구주제가 동일한 문헌을 검토하는 것이 아니다. 동일한 문헌이 있다면 연구자가 연구하려고 하는 연구는 창의적인 연구라 볼 수 없을 것이다.

연구자가 논문을 작성하면서 선행연구를 검토하는 것은 단순하게 기존에 어떤 연구가 있었다는 것을 제시하는 데 목적이 있는 것이 아니라 기존의 연구는 어떤 점이 부족하기 때문에 연구자가 수행하려고 하는 연구가 필요하다는 것을 부각시키려는 목적을 가지고 있다. 즉, 기존의 연구는 연구의 대상이 중앙정부에 집중되어 있어 지방정부의 내용을 다루고 있지 못하기 때문에 일반화하는 데 문제가 있을 수 있고, 중앙정부를 좀 더 구체적인 기준에 의거하여 유형화함으로써 규모의 차이로 인해 발생할 수 있는 오류를 방지하여야 하는 데 그러지 못하였다는 것과 같이 비판적인 시각에서 검토되어야 한다.

연구의 필요성을 도출하고 정당성을 확인하기 위하여 선행연구검토는 필요하다. 또한 선행연구검토는 연구를 진행하면서 선행연구에서는 어떤 변수를 사용했는지, 해당 변수에 대한 자료는 어디에서 수집할 수 있는지, 가설검증결과는 어떠한지 등 다양한 연구정보를 획득할 수 있도록 한다는 점에서 유용할 것으로 보인다.

2. 선행연구검토는 논문에서 어떤 역할을 하여야 하는가?

선행연구는 "연구자가 연구하려는 연구문제가 이미 연구가 되지는 않았는가?", "만약 이미 연구가 되었다면 연구자가 수행하려고 하는 연구와 어떻게 다른가?", 또는 "연구자가 연구하려고 하는 연구문제에 대한 배경으로서 다른 사람의 연구를 이용할 수 있는가?" 등과 같은 목적을 가지고 검토하고 있다.

좀 더 구체적으로는 랑과 헤이스(Lang & Heiss, 1984)와 남궁근(2016)이 제시하고 있는 선행연구검토의 목적을 살펴볼 수 있을 것이다. 남궁근(2016)은 랑과 헤이스(Lang & Heiss, 1984)가 제시하고 있는 선행연구검토의 유용성을 다음과 같이 다섯 가지로 제시하고 있다.

첫째, 연구문제를 구체적으로 한정시킬 수 있다. 둘째, 연구문제의 해결을 위한 새로운 접근방법을 알 수 있다. 셋째, 조사설계에 있어서의 잘못을 피할 수 있다. 넷째, 연구수행에 관한 새로운 아이디어를 찾을 수 있다. 다섯째, 새로운 자료원에 접할 수 있다. 그 이외에도 선행연구검토의 필요성과 중요성에 대한 다양한 주장이 가능할 것이다.

3. 선행연구검토에서는 어떤 내용을 다루어야 하는가?

선행연구검토는 기존의 연구를 단순하게 집대성하는 것이 아니다. 선행연구검토는 첫째, 앞에서 살펴본 것처럼 연구자가 연구하려고 하는 연구문제가 기존의 연구와 다르다는 것을 밝혀야 한다. 또한 둘째, 연구자가 연구하려고 하는 연구문제에 대한 정당성을 입증하여야 한다. 예를 들면, 연구자가 사용하려고 하는 자료의 분석방법은 기존의 연구가 가지고 있는 한계를 보완하는 것이기 때문에 창의성 측면에서 연구의 정당성이 있다는 것을 입증하여야 한다. 셋째, 연구문제와 관련하여 활용할 수 있는 변수, 필요자료의 원천 등 다양한 연구정보를 획득할 수 있기 때문에 이 부분을 적극적으로 살펴보아야 한다.

이와 같은 목적을 가지고 있기 때문에 선행연구를 검토할 때에는 연구문제, 연구 범위(대상적 범위, 내용적 범위, 시간적 범위, 공간적 범위 등), 사용하고 있는 이론, 변수, 필요자료의 원천, 자료분석방법, 분석결과 등의 내용을 비판적으로 바라보아야 한다.

좀 더 구체적으로는 첫째, 선행연구는 어떤 연구문제를 가지고 연구하고 있는지를 제시하여야 한다. 즉, 연구자가 연구하려고 하는 연구는 선행연구가 가지고 있는 한계 중 어떤 측면을 보완하기 위하여 연구하려고 하는지를 기술하여야 할 것이다.

둘째, 선행연구에서는 어떤 연구 범위를 가지고 연구하였는지를 제시하여야 한다. 구체적으로는 대상적 범위, 내용적 범위, 시간적 범위, 공간적 범위 등과 같은 연구 범위를 살펴보아야 한다. 연구의 대상이 무엇인지, 연구에서 주로 다루고 있는 내용이 무엇인지, 연구의 시간적 범위는 횡단적인지 아니면 종단적인지, 그리고 어떤 지리적 공간을 대상으로 연구한 것인지 등을 제시하여야 한다. 이러한 과정을 통하여 본 연구와 선행연구가 차이가 있다는 점이 밝혀질 것이다.

셋째, 선행연구에서 사용하고 있는 이론이 무엇인지를 제시하여야 한다. 이 역시 연구자가 수행하려고 하는 연구가 선행연구와 어떻게 다른지를 밝힐 수 있을 것이다. 즉, 기존에는 연구목적의 달성을 위하여 관료제이론을 적용하였지만 연구자는 신제도주의이론을 적용하기 때문에 선행연구와 연구자가 수행하려고 하는 연구가 서로 다르다는 것을 보여줄 수 있을 것이다.

넷째, 선행연구에서 활용하고 있는 변수에 대한 검토가 필요하다. 선행연구에서 활용하고 있는 변수는 연구자가 연구하려고 하는 연구의 변수를 선정할 때 유용한 정보를 제공할 수 있기 때문에 구체적으로 검토되어야 한다. 뒤에서 설명하겠지만 변수를 정의할 때 반드시 근거를 제시하여야 하는데, 이때 기존 연구를 활용할 수 있다는 것이다.

다섯째, 선행연구에서는 필요한 자료를 어디에서 획득하였는지를 파악할 필요가 있다. 선행연구에서 활용한 변수의 출처는 연구자가 연구하려고 하는 주제에 대한 필요자료를 어디에서 획득할 수 있는지를 파악할 수 있도록 한다는 점에서 반드시 수행되어야 할 것이다.

여섯째, 선행연구에서는 연구목적의 달성을 위하여 수집된 자료를 어떻게 분석하고 있는지 분석방법에 대한 검토가 이루어져야 한다. 자료의 분석방법은 연구자가 연구하려고 할 때 유용한 정보를 제공할 수 있을 것이다.

일곱째, 선행연구에 대한 분석결과를 제시하여야 한다. 선행연구에 대한 분석결과는 연구자가 연구하려고 하는 연구에서 가설설정의 근거가 될 수 있다는 점에서 유용할 것이다.

4. 선행연구는 어떻게 기술하는 것이 좋은가?

선행연구에서는 어떤 내용을 검토하여야 하는지는 앞에서 살펴보았다. 그러나 선행연구의 내용을 어떤 형태로 보여주어야 하는지는 합의된 결론이 제시되어 있지 않다. 이러한 점 때문에 다양한 형태로 선행연구에 대한 검토결과가 제시되고 있다.

이미애(2014)는 "중앙정부의 재정정책이 지방재정에 미치는 영향에 관한 연구: 재정운용의 효율성과 재정 형평성 분석"이라는 박사학위논문에서 선행연구를 〈표

4-1>과 같이 정리하고 있다.

표 4-1 재정형평화 관련 선행연구검토 사례

선행연구	분석 연도 및 분석 단위	분석방법	변수	분석결과
박완규(1996)	1994년 시·군	타일지수	지방교부세	시는 형평화효과가 존재하지 않고 군은 형평화효과가 미약

자료: 이미애(2014).

그리고 서인석(2013)은 "국회 입법과정에서 정책산출의 영향요인에 관한 연구: 사회복지법안 및 과학기술법안 분석을 중심으로"라는 박사학위논문에서 선행연구를 <표 4-2>와 같이 정리하고 있다. 이처럼 정리하여야 한다고 결론을 내릴 수는 없으나 적어도 이 정도의 내용은 제시되어야 한다는 것은 알 수 있을 것이다.

표 4-2 국회 예산심의 행태와 영향요인에 대한 선행연구

연구자	이론적 관점	독립변수	종속변수	연구의 대상 및 범위	연구방법
황윤원 (1993)	행태, 구조, 기능	시간의 변수, 정보 및 지적 변수, 위원회의 전문성, 안정성, 행정부의 대국회 통제의도, 의원의 행태변수	국회예산심의	1964~1988년 24년 간의 예산심의	문헌분석

자료: 서인석(2013).

또한 이미애(2014)는 선행연구를 종합한 후 선행연구의 한계라는 항목을 만들어서 선행연구가 가지고 있는 문제점을 제시하고 있다.

논문 제목 **중앙정부의 재정정책이 지방재정에 미치는 영향에 관한 연구: 재정 운용의 효율성과 재정 형평성 분석**

4. 선행연구의 한계

정부 간 재정정책과 지방재정 운용의 효과를 분석한 선행연구를 종합해 보면 선행연구의 한계는 크게 세 가지로 구분할 수 있다.

첫째, 정부 간 재정정책과 지방재정 운용의 효과를 분석한 기존의 연구들은 대부분 중앙과 지방 간 재정분권의 측면에서 정책의 변화에 관한 연구, 또는 정책변화에 따른 재원의 규모 성장에 긍정적으로 영향을 미치는지, 부정적으로 영향을 미치는지 여부에 대한 경제적 효과 분석에 국한되어 있다. 반면, 정부의 재정정책에 의한 지방재정의 변화가 지방재정 운용 실태에 미치는 효과를 종합적인 측면에서 분석한 연구는 미비한 실정이다. 그러므로 정부의 재정정책들에 의한 지방재정의 변화가 지방재정 운용 실태와 어떤 관계를 가지고 있으며, 어떤 유형의 정책이 지방재정 운용을 촉진시키며, 각 지방자치단체의 유형별, 경제적·사회적 특성과 재정상황 등에 따라 미치는 효과 등을 실증적으로 검토할 필요가 있다.

둘째, 중앙과 지방 간 재정관계에서 정부의 재정정책에 대한 논의는 크게 두 가지 측면에서 이루어질 수 있다. 하나는 중앙과 지방 간 세원 이양을 통해 지방정부의 재원조달 능력 강화에 관한 것(세입측면 강화)이고, 다른 하나는 중앙과 지방 간 재정이전인 지방재정조정제도에 의한 재원 조정의 적실성에 관한 것(세출측면 강화)이다. 그러나 지금까지의 중앙과 지방 간의 재원배분은 이전재원을 중심으로 재정지원이 이루어짐에 따라 이에 관한 연구들도 지방재정조정제도에 의한 지방재정 운용에 미치는 효과를 분석하고 있는 연구들이 주로 논의되고 있는 실정이다. 그러나 중앙과 지방 간 재정관계에 있어 지방정부의 자주적인 재정운영과 재정력 향상을 위해서는 재정 이전을 통한 재원 확충보다는 세원 이양을 통한 자주재원 확보 노력이 더 중요하다고 볼 수 있다. 그러므로 자주재원 확충을 위한 연구가 필요하다고 볼 수 있다.

셋째, 정책분석에 있어 효율성과 형평성은 기본적으로 상충 관계로 받아 들여지고 있다. 이에 따라 재정운용의 효과를 분석한 대부분의 기존 연구들은 효율성과 형평성을 어느 한 측면에 국한하여 연구하고 있으며, 재정분권 수준의 효율성과 형평성을 동시에 분석하고 있는 연구는 활발하지 못한 실정이다. 즉, 지방자치단체가 재정운용 활동을 통해 공공서비스를 효율적으로 공급되고 있는가를 분석하고 있는 연구와 재정운용의 형평성 분석이 별개로 독립적으로 다루면서 이에 대한 다양한 정책적 제안을 하고 있다.

그러나 효율성에 초점을 둔 정책이 형평성을 악화시킬 우려가 있다면 공평한 분배를 요구하는 시민 · 사회의 저항에 직면하게 되어 정책집행의 단계에 있어서는 많은 어려움을 겪게 될 것이다. 또한 형평성에 초점을 둔 정책이 효율성과 상충하게 되어 심각한 경제적 손실을 초래한다면, 이러한 정책의 유용성에 대하여 많은 의문이 제기될 수밖에 없을 것이다. 따라서 효율성과 형평성을 독립적으로 다루기보다는 양자를 동시에 고려하는 종합적인 접근이 필요하다고 볼 수 있다.

이미애(2014)

또한 이미애(2014)는 연구자가 수행하려고 하는 연구가 선행연구와 어떻게 다른지를 제시하면서 연구의 정당성을 확보하려고 하고 있다.

논문 제목 **중앙정부의 재정정책이 지방재정에 미치는 영향에 관한 연구: 재정운용의 효율성과 재정 형평성 분석**

5. 연구의 의의

이상의 논의를 종합하여 본 연구는 선행연구의 한계를 보완하고 선행연구와 차별화된 이론적 · 정책적 측면에서 다음과 같은 연구의 의의를 기대할 수 있다.

첫째, 중앙정부의 재정정책은 중앙과 지방 간 재정력 격차를 해소하고, 지방 간 재정균등화 등을 실현시키는 정책적 수단임과 동시에 다양한 운영방식과 통제수단을 활용하여 지방재정 운용의 방향을 유도하는 제도로서의 중요성을 가지고 있다.

현행 우리나라의 중앙과 지방 간 재정정책인 세원이양에 관한 정책과 재정 이전에 관한 정책들은 각 정책수단들의 방식에 따라 지방재정 운용이 다양하게 나타날 수 있다. 또한 정부의 정치적 성향과 지방자치단체의 정치적 · 재정적 · 사회적 역량 차이에 따라 지방재정 운용에 미치는 효과는 다를 것이다.

그러므로 본 연구는 중앙정부의 재정정책에 의한 지방재정의 변화가 지방재정 운용 실태에 미치는 효과를 분석하고자 한다. 즉, 정부의 재정정책들에 의한 지방재정의 변화가 지방재정 운용 실태와 어떤 관계를 가지고 있으며, 어떤 유형의 정책이 지방재정 운용을 촉진시키며, 지방정부의 정치적 · 경제적 · 사회적 역량 차이에 따른 지방재정 운용에 미치는 효과 등을 실증적으로 검토하고자 한다.

둘째, 정부의 재정운용의 문제는 다양하게 나타날 수 있으며, 이러한 다양한 문제를 동일한 선상에서 평면적으로 접근해서는 각 문제마다 문제의 경중이 다르며, 문제별로 정책수단이 가져오는 정책효과는 다르게 나타날 수 있다. 그러므로 근본적인 문제에 접근할 수 있는 정책수단의 선택이 중요하다고 볼 수 있다(우명동・강병구, 2007: 31-32). 따라서 중앙과 지방 간 재정관계에서 중앙정부의 재정정책에 대한 논의는 정책 목표에 따라 크게 두 가지 측면으로 구분하여 접근하고자 한다. 하나는 중앙과 지방 간 세원 이양을 통해 지방정부의 재원조달 능력 강화에 관한 것(세입측면 강화)이고, 다른 하나는 중앙과 지방 간 재정 이전인 지방재정조정제도에 의한 재원조정의 적실성에 관한 것(세출측면 강화)이다. 이러한 정책목표에 따른 정책수단의 효과를 살펴보기 위해 정부의 재정정책을 다양한 정책수단으로 접근하여 각 정책수단들이 지방재정 운용에 미치는 효과를 분석하고자 한다.

셋째, 중앙정부의 재정정책과 지방재정 운용의 효과를 분석함에 있어 효율성 측면과 형평성 측면을 동시에 접근하고자 한다. 중앙정부의 재정정책은 궁극적으로 중앙과 지방간 수직적 재정력 격차를 해소하고 지방 간 수평적 재정균등화 실현을 정책목표로 하고 있다. 중앙과 지방 간의 수직적 재정 격차는 지방자치단체의 재정력부족을 야기시키는 원인이 되며, 이는 지방정부의 재정운용의 효율성을 저하로 이어지게 된다. 그리고 지방과 지방 간의 수평적 재정 격차는 지역발전의 불균형을 심화시키는 원인이 되며, 이는 지방정부의 재정 형평성 저하로 이어지게 될 것이다. 따라서 재정정책은 이러한 상충적인 가치에 대한 조율이 중요하다고 볼 수 있다. 그러므로 중앙과 지방 간 재정관계에서 수직적 재정불균형과 수평적 재정불균형을 해소하려는 노력은 재정운용의 효율성과 형평성 측면의 가치를 조정하는 접근이 바람직하다고 볼 수 있다.

넷째, 방법론적인 측면에서 DEA를 통한 재정운용의 효율성 분석과 쿨터(Philip B. Coulter)의 비형평계수/조정계수를 통한 형평성 분석 후, 패널토빗모형, 패널교정표준오차(Panel Corrected Standard Errors: PCSE)모형을 이용한 결합시계열회귀분석과 연계하여 정부의 재정정책과의 영향관계를 살펴보고자 한다.

뿐만 아니라 양적인 분석과 함께 질적 해석의 타당성을 높이기 위해 사례분석을 실시하고자 한다. 효율성과 형평성 분석결과를 바탕으로 Ⅰ유형: 효율성과 형평성이 모두 높은 단체, Ⅱ유형: 효율성은 높고 형평성은 낮은 단체, Ⅲ유형: 효율성은 낮고 형평성은 높은 단체, Ⅳ유형: 효율성과 형평성이 모두 낮은 단체로 유형화하여 그 정책의 효과를 비교해 보고자 한다.

이미애(2014)

또 다른 기술방법으로는 선행연구를 비판적으로 검토하는 것이다. 〈표 4-1〉과 〈표 4-2〉를 활용하여 선행연구를 보여주지만 내용을 기술할 때에는 비판적인 시각으로 바라보는 것이다. 즉, 선행연구는 어떤 점에서 한계가 있는지를 제시하는 것이다. 다만, 이 경우 논문별로 한계를 제시하는 경우도 있고, 논문을 일정한 기준에 의거하여 유형화를 한 후 한계를 제시하는 경우도 존재한다.

정재진(2008)은 "재정분권이 지방재정 지출구조에 미치는 영향 분석: 경상적 지출과 투자적 지출을 중심으로"라는 박사학위논문에서 선행연구를 다음과 같이 검토하고 있다. 유형화를 한 후 유형별 한계를 지적하고 있는 방식이다.

논문 제목 **재정분권이 지방재정 지출구조에 미치는 영향 분석: 경상적 지출과 투자적 지출을 중심으로**

3. 재정지출에 대한 선행연구

지방자치단체의 재정지출에 초점을 둔 연구들은 국내·외의 많은 학자들에 의해 이루어졌다. 국내의 경우 1991년 지방의회의 구성과 더불어 지방자치단체 공공지출 결정의 원인을 예산심의의 절차와 삭감·증액 등 예산심의 행태(김재훈, 1993; 김정욱, 1993; 황윤원, 1993; 전상경, 1992; 윤영진, 1993; 박광국·황종규, 1994; 남궁근, 1994)에서 찾고자 하는 연구가 주를 이루었고, 1995년 이후 자치단체의 환경적 요인이 지방자치단체 재정정책 결정에 영향을 미친다는 연구가 차츰 증가하게 되었다.

지방자치단체의 재정운용 결정요인과 관련하여 국내의 연구들은 대부분 재분배정책의 결정요인에 초점을 두고 있다(강윤호, 2000; 이승종, 2000; 김태일 외, 2001; 김정헌·정연화, 2003). 선행연구들은 서로 차별화된 사례 수, 분석수준, 분석방법 등을 이용해 분석을 하였는데, 지방자치제의 실시 이후 전국의 지방자치단체는 사회복지증진을 위해 개발정책보다는 재배분정책에 더 많은 비중을 두고 정책을 결정·집행하고 있다는 공통적인 결론을 도출하고 있다. 그러나 지방자치실시 이후 복지정책이나 지역개발정책의 강화 혹은 약화 정도가 어떠하며, 그 원인은 무엇이고, 왜 어떠한 지방자치단체들은 개발정책을 추진하는 데 반해, 어떠한 지방자치단체들은 재분배정책을 지향하는지에 대해서는 논의를 하고 있지 않다는 한계를 갖는다. 다만, 선행연구들은 자치단체장의 재선 추구 성향으로 인해 환경 및 사회적 요인보다는 정치·행정적 요인에 의해 지방자치단체의 지출정향이 결정된다고 보고 있다.

한편, 지방자치단체의 공공지출 수준을 개발정책과 재분배정책, 그리고 배분정책으로 선정해 이를 독립변수로 삼고, 개별정책이 선호되는 요인을 찾고자 한 국내 연구로는 손희준(1999), 유재원(1999), 배인명(2000), 강윤호(2002), 권경환(2004)의 연구를 들을 수 있다. 유재원(1999)은 광역시·도, 시·군·자치구를 대상으로 지방자치 실시 이후 지방자치단체의 복지정책(redistribution), 개발정책(development), 할당정책(allocation)의 결정요인을 분산분석을 통해 검증하였다. 그러나 유재원(1999)의 연구는 지방자치제 이전과 이후를 시점으로 개별정책의 선택선호수준 차이를 연구한 논문으로서 개별정책의 선호를 불러일으키는 요인이 무엇인지를 검증하지는 않았다. 강윤호(2002)는 우리나라 기초자치단체들을 분석대상으로 하여 지방자치제 실시 이후 지방자치단체들의 정책선호 변화 정도를 분석하였다. 이 연구에서 저자는 지방자치단체의 재정정책 유형을 개발지향형, 복지지향형, 양자동시지향형, 양자동시축소형으로 분류하고, 개별지방자치단체가 서로 다른 재정정책을 선택·집행하게 되는 원인을 분석한 결과 사회·경제적 요인, 정치적 요인, 지역정책결정자들의 개인적 특성요인 등이 다중으로 영향을 미친다는 것을 제시하고 있다. 그러나 강윤호(2002)의 연구는 개별정책에 영향을 가장 많이 미치고, 가장 관련성이 있는 환경적 요인을 찾아내지 못하였다는 한계를 갖는다. 권경환(2004)은 재정정책을 경제성장정책, 사회복지정책, 사회개발정책으로 구분하여 분석한 결과 정치적 맥락에서 성장과 복지를 동시에 추구하였으며, 단체장의 권력이 의회에 비해 강할수록 성장과 개발정책 등에 대한 선호가 높아진다는 연구결과를 제시한 바 있다. 선행연구들을 분석한 결과 우리나라에서는 주로 복지비와 경제개발비 간의 상충관계를 기본전제로 설정해 연구한 논의들이 많이 존재한다. 또한 재정지출에 영향을 미치는 요인으로서 단체장 지표가 많이 이용되었는데, 의회와의 관계에서 강시장형인 우리나라의 특성상 단체장의 역할은 지방재정지출에 결정적인 영향을 미치기 때문이다. 이들 연구들은 머스그레이브(Musgrave, 1969)와 왕(Wong, 1988)이 제시한 상반된 의견을 검증함으로써 우리나라 재정지출의 일반화를 꾀하고자 하였다. 그러나 이에 대한 일반화는 아직 존재하지 않으며 앞으로 더 많은 연구의 필요성이 제시된다. 일례로, 손희준(1999)은 단체장 선거 이후 사회복지비 지출이 강화되었다고 분석하였고, 이승종(2000)은 일반 시 지역에서는 단체장 직선제 이후 복지비 지출이 약화되었다는 결과를 제시하기도 하였다.

외국의 연구들은 피셔(Fisher, 1964), 다이(Dye, 1966), 톰킨스(Tompkins, 1975), 피터슨(Peterson, 1979; 1981; 1996) 등에 의해 이루어졌는데, 다이(Dye, 1966)는 주와 지방자치단체의 정책선호 결정요인을 분석하였는데, 이 연구에 따를 경우 지방자

> 치단체의 재정 능력은 재분배정책을 위한 지출을 촉진시키기는 하지만 개발정책을 촉진시키지는 않으며, 오히려 개발정책은 지역의 환경적 특성(도시화의 수준)에 의해 영향을 받게 된다는 것을 제시하고 있다. 톰킨스(Tompkins, 1975)는 정치적 변수와 환경적 변수를 모두 포함하여 지방자치단체 재정정책선호에 영향을 미치는 요인을 연구하였는데, 이 연구에 따를 경우 지방자치단체의 재정 능력은 재분배정책에 큰 영향을 미치고, 지역주민의 행정수요는 개발정책에 더 큰 영향을 미친다는 것을 제시하고 있다. 피터슨(Peterson, 1996)은 미국남부지역의 50개 지방자치단체를 샘플링하여 지방자치단체의 정책선호에 영향을 미치는 원인을 경험적으로 검증하였는데, 재분배정책은 지방자치단체의 재정력이 높으면 높을수록 실행되기 쉽고, 개발정책은 재분배정책과 비교했을 때 지방자치단체의 재정 능력으로부터 그나마 자유롭게 실현될 수 있으며, 개발정책은 정책의 집행으로 인해 혜택을 받는(공공행정서비스의 요구수준이 높은) 지역주민의 수가 많으면 많을수록 실행되기 쉽다는 것을 제시하고 있다.
>
> 정재진(2008)

살펴본 것처럼 정해진 방식은 없다고 보아야 할 것이다. 다만, 선행연구를 검토할 때 비판적인 시각을 가지고 검토하여야 하고, 선행연구검토를 통하여 연구자가 연구하려고 하는 연구의 정당성 확보, 연구진행과정에서 필요한 정보 획득 등을 할 수 있도록 작성하면 될 것으로 보인다. 즉, 선행연구별로 한계를 지적하는 방법도 있고, 유형화한 후 유형별 한계를 제시하는 방법도 있을 수 있다. 연구자가 연구하려고 하는 연구에 필요한 정보를 얻기 위하여 필요한 내용을 검토한 후 표를 통해 제시할 수 있을 것이다.

제 5 장

연구설계의 의의, 구성요소, 그리고 내용

☞ 핵심체크

1. 연구설계에서는 분석의 틀, 변수정의, 가설설정, 자료수집 및 분석방법에 대해 제시하고 있다. 분석의 틀, 변수정의, 가설설정, 자료수집 및 분석방법이란 무엇이고, 어떤 기능을 수행하고 있는지, 그리고 어떻게 기술하는 것이 좋은지를 구체적으로 제시하고 있다.
2. 자료수집방법에서는 질문서, 실험, 관찰, 2차 자료 등을 활용할 수 있다는 것을 제시하면서 각각에 대해 설명하고 있다.

제 1 절

연구설계란 무엇인가?

1. 연구설계는 무엇인가?

연구설계는 학위논문이든 아니면 학술논문이든 논문의 전체 그림을 보여준다는 점에서 매우 중요하다. 이러한 점 때문에 학위논문 또는 학술논문을 심사하는 과정에서 심사자들이 매우 엄격하게 바라본다. 심사자가 엄격하게 연구설계를 바라보는 이유는 연구설계가 잘못되어 있을 경우 원하는 연구목적을 달성할 수 없게 되기 때문이다. 연구설계에 문제가 있다는 것은 논문을 수정 및 보완하여 계속해서 추진할 수 있는 것이 아니라 본질적인 부분의 흠결로 간주되어 학술논문의 경우 게재가 거절되고, 학위논문은 심사가 중단될 수 있다. 이처럼 연구설계는 연구를 수행함에 있어 매우 중요한 부분으로 생각하여야 할 것이다.

연구설계가 무엇인지에 대해서는 다수의 학자들이 이야기하고 있다. 김경동 · 이온죽(1991)은 "연구의 기본 아이디어에서 비롯하여 그것을 구체적인 연구과정에 적용 · 실시하는 절차에 이르는 연구의 전반적인 윤곽을 체계있게 보여주는 하나의 지침"이라고 정의하고 있고, 최창현(2017)은 "분석 단위와 연구 범위를 정하고 사용할 자료수집방법과 자료의 측정 및 분석방법 등을 결정하는 일"이라고 하고 있다. 박용치 외(2008)는 "연구문제에 대한 해답을 얻기 위해 내적 · 외적 타당성을 저해하는 요인들의 통제(분산통제)를 위해 착상된 연구의 계획이며 구조이고 전략"이라고 한다. 그러면서 박용치 외(2008)는 계획은 "연구의 전반적인 설계 또는 프로그램이며, 가설과 그것의 조작적 정의를 작성하는 것에서부터 최종적인 자료의 분석에 이르기까지 연구자가 무엇을 할 것인가에 대해 일목요연하게 정리하는 것"이라고 하였고, 연구의 구조는 "좀 더 구체적인 것으로 변수 조작에 관한 패러다임으로서의 개관이며 개요"라고 하였다. 또한 김현구는 미발간 수업자료를 통하여 "연구목적에 대한 보다 객관적이고 타당성있는 해답을 얻기 위하여 행해지는 기본전략 또는 계획을 의미한다"고 하고 있다.

어떤 개념을 적용하든 연구설계는 기본전략 또는 연구를 위한 계획이라고 볼 수 있을 것이다. 즉, 연구설계가 어떤 방식으로 얼마만큼 잘 짜여졌느냐에 따라 그 연구과제의 성패가 좌우된다고 할 수 있을 정도로 중요한 요소이다(김경동·이온죽, 1991). 이러한 점 때문에 연구자들은 연구설계에 많은 시간을 투자하고 있다.

필자의 경험에 의하면 논문을 작성할 때 연구설계를 작성하는 데 많은 시간을 투자하고 있고, 논문을 심사할 때에는 연구목적을 확인한 후 반드시 연구설계를 살펴본다. 연구설계를 보면 연구목적의 달성을 위하여 어떤 변수를 가지고 어떤 분석을 실시한 후 어떤 결과를 도출할 것인지가 명확하게 드러나기 때문이다. 학생들의 논문을 지도할 때에도 연구설계에 많은 시간을 투자하도록 하고 있다. 연구설계가 정교하고 구체적으로 만들어진다는 의미는 연구자가 연구하려고 하는 것이 명확하게 확립되었다고 볼 수 있기 때문이다.

학생들 뿐만 아니라 연구자들은 연구설계를 작성하는 데 어려움을 겪는 것이 일반적이다. 다양한 이유가 있겠지만 그 중에 하나는 학생이나 연구자가 자신이 수행하려고 하는 연구에 대해 고민이 부족하지 않았나 하는 생각을 가진다. 자신이 수행하려고 하는 연구에 대한 충분한 검토와 고민이 있었다면 연구설계를 작성하는 것이 크게 어렵지는 않을 것이다. 이러한 사실은 연구를 마무리한 후 연구설계를 다시 볼 때 느껴지는 생각으로부터 도출할 수 있을 것이다. 연구자라면 누구든지 연구설계를 작성할 때에는 어렵고 힘든 과정을 거쳤는데, 연구를 종결한 후 연구설계를 다시 보면 그리 어렵게 느껴지지 않는다는 경험을 하였을 것이다.

종합하면, 연구설계는 연구자의 연구가 정상적으로 수행될 수 있도록 하려는 기본전략이자 계획이라고 할 수 있으며, 학술논문이나 학위논문에서 매우 중요한 위치를 차지하고 있다.

2. 연구설계는 논문에서 어떤 역할을 수행하는가?

연구설계는 대다수의 연구자들이 중요하다고 생각하고 있는 부분이다. 그 이유는 연구설계가 논문에서 중요한 역할을 수행하기 때문일 것이다. 그럼에도 불구하고 다수의 연구방법론 관련 책에서는 연구설계가 논문에서 어떤 역할을 수행하고 있는지에 대해 구체적으로 제시하고 있지는 않다.

박용치 외(2008)는 연구설계의 목적을 제시하고 있다. 박용치 외(2008)는 연구설계의 목적을 "연구문제에 대해 해답을 제공하는 동시에 분산을 통제하는 두 가지 기본적인 목적을 가지고 있다"고 한다. 연구문제에 대해 해답을 제공한다는 의미는 "연구설계는 연구자가 연구문제에 대한 해답을 가능한 한 타당성있고 객관적으로 정확하게 또한 경제적으로 얻을 수 있도록 고안된 것"이라는 것이다. 그리고 분산의 통제라는 의미는 "연구설계에서 의도된 변수 이외의 모든 변수의 영향을 통제(제거)하는 것이며, 내적 · 외적 타당성을 저해하는 요인들을 통제하는 것"이라는 것이다(박용치 외, 2008).

필자의 경험에 의하면 연구설계는 유사한 연구를 수행하려는 연구자를 포함한 독자의 관점과 해당 연구를 수행하는 연구자의 관점에 따라 그 역할에 차이가 있을 것으로 보인다. 따라서 독자의 관점과 연구자의 관점으로 구분한 후 연구설계의 중요성을 제시할 수 있을 것이다.

먼저, 독자의 관점에서 연구설계의 중요성을 보면 다음과 같다. 첫째, 연구설계는 독자들이 학위논문이나 학술논문의 전체적인 윤곽을 파악하는 데 도움을 준다. 연구설계에는 분석의 틀, 변수정의, 자료수집방법 및 자료분석방법 등의 내용이 포함되어 있기 때문에 독자들은 논문의 논리적인 구조, 연구에서 활용하고 있는 변수, 그리고 분석방법들에 대한 정보를 파악할 수 있을 것이다.

둘째, 유사한 연구를 수행하려는 연구자에게 연구와 관련되어 있는 다양한 정보를 제공한다. 유사한 연구를 수행하려고 하는 연구자들은 기존의 연구들이 어떤 자료를 활용하였고, 해당 자료는 어디에서 얻을 수 있는지, 그리고 어떤 분석방법을 활용할 수 있는지 등에 대한 정보가 필요한데, 연구설계에 이와 관련된 대다수의 내용이 포함되어 있다.

다음으로는 해당 연구를 수행하고 있는 연구자의 관점에서 연구설계의 중요성을 보면 다음과 같다. 첫째, 연구자가 연구를 수행할 때 하나의 논리적인 흐름을 유지할 수 있도록 하는 데 도움을 준다. 연구자가 연구를 수행하면서 논리적 일관성을 유지하는 것은 쉽지는 않다. 연구에 필요한 자료를 놓치는 경우가 있을 수 있고, 왜 이러한 분석을 하여야 하려고 했는지 망각할 수도 있다. 이러한 문제를 해소하기 위해서는 연구를 수행하면서 반복해서 연구설계를 읽어볼 필요가 있을 것이다.

둘째, 다른 사람들에게 연구자가 수행하려고 하는 연구를 보다 쉽게 설명할 수 있도록 하는 데 도움을 준다. 특정 연구에 관심을 가지고 있는 사람들은 해당 연구를 수행하고 있는 연구자에게 어떤 연구를 하려고 하는지, 연구를 통해 얻고자 하는 것은 무엇인지, 그리고 어떤 변수를 사용하고 있는지 등 다양한 질문을 할 수 있을 것이다. 이와 관련된 다수의 내용들은 연구설계를 통해 해소될 수 있을 것이다.

3. 연구설계는 어떻게 구성되어 있는가?

연구설계에 포함되어야 하는 내용이 무엇인지에 대해 일치된 견해가 존재하는 것은 아니다. 단지, 논문의 성격에 따라 차이가 있다.

일부의 학자들이 연구설계에 포함되어야 하는 내용을 제시하고 있는데 대표적인 학자는 김경동 · 이온죽(1991)일 것이다. 김경동 · 이온죽(1991)은 연구문제의 형성, 연구의 대상선정, 연구의 방법(즉, 관찰 · 자료수집 · 자료생산 등의 방법 결정), 연구의 실시와 관련된 기획 · 지침 마련, 결과의 분석 · 해석의 기법과 틀, 결과의 보고작성과 발표형식, 기타 경영 · 관리상의 준비 등의 내용이 포함되어야 한다고 제시하고 있고, 최창현(2017)은 분석 단위, 연구 범위, 자료의 수집방법과 자료의 측정 및 분석방법 등이 제시되어야 한다고 보고 있다. 김경동 · 이온죽

(1991)은 연구설계를 매우 포괄적으로 제시하고 있고, 최창현(2017)은 대다수의 연구에서 채택하고 있는 내용을 제시하고 있는 것으로 보인다.

이 책은 학위논문이나 학술논문을 준비 중에 있는 연구자들에게 도움을 주기 위하여 작성한 것이기 때문에 이론적인 접근보다는 실질적인 유용성을 기준으로 포함하여야 할 내용을 살펴보려고 한다. 선행연구를 종합하면, 양적인 분석을 실시하는 논문의 경우 대체적으로 유사한 내용을 포함하고 있는 것으로 보인다. 구체적으로 살펴보면, 분석의 틀, 가설설정, 변수정의, 자료수집 및 분석방법 등의 내용이 포함되어 있다.

논문 제목 비합리적 소비성향이 피부관리실 선택행동에 미치는 영향

제3장 연구설계
- 제1절 분석의 틀
- 제2절 변수정의
  1. 독립변수
  2. 종속변수
- 제3절 자료수집 및 분석방법
  1. 자료수집방법
  2. 자료분석방법

최재민(2016)

논문 제목 지방이양 복지서비스의 형평성 평가에 관한 연구: 지역 간 형평성과 이양효과의 분석

제3장 연구설계
- 제1절 분석의 틀
  1. 분석기준
  2. 분석 틀의 구성
  3. 변수의 정의
- 제2절 분석방법
  1. 지역 간의 서비스 형평성 분석

2. 복지사무의 지방 이전 효과 분석
3. 우수 · 부진사례의 심층 분석

제3절 자료수집

1. 독립변수 자료
2. 종속변수 자료
3. 조절변수 자료
4. 기타 자료

이상미(2011)

논문 제목 **중앙정부의 재정정책이 지방재정에 미치는 영향에 관한 연구: 재정 운용의 효율성과 재정 형평성 분석**

제3장 연구설계

제1절 분석모형

1. 분석모형의 구성
2. 연구가설의 설정
3. 분석요소의 정의

제2절 분석방법

1. 재정운용의 효율성 분석
2. 재정운용의 효율성 효과 분석
3. 재정 형평성 분석
4. 재정 형평성 효과 분석

제3절 자료수집

이미애(2014)

제2절

분석의 틀이란 무엇인가?

1. 분석의 틀은 무엇인가?

분석의 틀은 연구에서 매우 중요한 위치를 차지하고 있다. 그럼에도 불구하고 분석의 틀이 무엇이라고 정의하는 것은 쉬운 일이 아니다. 그 이유는 기존의 연구방법론 책에 분석의 틀이란 무엇을 의미한다는 명확한 개념이 제시되어 있지 않을 뿐만 아니라 학위논문이나 학술논문에서 제시하고 있는 분석의 틀의 내용들을 보면 조금씩은 차이가 있기 때문이다.

다수의 연구자들이 분석의 틀을 무엇이라고 생각하는 것과 관계없이 이 책에서는 가능하면 단순하게 제시하려고 한다. 이 책에서는 분석의 틀을 "학술논문이든 학위논문이든 관계없이 복잡하게 설명되어 있는 이론적 내용들을 구조적으로, 그리고 기능적으로 최대한 단순화시킨 후 핵심적인 내용을 체계적으로 축약한 것"이라고 정의하고자 한다.

분석의 틀은 다양한 형태로 제시할 수 있다. 따라서 연구자들은 그림으로만 제시하여야 한다는 생각을 버려야 할 것이다. 어떤 연구자는 그림으로 그리고, 어떤 연구자는 표로 제시하며 어떤 연구자는 수식으로 보여주기도 한다. 어떤 방식이든 연구자가 살펴보았던 이론적 배경의 내용을 핵심적인 내용위주로 단순화시킨 후 체계적으로 제시하면 되는 것이다.

다만, 기존의 연구를 볼 때 분석의 틀은 통상 그림으로 표현되고 있다. 상당히 많은 논문들이 분석의 틀을 그림으로 제시하고 있는 것이다. 그러나 분석의 틀은 연구의 흐름도와는 차이가 있기 때문에 그림으로만 표현하여야 한다는 생각을 가질 필요는 없는 것으로 보인다.

2. 분석의 틀은 논문에서 어떤 역할을 하여야 하는가?

앞에서 분석의 틀이 매우 중요하다고 하였다. 그 이유는 분석이 틀이 논문에서 일정한 역할을 수행하기 때문이다. 첫 번째 역할은 자료를 조직화하는 데 기여한다는 것이다. 연구자들이 연구를 할 때에는 경험적 분석에 필요한 다양한, 그리고 다수의 자료가 있어야 한다. 연구자들이 다양한, 그리고 다수의 자료를 수집하다가 너무 많은 자료로 인해 자료의 홍수에 빠져버리는 경우를 쉽게 발견할 수 있다. 자료의 홍수에 빠져서 정리가 쉽지 않다는 것도 문제이지만 더 큰 문제는 이 자료가 왜 필요한지를 망각하는 경우도 발생할 수 있다는 것이다. 분석의 틀은 변수 간의 관계를 보여주기 때문에 특정 자료가 어디에 위치하고 있는지, 왜 그 자료가 필요한지 등을 명확하게 보여줄 수 있다는 점에서 유용하다고 볼 수 있다.

분석의 틀의 두 번째 역할은 분석의 틀이 인식의 도구로서의 역할을 수행한다는 점이다. 독자들은 관심있는 연구에 대해 알기를 원하는데 이때 분석의 틀이 일정한 역할을 수행한다는 것이다. 인식론적 관점에서 보면 독자들은 지식을 통해서 또는 경험을 통해서 특정 지식을 획득할 수 있을 것이다. 분석의 틀은 해당 연구가 무엇을 어떻게 연구하는 것인지를 보여준다는 점에서 지식을 획득할 수 있는데 도움을 줄 수 있을 것이다.

분석의 틀의 세 번째 역할은 학문적 의사소통의 수단이라는 점이다. 분석의 틀은 앞에서 살펴본 것처럼 복잡하게 설명되어 있는 이론적 내용들을 구조적으로, 그리고 기능적으로 최대한 단순화시킨 후 핵심적인 내용을 체계적으로 축약한 것이기 때문에 분석의 틀을 가지고 학문적 의사소통을 할 수 있다는 것이다. 복잡하게 진행되고 있는 연구에 대해 의사소통하는 것보다는 핵심적인 내용을 중심으로 요약해 놓은 분석의 틀을 통해 서로 논의하는 것이 더 유용하다는 의미이다.

3. 분석의 틀에서는 어떤 내용을 다루어야 하는가?

분석의 틀이 학위논문이든 학술논문이든 관계없이 복잡하게 설명되어 있는 이론적 내용들을 구조적으로, 그리고 기능적으로 최대한 단순화시킨 후 핵심적인 내용을 체계적으로 축약한 것이라면 구체적으로 어떤 내용들이 포함되어야 하는지 살펴보아야 할 것이다.

이 역시 공통적으로 제시되어 있는 획일적인 기준은 없는 것으로 보인다. 다만, 분석의 틀이 제시되어 있는 선행연구들을 종합하면 다음과 같은 몇 가지의 내용이 포함되어야 할 것으로 보인다. 논문의 성격에 따라 차이가 있을 수는 있으나 살펴보는 것과 같은 내용은 포함되어야 분석의 틀이라는 이름을 붙일 수 있을 것으로 보인다.

첫째, 분석의 틀에는 독립변수, 종속변수, 통제변수 등 변수가 명확하게 제시되어야 한다. 즉, 어떤 변수를 가지고 연구를 하려고 하는지가 구체적으로 제시되어야 한다는 것이다. 각 변수의 의미는 뒤에서 구체적으로 살펴볼 것이기 때문에 여기에서는 생략하고자 한다.

둘째, 분석의 틀에는 독립변수와 종속변수 간의 관계가 나타나 있어야 한다. 변수 간의 관계를 명시적으로 보여주어야 한다는 의미는 연구목적과도 밀접하게 관련되어 있기 때문에 포함되어야 하는 부분이다. 독자들은 독립변수와 종속변수 간의 관계를 살펴봄으로써 이 연구가 무엇을 하려고 하는 것인지를 파악할 수 있을 것이다. 동시에 연구자는 수집된 자료를 조직화하는 데 유용할 것으로 보인다.

셋째, 분석의 틀에서는 분석의 단위를 알 수 있어야 한다. 분석의 단위는 개인, 집단, 사회적 제도 등 다양하게 분류할 수 있을 것이다. 이 중에서 어떤 분석 단위를 대상으로 연구하는 것인지를 명확하게 제시하여야 한다는 것이다. 이는 연구결과를 어떻게 활용할 것인지와 관련되어 있기 때문에 독자들이 쉽게 파악할 수 있도록 표현하여야 할 것이다. 다만, 대다수의 연구에서는 분석의 단위를 명확하게 제시하고 있지는 않는다. 변수 등을 통해 간접적으로 파악할 수 있을 뿐이다.

넷째, 분석의 틀에서는 분석의 범위를 알 수 있도록 제시되어야 한다. 시간적 범위, 공간적 범위, 대상적 범위, 내용적 범위 등 다양한 연구의 범위가 제시되어야 한다. 연구의 범위를 통하여 연구에 대한 정보, 연구결과의 한계 등을 유추할 수 있을 것이다.

다섯째, 분석의 틀에서는 분석의 방법이 제시되어야 한다. 기술통계를 사용하려고 하는지, 회귀분석, 경로분석 등을 사용하려고 하는지 등에 대한 충분한 정보를 제공할 수 있어야 한다. 분석방법에 대한 내용은 통계학이나 계량분석 등의 영역에 부탁하려고 한다. 따라서 이 책에서는 다루지 않는다. 분석방법과 관련된 책들은 수도 없이 발간되어 있기 때문에 좋다고 생각하는 것을 선정하여 학습하면 될 것으로 보인다.

지금까지 분석의 틀에 포함되어야 할 다섯 가지의 요소들을 제시하였다. 하나의 분석의 틀에 다섯 가지의 요소를 모두 포함하는 것이 쉽지는 않은 것이 현실이다. 그럼에도 불구하고 최대한 반영할 수 있도록 노력하여야 할 것이다. 분석의 틀이 논문의 축약형태라는 점을 염두에 두고 설계할 수 있도록 하여야 할 것이다.

4. 분석의 틀은 어떻게 기술하는 것이 좋은가?

분석의 틀을 어떻게 보여주는 것이 좋은지에 대해서는 정해진 답은 없는 것으로 보인다. 연구자에 따라 선호하는 방식을 채택하면 될 것으로 보인다. 선행연구를 중심으로 살펴보면 몇 가지의 유형이 나타난다. 가장 일반적인 방법인 그림으로 보여주는 방법, 그 다음은 수식으로 보여주는 방법, 그리고 글이나 표로써 보여주는 방법 등이 있다. 어떤 유형이 바람직한지를 결정하는 것은 쉽지는 않다. 다만, 분석의 틀이 복잡하게 설명되어 있는 이론적 내용들을 구조적으로, 그리고 기능적으로 최대한 단순화시킨 후 핵심적인 내용을 체계적으로 축약한 것이기 때문에 논문의 성격에 따라, 그리고 연구자의 선호에 따라 제시하여야 할 것이다.

먼저, 그림으로 보여주는 방법을 사용하고 있는 선행연구를 보면 다음과 같다. 라휘문 외(2010a)는 “여성의 사회적 지위와 청렴도 간 관계에 관한 연구”에서 여성의 사회적 지위 향상이라는 독립변수와 청렴도라는 종속변수, 그리고 GDP라는 통제변수와 변수 간의 관계를 제시하고 있다.

논문 제목 **여성의 사회적 지위와 청렴도 간 관계에 관한 연구**

본 연구는 여성의 사회적 지위 향상과 청렴도 간 관계를 규명하고자 하는 목적을 가지고 수행하였다. 본 연구를 위한 독립변수는 여성의 지위 향상이고 종속변수는 청렴도이다.

앞의 이론적 논의에서 살펴본 것처럼 여성의 사회적 지위 향상은 여성 국회의석 비율, 여성 고위직 비율, 여성 전문직 비율, 그리고 남성대비 소득비율을 활용하였으며 통제변수로는 GDP수준을 선정하였다.

이를 종합적으로 제시하면 다음의 그림과 같다.

〈여성의 사회적 지위와 청렴도 간 관계에 관한 연구의 분석의 틀〉

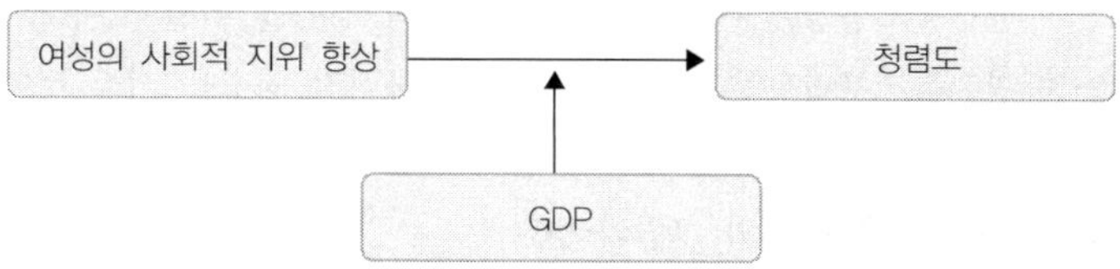

라휘문 외(2010a)

또한 최재민(2017)은 "베블런효과와 밴드왜건효과가 미용실 선택에 미치는 영향"이라는 논문에서 베블런효과와 밴드왜건효과라는 독립변수와 미용실선택행동이라는 종속변수 간의 관계를 제시하고 있다.

논문 제목 **베블런효과와 밴드왜건효과가 미용실 선택에 미치는 영향**

본 연구는 비합리적 소비성향을 대표하는 베블런효과와 밴드왜건효과가 미용실을 선택하는 데 있어 어떤 영향을 미치는지를 검증하고자 하였다. 독립변수인 베블런효과는 개성추구지향, 브랜드지향, 고가격지향, 유행추구지향, 밴드왜건효과는 모방성향, 반응동조성향, 광고물건구입성향, 지인추천동조성향, 그리고 종속변수인 미용실의 선택은 이용의향, 이용만족도, 재방문의사, 추천의향, 지속이용의향 등과 같은 세부요인으로 구분하였다.

이 연구에서는 살펴본 것과 같은 독립변수와 종속변수의 세부요인별로 영향 정도를 파악하였다. 구체적으로는 다음과 같은 가설을 설정한 후 검증하는 방식으로 연구를 진행하였다.

가설1: 베블런효과는 미용실 선택(이용의향, 이용만족도, 재방문의향, 추천의향, 지속이용의향)에 영향을 미칠 것이다.

- 가설1-1: 개성추구지향은 미용실 선택에 긍정적 영향을 미칠 것이다.
- 가설1-2: 브랜드지향은 미용실 선택에 긍정적 영향을 미칠 것이다.
- 가설1-3: 고가격지향은 미용실 선택에 긍정적 영향을 미칠 것이다.
- 가설1-4: 유행추구지향은 미용실 선택에 긍정적 영향을 미칠 것이다.

가설2: 밴드왜건 효과는 미용실 선택(이용의향, 이용만족도, 재방문의향, 추천의향, 지속이용의향)에 영향을 미칠 것이다.

- 가설2-1: 모방성향은 미용실 선택에 긍정적 영향을 미칠 것이다.
- 가설2-2: 반응동조성향은 미용실 선택에 긍정적 영향을 미칠 것이다.
- 가설2-3: 광고물건구입성향은 미용실 선택에 긍정적 영향을 미칠 것이다.
- 가설2-4: 지인추천동조성향은 미용실 선택에 긍정적 영향을 미칠 것이다.

이를 위한 연구모형은 다음의 그림과 같다.

〈베블런효과와 밴드왜건효과가 미용실 선택에 미치는 영향의 분석의 틀〉

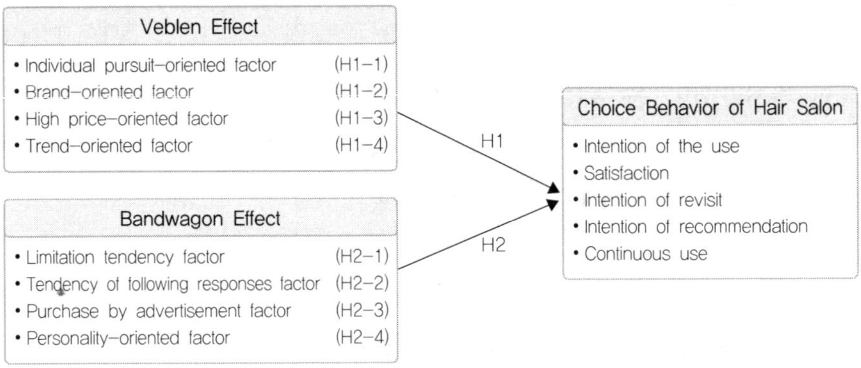

자료: 최재민(2017)

또한 라휘문 외(2014b)는 "결혼이주여성의 출산력 제고를 위한 정책추진방향"이라는 논문에서 분석모형을 수식으로 제시하고 있다. 또한 그들은 분석모형으로 제시하지 못한 내용들은 글로써 충분히 기술하는 방식을 채택하고 있다.

논문 제목 결혼이주여성의 출산력 제고를 위한 정책추진방향

이 연구는 결혼이주여성의 출산력을 제고할 수 있는 정책추진방향을 제안하고자 하는 목적을 가지고 수행하였다. 이와 같은 연구목적의 충족을 위하여 첫째로, 전체 자료를 활용한 분석을 통해 출산력에 영향을 미치는 요인들을 탐색한다. 이를 위해서는 일반논리를 적용한 회귀분석 방법을 사용한다. 이 연구에서는 선행연구의 논리를 적용하여 출산력에 유의미한 영향을 미칠 것으로 판단되는 다양한 변수들을 추출하였으며, 이를 다수의 설문문항으로 측정하였다. 따라서 이를 기반으로 요인분석 방법을 통해 소수의 요인변수를 추출한다. 우선, 출산력에 영향을 미치는 요인의 탐색을 위해서는 요인분석 결과 도출된 요인변수를 활용한 다중회귀분석을 활용하며, 다중회귀분석의 분석모형은 다음과 같다.

$$Y_{(\text{출산력})} = \beta_0 + \beta_1 Factor1 + \beta_2 Factor2 + \beta_3 Factor3 + \beta_4 Factor4 + \beta_5 Factor5 + \beta_6 Factor6$$
$$+ \beta_7 Foreigner + \beta_8 Age + \beta_9 Edu + \beta_{10} City + \beta_{11} Job + \beta_{12} Earnings + \epsilon$$

분석모형에서 종속변수는 출산력이며, 요인분석 결과 도출된 여섯 개의 요인변수를 독립변수로 채용하였다. 이외에도 통제변수로는 외국인 여부, 연령, 학력, 거주지, 직업보유 여부, 가구소득 변수를 통제변수로 채용하였다. 각각의 변수들에 대한 측정방법은 다음의 표와 같다.

변수명	상세	측정방법
Factor1	가족친화력	요인변수: 회귀분석 방법을 적용한 요인점수법
Factor2	가사도움	요인변수: 회귀분석 방법을 적용한 요인점수법
Factor3	양육부담감	요인변수: 회귀분석 방법을 적용한 요인점수법
Factor4	경제부담감	요인변수: 회귀분석 방법을 적용한 요인점수법
Factor5	사회제도인식	요인변수: 회귀분석 방법을 적용한 요인점수법
Factor6	추가 출산의지	요인변수: 회귀분석 방법을 적용한 요인점수법
Foreigner	결혼이주여성 여부	1=결혼이주여성, 아니면 0인 가변수
Age	연령	응답자 연령
Edu	학력	응답자 학력
City	거주지	1=도시거주, 아니면 0인 가변수
Job	직업보유	1=직업보유자, 아니면 0인 가변수
Earnings	가구소득	가구소득의 순위변수

또한 이 연구에서는 회귀분석 결과를 바탕으로 결혼이주여성과 한국기혼여성의 차이를 각각의 요인변수를 중심으로 비교함으로써, 향후 결혼이주여성의 출산력 제고를 위한 함의를 도출한다. 이때 활용되는 방법은 통상의 독립표본 T-검증의 방법을 활용한다.

라휘문 외(2014b)

최재민(2012)은 "일반피부관리와 메디컬피부관리의 선택에 영향을 미치는 요인"이라는 논문에서 수식으로 분석모형을 제시하고 있다.

논문 제목 **일반피부관리와 메디컬피부관리의 선택에 영향을 미치는 요인**

이용만족도 영향요인 분석은 다중선형회귀분석 방법을 이용하여 측정하며, 이용자 집단만을 대상으로 하여 실증분석을 수행한다. 이 연구에서는 피부관리실을 이용하는 고객집단이 피부관리실의 이용만족도를 느끼는 데 유의미한 영향을 미치는 요인으로, 물리적 환경요인, 인적요인, 가격 등 성과요인의 세 가지 요인변수를 채용하였다. 그리고 다양한 응답자 개인 속성변수들을 채용하였다. 이때 각각의 요인변수를 채용한 것은 제2장에서 실시한 기존연구 분석결과를 이용한 것이다. 따라서 이 연구에서 실시하는 이용만족도 영향요인 분석에 활용할 분석모형은 다음과 같다.

$$Y_{(\text{이용만족도})} = \beta_0 + \beta_1 \text{물리적 환경요인} + \beta_2 \text{인적요인} + \beta_3 \text{가격 등 성과요인} + \beta_4 X_{(\text{개인 속성변수})} + \epsilon$$

이때 물리적 환경요인, 인적요인, 가격 등 성과요인들은 모두 추상적인 개념으로 이들을 측정하기 위한 다수의 세부지표들을 설문문항의 형태로 측정하였다. 따라서 실증분석을 하기에 앞서 요인분석과 신뢰도 분석을 실시하여 각각의 추상적인 개념들을 요인변수의 형태로 재측정 하여 실증분석을 수행하도록 한다.

최재민(2012)

살펴본 것처럼 분석의 틀을 어떻게 제시하여야 한다는 것은 정해져 있지는 않은 것으로 보인다. 다만, 가장 일반적인 방식은 그림을 활용하는 방식이다. 최근에는 수식을 활용하는 방식 역시 종종 사용되고 있다.

제3절

변수정의란 무엇인가?

1. 변수정의는 무엇인가?

변수정의는 변수와 정의의 복합어이기 때문에 변수와 정의가 무엇인지를 살펴본 후 이를 종합하는 방식을 통해 변수정의의 개념을 도출하고자 한다(변수+정의=변수정의).

1) 변수의 의미는 무엇이고 어떤 종류가 있는가?

(1) 변수의 의미는 무엇인가?

변수가 무엇인지에 대해서는 다수의 학자들이 연구방법론이라는 책을 통해 정의하고 있다. 이는 연구를 수행할 때 변수가 중요하다는 것을 의미하는 것이라고 볼 수 있을 것이다.

이준형(2006)에 의하면 “변수는 둘 또는 그 이상의 정도 또는 값을 가지고 있는 개념”이라고 하면서 “변수란 둘 또는 그 이상의 값을 가진 하나의 경험적인 성질을 가진 것”이라고 하였다. 또한 이해영(2005)은 “개념을 구체적이고 방법론적으로 정의한 것을 변수”라고 하였다. 필립스(Phillips, 1971)는 “두 가지 이상의 값이나 정도를 나타내는 개념”, 컬링거(Kerlinger, 1999)는 “숫자나 값이 부여된 일종의 기호”, 나흐미아스와 나흐미아스(Nachmias & Nachmias, 1999)는 “둘 또는 그 이상의 값을 갖는 경험적 속성”이라고 정의하였다. 그리고 남궁근(2016)은 “관심을 가지고 있는 대상의 경험적 속성을 나타내면서 그 속성에 계량적인 수치를 부여할 수 있는 개념 또는 경험적으로 측정 가능한 개념”이라고 하였다. 이때의 개념이란 관심대상의 속성을 추상화하여 이론세계에서 의미를 부여한 것이므로 그 자체를 직접 측정할 수는 없다. 변수는 관심대상의 속성을 나타낸다는 의미에서는 개념과 같으나 경험적 세계의 속성을 나타낸다는 점에서 개념과 구분된다.

결국 변수는 관찰현상의 속성을 두 가지 이상의 수 값으로 측정하거나 유형으로 구분할 수 있는 것을 의미한다고 할 수 있을 것이다.

(2) 변수에는 어떤 종류가 있는가?

변수는 일정한 기준에 의거하여 분류할 수 있을 것이다. 변수를 분류할 때 사용하는 기준을 보면 설명적 관계를 기준으로 분류하는 방법, 측정수준을 기준으로 분류하는 방법, 그리고 변수 값의 수를 기준으로 분류하는 방법 등이 있을 것이다.

① 설명적 관계를 기준으로 변수 분류

변수는 앞에서 살펴본 것처럼 일정한 기준에 의거하여 다양하게 분류할 수 있을 것이다. 먼저, 설명적 관계를 기준으로 변수를 분류하고자 한다. 설명적 관계를 기준으로 변수를 분류하면 독립변수, 종속변수, 매개변수, 조절변수, 통제변수 등이 있다.

독립변수는 어떤 변수에 영향을 주거나 어떤 변수를 설명하는 변수를 말한다. 종속변수는 어떤 변수에 의하여 영향을 받거나 어떤 변수에 의하여 설명되는 변수를 의미한다. 예를 들면, “지능지수가 높으면 성적이 좋을 것이다”라고 할 때 지능지수는 독립변수이고 성적은 종속변수이다.

표 5-1 독립변수와 종속변수

독립변수	종속변수
원인	결과
설명하는 것	설명되는 것
자극	반응

독립변수나 종속변수는 고정되어 있는 것이 아니라 변화한다. 예를 들면, “직무만족이 높으면 조직몰입 수준이 높아질 것이다”라고 하면 직무만족이 독립변수이

고 조직몰입이 종속변수이다. 그런데 "조직몰입도가 높으면 생산성이 높아질 것이다"라고 하면 조직몰입도가 독립변수가 되고 생산성이 종속된수가 된다. 즉, 조직몰입도는 어떤 연구에서는 독립변수가 되고, 어떤 변수에서는 종속변수가 된다는 것을 알 수 있을 것이다.

그리고 하나의 종속변수에 여러 개의 독립변수가 있을 수 있다. 예를 들면, 최재민(2016)이 수행한 "비합리적 소비성향이 피부관리실 선택행동에 미치는 영향"이라는 학위논문에서 독립변수는 베블런효과와 밴드왜건효과이고, 종속변수는 피부관리실 이용의향 등을 제시하고 있다. 하나의 종속변수에 두 개의 독립변수가 있는 것이다. 물론 최재민(2016)에서는 종속변수 역시 이용의향, 만족도, 충성도 등 다수를 활용하고 있다.

매개변수는 독립변수의 결과이자 종속변수의 원인이 되는 변수를 말한다. 예를 들면, "보수가 높으면 동기부여가 되고 동기부여가 되면 직무성과가 향상된다"에서 보수는 독립변수가 되고 동기부여는 매개변수, 그리고 직무성과는 종속변수가 된다. 즉, 보수는 동기부여의 독립변수이고 동기부여는 보수의 종속변수이다. 또한 동기부여는 직무성과의 독립변수이고 직무성과는 동기부여의 독립변수인 것이다.

그림 5-1 독립변수, 매개변수, 종속변수의 관계

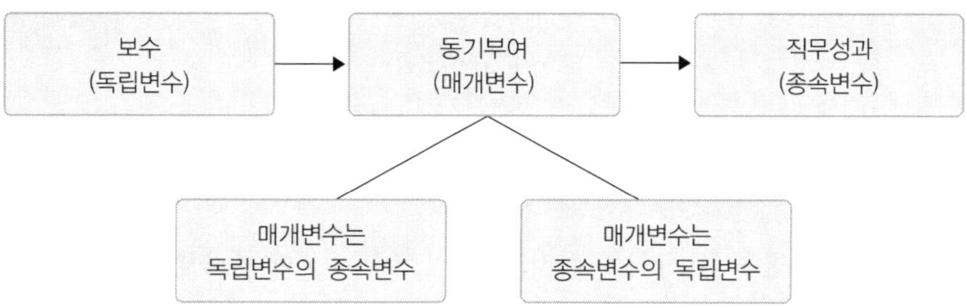

조절변수는 설명의 대상 범위를 달리함으로써 독립변수와 종속변수에 영향을 미치는 변수를 말한다. 예를 들면, "기술혁신이 수출에 영향을 미칠 것이다"라는 가설이 있다고 할 때 기술혁신이 있다고 하여 모든 산업에 긍정적인 영향을 미치

는 것은 아닐 것이다. 즉, 경공업은 기술혁신이 있다고 하여 수출에 긍정적인 영향을 미치지는 않을 것이나 중화학공업의 경우에는 기술혁신이 되면 수출에 긍정적인 영향을 미칠 수 있을 것이다. 결국 경공업인지 아니면 중화학공업인지에 따라 기술혁신이 수출에 영향을 미치는 정도는 달라질 수 있다는 것이다.

필자가 논문을 지도하거나 논문을 심사할 때 앞에서 살펴본 매개변수와 여기에서 살펴본 조절변수를 구분하지 못하는 경우를 종종 발견한다. 매개변수임에도 조절변수로 간주하거나 조절변수임에도 매개변수로 간주하고 있다는 것이다. 매개변수는 독립변수의 종속변수이고 종속변수의 독립변수이다. 그러나 조절변수는 이와 같은 관계가 성립되지 않는다. 매개변수와 조절변수의 구분이 어렵다면 'if-then'의 논리를 적용해볼 필요가 있다. 물론 반드시 그런 것은 아니나 대체적으로 'if-then'의 논리가 적용되면 매개변수라고 볼 수 있을 것이다. 매개변수와 조절변수는 분석방법에 차이를 보일 수 있기 때문에 분명히 구분하여야 할 것이다.

그림 5-2 독립변수, 조절변수, 종속변수의 관계

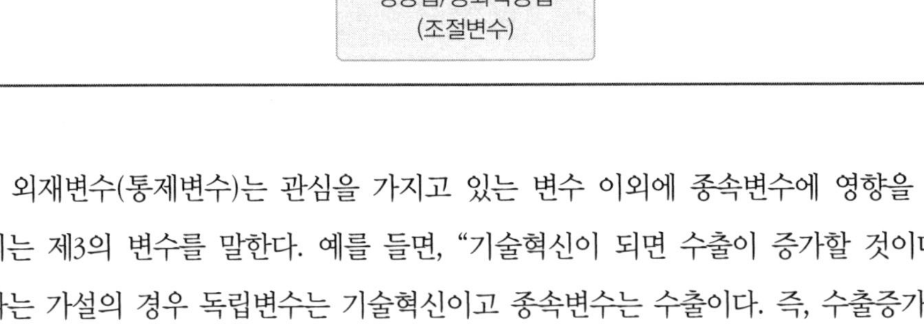

외재변수(통제변수)는 관심을 가지고 있는 변수 이외에 종속변수에 영향을 미치는 제3의 변수를 말한다. 예를 들면, "기술혁신이 되면 수출이 증가할 것이다"라는 가설의 경우 독립변수는 기술혁신이고 종속변수는 수출이다. 즉, 수출증가에 영향을 미치는 것은 기술혁신이라는 것이다. 그런데, 수출증가의 원인에는 기술혁신 이외에도 환율이나 수입국의 규제상태 등 다양한 것들이 있을 수 있다. 기술혁신이 수출증가로 연계되는지를 파악하려는 연구라고 한다면 종속변수인 수출증가

에 영향을 미치는 기술혁신 이외의 변수들은 통제하여야 할 것이다.

그림 5-3 독립변수, 종속변수, 외재변수의 관계

독립변수, 종속변수, 매개변수, 조절변수, 그리고 외재변수 간의 관계를 종합하면 [그림 5-4]와 같다.

그림 5-4 변수 간의 관계

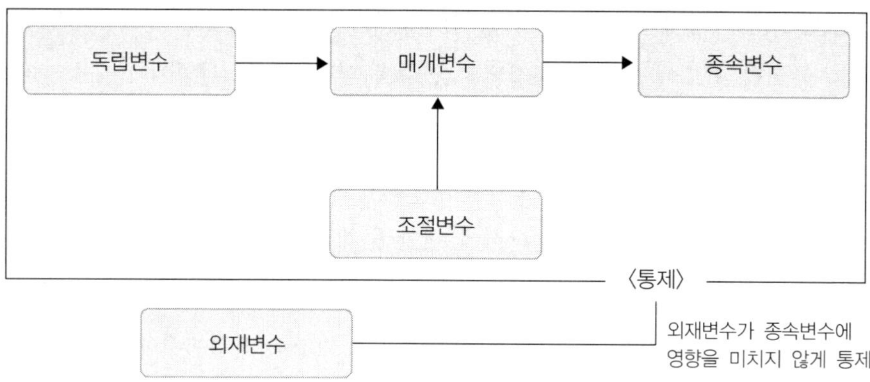

설명적 관계를 기준으로 변수를 분류하면서 변수 간의 관계를 [그림 5-4]로 표현하였다. 독자들이 보다 쉽게 이해할 수 있도록 하려는 목적도 있지만 또 하나의 목적은 분석의 틀을 그릴 때 유용한 참고자료가 될 수 있다는 판단 때문이다. 즉,

변수 간의 관계를 기준으로 분석의 틀을 그릴 때 참고할 수 있을 것이다.

② 측정수준을 기준으로 변수 분류

변수를 측정수준에 따라 분류하면 명목변수(nominal variable), 서열변수(ordinal variable), 등간변수(interval variable) 그리고 비율변수(ratio variable)로 구분할 수 있다. 명목변수는 관찰대상을 세부적 범주로 나누는 것이고, 서열변수는 관찰대상 간의 대소관계나 서열에 의하여 측정되는 변수, 등간변수는 서열뿐만 아니라 양적인 차이까지 나누는 것, 그리고 비율변수는 절대 0이 있는 경우를 의미한다.

좀 더 구체적으로 살펴보면 명목변수는 측정대상의 속성을 분류하거나 확인할 목적으로 수치를 부여한 척도에 의하여 측정되는 변수를 말한다(남궁근, 2016). 예를 들면, 기독교, 불교, 천주교와 같은 종교를 연구한다고 할 때 기독교에 1, 불교에 2, 천주교에 3을 부여하는 것을 말한다. 명목변수는 변수에 부여된 수치를 기준으로 더하거나 빼거나 곱하거나 나누기를 할 수 없다. 단지, 구분하기 위하여 부여된 수치라고 볼 수 있을 것이다.

서열변수는 측정대상을 그 속성에 따라서 서열이나 순위를 부여할 수 있도록 수치를 부여한 척도에 의하여 측정되는 변수를 말한다. 즉, 서열이나 대소관계의 구분이 가능한 변수를 말한다(남궁근, 2016). 예를 들면, 개방형 임용제도에 대해 적극적으로 찬성한다, 찬성한다, 반대한다, 적극적으로 반대한다에 응답하는 것을 말한다. 다만, 서열 간에 거리나 간격에 대한 구체적인 정보를 제공할 수는 없다.

등간변수는 측정대상을 속성에 따라서 서열화하는 것은 물론 서열 간의 간격이 동일하도록 수치를 부여하는 것을 말한다(남궁근, 2016). 서열변수에서 살펴본 특성인 크다, 작다에 대한 이야기를 할 수 있을 뿐만 아니라 얼마나 큰지 또는 얼마나 작은지를 이야기할 수 있는 것이다. 예를 들면, “2022년 4월 26일 11시 안양시의 온도는 22°C이고, 2022년 4월 27일 11시 안양시의 온도는 19°C이다. 따라서 안양시의 2022년 4월 27일 온도는 2022년 4월 26일보다 3°C 낮은 수준이다”라고 할 수 있다는 것이다. 즉, 명목변수, 서열변수와 달리 더하거나 또는 빼거나와 같은 작업을 할 수 있다는 것이다. 다만, 나누거나 곱하거나와 같은 작업을 할 수는 없다.

비율변수는 측정대상의 속성에 절대적인 영을 가진 척도에 의하여 측정되는 변수를 의미한다. 절대적인 영이 존재하기 때문에 더하거나 빼거나 곱하거나 나누거나 하는 작업이 가능하다. 예를 들면, 연봉 1억 원을 받는 사람은 연봉 2천만 원을 받는 사람보다 5배의 연봉을 더 받는다고 이야기할 수 있다.

표 5-2 측정수준을 기준으로 한 변수의 의미

구분	구분	서열	가감	승제
명목변수	○	×	×	×
서열변수	○	○	×	×
등간변수	○	○	○	×
비율변수	○	○	○	○

주: 가감은 더하거나 빼거나를 의미하고 승제는 곱하거나 나누거나를 의미함.

이론적으로 보면 통계분석패키지를 활용하여 회귀분석, 경로분석 등과 같은 분석을 실시하려면 비율변수 정도의 측정수준은 되어야 한다. 그러면 수없이 많은 논문들이 실제로 이 원칙을 지키고 있을까? 이에 대해 응답하라고 하면 필자는 일부의 논문은 이 원칙을 충족시키고 있지 못하고 있다고 답할 수밖에 없다. 특히, 질문지법(5점 척도, 7점 척도 등과 같은 척도 활용)을 통해 자료를 수집한 경우 이때의 응답치를 비율변수라고 간주할 수 있을까? 질문지법에 의해 수집된 자료의 대다수는 서열변수의 성격을 보유하고 있기 때문에 이론적으로는 회귀분석 등을 실시하지 않아야 할 것이다. 그럼에도 불구하고 각종 통계분석을 실시하고 있다. 연구자들은 서열변수의 속성을 가지고 있는 자료를 가지고 각종 통계분석을 실시하는 것이 이론적으로 어떤 문제가 있는지는 알고 분석을 실시할 필요가 있을 것이다.

③ 변수 값의 수를 기준으로 변수 분류

변수 값의 수를 기준으로 변수를 분류하면 연속변수(continuous variable)와 이산변수(discrete variable)로 구분된다. 연속변수는 연속성을 띤 것으로서 거의 무한대의 변수 값을 가질 수 있는 변수이다. 즉, 변수 값이 무한히 세분될 수 있는 변수이다. 이는 대체로 변수가 갖는 속성의 크기나 양에 따라 분류되는 것이다. 예를 들면, 취학률과 같은 변수가 있다. 취학률은 소수점 이하로 표시할 수 있기 때문에 거의 무한하다고 볼 수 있을 것이다.

반면, 이산변수는 변수 값이 일정한 수 이상으로 세분되지 않는 변수를 의미한다. 즉, 비연속적인 범주로 구성된 것으로서 대개 변수가 갖는 속성의 종류나 질에 따라 분류된다(최창현, 2017). 예를 들면, 교육수준과 같은 변수가 있다. 교육수준은 초등학교졸업, 중학교졸업, 고등학교졸업, 대학교졸업, 대학원졸업 등과 같이 일정한 수 이하의 형태를 가진다. 이산변수는 소수점 이하로 표시할 수 없고 정수로만 구성된다.

2) 정의의 의미는 무엇이고 어떤 종류가 있는가?

(1) 정의의 의미는 무엇인가?

학위논문을 작성하든 아니면 학술논문을 작성하든 위에서 살펴본 각 변수들을 경험적으로 검증하는 것은 쉽지 않은 것이 현실이다. 즉, '사랑'이라는 변수가 있다고 할 때 이를 경험적으로 검증하는 것은 쉽지 않다는 것이다. 이를 경험적으로 검증하기 위해서는 '사랑'이라는 개념적 세계를 경험적 세계로 끌고 내려와야 한다. 이러한 작업을 조작적 정의(operational definition)라고 한다. 이는 조작적 정의가 되지 않으면 더 이상 연구를 진행할 수 없다는 것을 의미한다. 이러한 점에서 정의를 한다는 것이 무엇인지를 파악하는 것은 연구에서 매우 중요한 작업이라고 볼 수 있을 것이다.

정의는 일반적으로 어떤 개념을 사용하여 다른 어떤 개념을 기술하는 것이라고 한다. 또는 일련의 용어를 사용하여 개념의 의미를 명확하게 하는 것, 또는 개념의 뜻을 결정하는 것으로서 개념이 가진 내포를 명확히 규정하여 모호성을 명확하게 하는 것을 말한다. 정의는 정의되는 것의 특성이나 성질을 분명하게 나타낼 수 있어야 하고, 정의되는 것의 특성을 모두 포함할 수 있어야 하며 순환성(동어반복성)을 가져서는 안 된다. 또한 정의는 가능하면 긍정적인 용어로 표현되어야 하고 분명하고 혼동이 없는 용어로 정의되어야 한다(이준형, 2006).

이러한 점을 고려하면 정의를 내리는 것은 쉽지 않다는 것을 알 수 있다. 그럼에도 불구하고 연구를 수행할 때에는 정의가 매우 중요하다.

(2) 정의에는 어떤 종류가 있는가?

정의는 기존에 발간되어 있는 각종 연구방법론 저서들을 종합하면 개념적 정의와 조작적 정의의 두 가지로 구분할 수 있다. 먼저, 개념적 정의는 하나의 개념을 정의하기 위하여 다른 개념을 사용하는 것이다(남궁근, 2016). 즉, 어떤 개념을 다른 유사한 개념을 갖는 정의로 나타내는 것인데, 이러한 정의를 하는 목적은 보다 간단한 다른 개념에 의해서 어떤 개념을 정의하고자 하는 것이다.

개념적 정의는 다시 관례(사전)적 정의와 약정적 정의로 구분할 수 있다. 여기에서 말하는 관례적 정의는 사전식의 정의를 말하는 것이고, 약정적 정의는 토론, 학문적 목적을 위하여 이미 사용되고 있는 용어에 새롭거나 제한적인 의미를 갖는 용어로 나타내는 것을 말한다. 예를 들면, 권력을 "다른 사람을 그 사람의 뜻에 반하더라도 복종시키거나 지배할 수 있는 힘"이라고 하는 것을 말한다. 즉, 다른 용어를 통하여 좀 더 명확하게 하는 것이라고 볼 수 있다.

조작적 정의는 추상적 구성개념이나 변수를 측정하는 데 필요한 활동이나 조작을 상세하게 기술함으로써 그것에 의미를 부여하는 방법이다(남궁근, 2016). 즉, 어떤 개념의 실제를 관찰하여 측정할 수 있도록 구체적인 지표를 사용하여 그 의미를 분명히 하는 것을 의미한다. 조작적 정의를 하여야 하는 이유는 경험적인 분석을 할 때 개념적인 세계를 직접적으로 측정하는 것이 불가능하기 때문일 것이다. 즉, 조작적 정의를 하는 이유는 경험적 연구를 가능할 수 있도록 하는 기능을 수행한다. 또한 조작적 정의는 연구자 상호 간에 이루어지는 원활한 의사소통과 정확한 의사소통에 필요하기 때문에 이루어질 필요가 있다. 이러한 점 때문에 조작적 정의는 연구를 수행할 때 매우 중요하게 다루어야 하는 부분일 것이다. 물론 조작적 정의는 본래의 개념이 갖는 속성을 전부 나타낼 수 없고, 동일한 추상적 심리적 용어를 조작적 정의로 바꿔 검증해 보았을 때 조작적 정의에 의한 검증의 결과의 상관관계가 낮게 나타나는 경우도 있을 수 있기 때문에 일정한 한계를 가진다고 보아야 할 것이다.

조작적 정의는 측정을 위한 조작적 정의와 실험을 위한 조작적 정의로 구분한다. 측정을 위한 조작적 정의는 변수를 어떻게 측정할 것인가를 결정한다. 실험을 위한 조작적 정의는 실험설계에서 연구자가 실험변수를 조작하는 세부내용을 기술하는 것이다(남궁근, 2016). 필자의 경험에 의하면 행정현상이나 정책현상을 연구하는 행정학이나 실험이 수반되지 않은 대다수의 학문 분야에서는 측정을 위한 조작적 정의를 하는 경우가 다수이다.

그림 5-5 개념과 조작적 정의

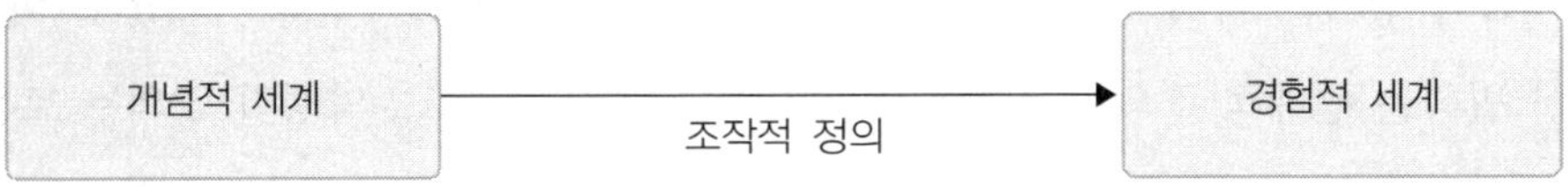

개념적 정의는 측정대상이 가지고 있는 속성에 대한 개념적·추상적 표현임에 반하여 조작적 정의는 그 속성에 대한 경험적·구체적 표현이라고 할 수 있다. 즉, 개념적 정의에 의하여 용어로서의 추상적 개념의 의미는 분명해지고, 조작적 정의를 통하여 그러한 개념을 경험세계에서 직접 측정할 수 있게 된다는 것이다.

3) 변수정의는 무엇인가?

이 책에서는 다양한 논의를 통하여 변수는 관찰현상의 속성을 두 가지 이상의 수 값으로 측정하거나 유형으로 구분할 수 있는 것이고, 정의는 어떤 개념을 사용하여 다른 어떤 개념을 기술하는 것이라고 하였다.

이를 종합하면, 변수정의는 관찰현상의 속성을 두 가지 이상의 수 값으로 측정하거나 유형으로 구분할 수 있는 것(변수)을 보다 구체적이고 명확하게 하려는 목적을 가지고 다른 용어를 사용하여 기술하는 것이라고 볼 수 있을 것이다.

변수정의에서는 독립변수, 종속변수, 매개변수, 조절변수, 통제변수 등이 제시되어야 하고, 각 변수에 대한 조작적 정의가 있어야 할 것이다. 즉, 일반적으로 학위논문이나 학술논문에서의 변수정의는 앞에서 살펴본 변수정의와 조작적 정의를 포함하는 개념이라고 보아야 할 것이다.

2. 변수정의는 논문에서 어떤 역할을 하여야 하는가?

변수정의는 연구하려고 하는 것을 분명하고 명확하게 보여주는 역할을 수행한다고 볼 수 있다. 이는 연구자의 관점과 독자의 관점으로 구분하여 살펴볼 수 있을 것이다.

연구자의 관점에서 보면 변수정의는 첫째, 일관적인 연구를 하는 데 도움을 줄 수 있을 것이다. 즉, 연구자가 연구하려고 하는 연구의 내용을 일관적으로 끌고 나가는 데 도움을 줄 수 있다는 것이다. 둘째, 연구자가 독자들과 의사소통을 할 때 유용하게 활용할 수 있을 것이다. 연구자가 수행하려고 하는 연구를 독자들에게 말로 설명하려고 하면 쉽지 않을 것이다. 그러나 변수정의에 제시되어 있는 각종 변수를 가지고 연구하려고 한다는 것을 보여줌으로써 연구의 내용을 독자들에게 잘 전달할 수 있을 것이다.

독자의 관점에서 보면 변수정의는 독립변수, 종속변수, 매개변수, 조절변수, 통제변수가 무엇인지를 명확하게 보여주고, 각 변수를 경험적으로 어떻게 측정할 것인지를 제시하고 있다는 점에서 독자들이 논문을 이해하는 데 도움을 줄 수 있을 것이다. 논문의 전체적인 틀은 연구모형이나 분석의 틀을 통하여 독자들이 이해할 수 있으나 연구의 세부적인 내용은 연구모형이나 분석의 틀이 아니라 변수정의를 통해 알 수 있을 것이다.

3. 변수정의에서는 어떤 내용을 다루어야 하는가?

연구자들은 연구를 수행하면서 변수정의가 마무리되면 상당부분의 연구가 진행되었다고 생각할 수 있다. 연구에 필요한 변수를 도출하고 조작적 정의를 통해 변수를 구체화한 다음 필요한 자료를 수집하여 앞에서 살펴본 분석의 틀에 의거하여 경험적인 분석을 실시한 후 결과를 해석하면 연구는 종료되기 때문이다.

일반적으로 변수정의에서는 두 가지의 내용을 다루고 있다. 살펴본 것처럼 하나는 변수를 제시하는 것이고 다른 하나는 각 변수에 대한 조작적 정의를 하는 것이다. 변수에서는 독립변수와 종속변수를 기본으로 하면서 필요할 경우 매개변수, 조절변수, 그리고 통제변수를 제시한다. 물론 매개변수와 조절변수는 연구의 성격에 따라 있는 경우도 있고 없는 경우도 있기 때문에 선택하면 될 것이다. 조작적 정의는 독립변수, 종속변수, 매개변수, 조절변수, 통제변수가 결정되면 각 변수별로 제시되어야 한다.

구체적인 사례를 보면 최재민(2017)은 "베블런효과와 밴드왜건효과가 미용실 선택에 미치는 영향"이라는 논문에서 변수정의를 하고 있다. 이 논문은 설문조사를 통하여 자료를 수집하여 분석하는 것이기 때문에 독립변수와 종속변수를 제시한 후 독립변수와 종속변수에 대한 설문문항을 구체적으로 도출하는 과정을 통하여 변수를 조작적으로 정의하고 있다. 그리고 라휘문 외(2010a)는 "여성의 사회적 지위와 청렴도 간 관계에 관한 연구"에서 여성의 사회적 지위라는 독립변수와 청렴도라는 종속변수를 제시한 후 독립변수와 종속변수에 대한 조작적 정의를 시도하고 있다.

논문 제목 **베블런효과와 밴드왜건효과가 미용실 선택에 미치는 영향**

제3장 연구설계
제2절 변수정의
1. 독립변수
2. 종속변수

최재민(2017)

논문 제목 **여성의 사회적 지위와 청렴도 간 관계에 관한 연구**

Ⅳ. 연구설계
2. 변수의 정의

라휘문 외(2010a)

4. 변수정의는 어떻게 기술하는 것이 좋은가?

연구설계는 일반적으로 분석의 틀, 변수정의, 그리고 자료수집 및 분석방법으로 구성되어 있다. 이러한 점을 고려하면 변수정의는 연구설계의 한 부분이라고 보아야 할 것이다. 그리고 변수정의는 변수와 조작적 정의로 구성된다. 변수에서는 독립변수, 종속변수, 매개변수, 조절변수, 통제변수를 제시하고 있고, 조작적 정의에서는 각 변수를 경험적으로 측정할 수 있도록 구체적으로 기술하고 있다. 어떤 방식으로 기술되어야 한다는 것은 정해져 있지는 않다.

라휘문 외(2010a)는 "여성의 사회적 지위와 청렴도 간 관계에 관한 연구"에서 다음과 같이 기술하고 있다. 먼저, 독립변수와 종속변수를 제시하고 그 다음에 각 변수별로 조작적 정의를 하고 있는 것이다. 예를 들면, "여성의 사회적 지위는 여성 국회의석비율, 여성 고위직비율, 여성 전문직비율, 남성대비 소득비율로 측정한다. 그리고 여성 국회의석비율은 2009년 2월 28일 현재 의석비율이며, 국회가 상・하 양원으로 구성된 경우 양원의 의석비율에 맞춰 가중평균하여 여성의석 수를 계산하였다"와 같이 기술하고 있는 것이다.

논문 제목 **여성의 사회적 지위와 청렴도 간 관계에 관한 연구**

본 연구는 청렴도 향상에 영향을 미치는 여성의 사회적 지위 향상를 파악하고자 하는 데 연구의 초점이 있다. 이와 같은 연구목적을 달성하기 위하여 앞에서 살펴본 것처럼 여성의 사회적 지위 향상을 여성 국회의석비율, 여성 고위직비율, 여성 전문직비율, 남성대비 소득비율 네 개로 세분화하였으며, 종속변수로 청렴도를 선정하였다.

먼저, 여성 국회의석비율은 2009년 2월 28일 현재 의석비율이며, 국회가 상・하 양원으로 구성된 경우 양원의 의석비율에 맞춰 가중평균하여 여성의석 수를 계산하였다. 여성 고위직비율과 여성 전문직비율, 남성대비 여성 소득비율 등은 1999년과 2007년 사이 통계자료를 국제직업표준분류(ISCO)에 맞춰 분류한 것이다. 특히, 남성대비 여성 소득비율은 여성 소득을 분자로 하고, 남성 소득을 분모로 하여 계산하였다. 그 외 통제변수로 국민총생산(Gross National Product)에서 해외로부터의 순소득을 뺀 값인 국내총생산(GDP)을 사용하였다.

본 논문에서의 청렴도는 공공기관 또는 그에 속한 공무원이 직무수행 과정에서 자신 또는 제3의 이익을 도모하지 않고 공정성을 유지하며 건전한 조직문화를 형성하는 것으로 정의하고, 국가별 청렴도를 측정하기 위해 국제투명성기구(Transparency International)에서 1995년부터 매년 발표하는 CPI(Corruption Perceptions Index)를 사용하였다. CPI는 부패 관련 문항 자료를 표준화하여 국가별로 지수화한 것으로 한 사회에 어느 정도가 부패문제가 심각한지 또한 부패문제가 개선되고 있는지를 보여준다. CPI는 10점을 만점으로 하여, 그 값이 10에 가까울수록 청렴도가 높다고 판단한다.

라휘문 외(2010a)

이미애(2014)는 "중앙정부의 재정정책이 지방재정에 미치는 영향에 관한 연구: 재정운용의 효율성과 재정 형평성 분석"이라는 박사학위논문에서 독립변수, 종속변수, 그리고 통제변수를 제시하고 있다. 독립변수는 지방재정 운용의 효율성과 재정 형평성에 영향을 미치는 정부의 재정정책이고 이를 세원이양 정책과 재정이전정책으로 구분하고 있다. 이미애(2014)는 독립변수에 대한 조작적 정의를 하고 있다. 또한 종속변수로 재정운용의 효율성 지수와 재정 형평성 지수를 활용하고 있다. 이미애(2014)는 각각의 종속변수에 대한 조작적 정의를 하고 있다. 마지막으로는 통제변수로 지방정부의 역량을 제시하고 있다. 그리고 지방정부의 역량은 자치단체장의 소속정당, 재정자립도, 소득수준 등을 활용하였다.

논문 제목 중앙정부의 재정정책이 지방재정에 미치는 영향에 관한 연구: 재정운용의 효율성과 재정 형평성 분석

1) 독립변수

본 연구에서 독립변수는 지방재정 운용의 효율성과 재정 형평성에 영향을 미치는 정부의 재정정책이다. 중앙과 지방정부 간 재정관계에 있어 재정정책은 이론적 배경을 통해 논의한 바와 같이 크게 두 가지로 구분된다. 재원 확충을 위해 정부의 기능에 따라 세원을 배분하고자 하는 세원이양 정책과 지역 간 경제력 및 재정력 격차를 해소하기 위해 상위정부와 하위정부 간의 재원을 배분하고자 하는 재정 이전정책으로 구분할 수 있다.

첫째, 세원이양 정책의 변수로는 머스그레이브(R. A. Musgrave)의 정부 기능에 따른 세원배분론에 따라 지방세원을 재산과세, 소득과세, 소비과세, 기타 과세로 구분하였다. 세원배분에 따라 재산과세는 취득세, 등록세(등록면허세), 자동차세, 재산세, 종합토지세, 도시계획세, 공동시설세, 자원시설세가 포함되며, 소득과세는 주민세, 지방소득세, 농지세(농업소득세), 사업소세, 소비과세는 도축세, 마권세, 담배소비세, 주행세, 레저세, 기타 과세는 지역개발세, 면허세, 지방교육세로 구분하고 있다.

둘째, 재정 이전정책의 변수로는 정부가 재정 이전을 통해 정부 간 재정관계 불균형 완화와 지방자치단체 재정지출 수준을 확대하는 정책으로 지방교부세와 국고보조금, 지방양여금을 변수로 선정하였다.

또한 지방세입액과 교부세액, 보조금액과 같은 연속변수의 경우 정규성을 확보하기 위해 제곱이나 자연로그 등을 활용하여 값을 조정한다. 본 연구에서도 각 세입액에 자연로그를 취하였다. 주행세, 지방소득세의 경우 정책 도입 전 세입액이 '0'인 경우에는 로그변환이 안 되므로 모든 자료에 '1'을 더한 후 자연로그를 취하였다. 변환된 값 '1'은 자연로그를 적용 시 '0'으로 변환되므로, 분석에 있어서는 의미를 왜곡하지 않는다.

–이하 논의는 생략 –

이미애(2014)

최재민(2016)은 “비합리적 소비성향이 피부관리실 선택행동에 미치는 영향”이라는 박사논문에서 독립변수와 종속변수를 제시하고 있다. 독립변수는 베블런효과와 밴드왜건효과이고 종속변수는 피부관리실 선택행동이다. 각 변수를 먼저 정의하였고, 각 변수별 조작적 정의를 하고 있다. 특히, 이 논문은 설문조사를 통하여 자료를 수집하는 것이기 때문에 변수에 대한 조작적 정의가 설문내용의 형태로 제시되고 있다.

논문 제목 비합리적 소비성향이 피부관리실 선택행동에 미치는 영향

제2절 변수정의

1. 독립변수

가. 베블런효과

베블런효과를 측정하기 위해서는 주요 요인에 대한 구성요소들을 도출하여야 한다. 선행연구를 보면 베블런효과는 과시적 소비성향을 통하여 측정할 수 있으며, 여기에는 개성추구지향, 브랜드지향(유명상표선호), 타인인정, 제품의 상징성, 외국제품 선호, 고가격지향, 유행추구지향 등 다양한 요소들이 존재한다.

그러나 타인인정이라는 요소는 남의 관심을 끄는 것과 관련되어 있다는 점에서 개성추구지향과 연계되어 있다고 볼 수 있으며, 제품의 상징성은 브랜드와 밀접하게 관련되어 있기 때문에 이 역시 유형화가 가능하다. 또한 외국제품선호 역시 브랜드와 밀접하게 관련되어 있을 뿐만 아니라 고가격지향과도 연계된다. 이와 같은 분류과정을 통해 선행연구에서 논의하고 있는 베블런효과에 대한 구성요소를 재분류하면 개성추구지향, 브랜드지향, 고가격지향, 유행추구지향 등 네 가지 주요 요인이 도출되어진다.

조은아・김미숙(2004), 박미정 외(2002), 박현주・박숙현(2014) 등의 연구에 의하면 개성추구지향은 독특성, 희소성, 신선함 등의 세부요소들을 의미한다. 즉, 남과는 차이가 있다는 것을 보이고 싶어하는 심리적인 성향을 가지고 있고, 따라서 나만 가지고 있는 스타일이면 더욱 선호한다는 것이다. 또한 브랜드지향은 유명 브랜드지향을 의미한다. 즉, 고가의 좋은 제품으로 알려진 것을 선호한다는 것이며, 결과적으로 비싼 가격을 선호한다는 것이다. 고가격지향은 본인이 그 정도의 가격을 지불할 수 있는 능력이 있다는 것을 과시할 수 있다는 점에서 가격이 높은 것을 선호한다는 것을 의미한다. 그리고 유행추구지향은 유행에 반응함으로써 과시하려는 성향을 의미한다.

피부관리 관련 베블런효과는 다음의 표와 같은 문항으로 측정할 수 있을 것이다.

〈피부관리에 대한 베블런효과 측정을 위한 설문문항〉

측정문항
a1. 피부관리상태에 따라 그 사람이 부유하게 보일 수 있다.
a2. 저가의 피부관리보다는 고가의 피부관리를 더 신뢰할 수 있다.
a3. 좋은 피부관리상태를 유지함으로써 남의 관심을 끄는 것을 즐기는 편이다.
a4. 피부상태가 남의 눈에 띄기를 희망한다.
a5. 많이 알려진 피부관리실일수록 더 믿을 수 있다.
a6. 한 번의 피부관리 서비스를 받더라도 유명한 피부관리숍에서 서비스를 받고 싶다.
a7. 맘에 들지만 값이 싸면 피부관리를 받기가 꺼려진다.
a8. 싼 가격에 피부관리를 받은 후 친구들이 가격을 물어보면 대답하기를 꺼린다.
a9. 내 형편에 비해 고급스럽고 비싼 피부관리서비스를 받은 경험이 있다.
a10. 유행하는 스타일이나 인기있는 방식의 피부관리를 받고 싶다.
a11. 새로운 스타일의 피부관리가 유행하면 곧바로 따라서 하는 편이다.
a12. 피부관리 관련 유행스타일을 알기 위하여 노력하는 편이다.

나. 밴드왜건효과 : 생략

2. 종속변수

연구에서 종속변수가 다양하다는 것은 분석을 복잡하게 한다는 단점이 존재할 수 있는 반면, 보다 폭넓게 분석할 수 있다는 장점 역시 존재한다. 이 연구의 종속변수로는 피부관리실 이용의향, 피부관리실 재방문의도, 이용만족도 및 고객충성도 등을 선정한다. 본 연구에서 선정한 종속변수는 피부관리실을 선택하는 연구에서 주로 사용하는 종속변수이다. 연구자별로 이용의향(박정희, 2010), 재방문의도(김세미 외, 2011), 이용만족도(이유현・배현숙, 2011) 및 고객충성도(김태희, 2012) 등 연구목적에 따라 다르게 사용하고 있다. 본 연구에서는 종합적으로 살펴보기 위하여 모든 변수를 종속변수로 선정하였다.

세부적으로 피부관리실의 이용의향은 피부관리실을 이용하고자 하는 생각을 가지고 있는가를 의미하며, 재방문의도는 현재 이용하고 있는 피부관리실을 재방문하고자 하는 의도를 가지고 있는지, 그 정도를 파악하고자 한다. 또한 이용에 따른 만족도는 현재 이용하고 있는 피부관리실에 대한 전반적인 만족정도를 의미한다. 그리고 고객충성도는 경쟁업체가 생길 경우 경쟁업체로 옮기고자 하는 정도와 다른 잠재고객에게 현재 이용하고자 하는 피부관리실을 추천하고자 하는 의도를 어느 정도 가지고 있는지를 파악하는 것이다.

종속변수는 다음의 표와 같은 문항을 고려할 수 있다.

〈피부관리실 이용행태 측정을 위한 설문문항〉

측정문항
c1. 피부관리를 위하여 전문 피부관리실을 이용하시겠습니까?
c2. 현재 이용하고 있는 피부관리실이 있다면 다시 방문하여 피부관리를 받으시겠습니까?
c3. 현재 이용하고 있는 피부관리실이 있다면 어느 정도 만족하십니까?
c3-1. 현재 이용하고 있는 피부관리실의 인적 서비스에 대하여 만족하십니까?
c3-2. 현재 이용하고 있는 피부관리실의 물적 서비스에 대하여 만족하십니까?
c3-3. 현재 이용하고 있는 피부관리실의 서비스 가격 등에 대하여 만족하십니까?
c4. 현재 이용하고 있는 피부관리실을 다른 사람에게 추천하시겠습니까?
c5. 경쟁업체가 생길경우 현 이용하고 있는 피부관리실을 계속 이용하시겠습니까?

최재민(2016)

필자의 경험에 의하면 변수설정은 다음과 같이 하는 것을 생각해볼 수 있을 것이다. 먼저, 독립변수, 종속변수, 매개변수, 조절변수, 통제변수 등을 제시한다. 이때의 변수들은 이론적 배경이나 선행연구검토를 통해 도출한다. 그리고 각 변수들을 경험적으로 분석하고자 할 때 실제로 활용할 수 있는 세부적인 지표를 설정하며 이 경우에도 선행연구 등 이론적인 검토를 통해 도출한다. 이와 같은 과정을 통하여 도출된 지표를 〈표 5-3〉과 같은 양식에 의거하여 정리할 수 있을 것이다.

예를 들면, 여성의 사회적 지위 향상이 청렴도에 미치는 영향에 관한 연구를 한다고 하자. 이때 독립변수는 여성의 사회적 지위이다. 독립변수명에 여성의 사회적 지위라고 기입하면 된다. 그 다음으로는 독립변수인 여성의 사회적 지위를 어떻게 측정할 것인지를 제시하는 것이 조작적 정의이다. 여성의 사회적 지위는 여성 국회의석비율, 여성 고위직비율, 여성 전문직비율, 남성대비 소득비율 등을 통해 파악할 수 있을 것이다. 따라서 조작적 정의 세부내용에 이와 같은 네 개를 제시하면 된다. 그 다음의 측정산식에는 구체적인 수식을 제시하는 것이다. 예를 들면, 여성 국회의석비율이라고 하면 {(여성 국회의원 수/전체 국회의원 수)×100}이라고 제시하는 것이다. 마지막으로, 변수도출 근거는 해당 변수와 조작적 정의의 세부내용을 어떤 근거에 의하여 도출한 것인지를 제시하면 된다. 라휘문 외

(2010a)의 연구에서 이와 같은 변수, 세부내용, 측정산식 등이 제시되어 있다면 라휘문 외(2010a)라고 기입하면 된다. 동일한 방식으로 여타 변수와 관련된 항목들을 채우면 될 것으로 보인다.

표 5-3 변수정의 관련 내용의 정리방법(예시)

변수		조작적 정의		변수도출 근거
변수유형	변수명	세부내용	측정산식	
독립변수	여성의 사회적 지위	여성 국회의석비율	{(여성 국회의원 수/전체 국회의원 수)×100}	라휘문 외 (2010a)
		여성 고위직비율		
		여성 전문직비율		
		남성대비 소득비율		
종속변수				
매개변수				
조절변수				
통제변수				

제 4 절 가설설정이란 무엇인가?

1. 가설설정은 무엇인가?

1) 가설의 의미는 무엇인가?

가설은 최창현(2017)에 의하면 "변수와 변수 간의 관계를 알아보기 위하여 만들어진 검증하기 이전의 잠정적인 진술이다. 즉, 둘 또는 그 이상의 변수가 어떠한 관계에 있는지를 추측해 보는 경험적으로 검증될 수 있는 진술 또는 명제"를 말한다. 또한 이준형(2006)은 가설을 "연구문제에 대한 잠정적인 답 또는 변수와 변수 간의 관계를 알아보기 위해서 실증 단계 이전에 행해진 잠정적인 언명 또는 진술"이라고 제시하고 있다. 박용치 외(2008)는 "연구문제와 해답 사이에 개재되어 검증에 의해 긍정 또는 부정하게 되어 있는 것"을 가설이라고 한다. 대체적으로 유사한 의미로 가설의 개념을 이야기하고 있다.

가설의 개념을 종합해보면 다음과 같이 정리할 수 있을 것이다. 첫째, 가설은 어떠한 문제에 대하여 그 타당성을 입증하기 위한 잠정적인 대답이다. 따라서 이 대답은 검증될 수도 있고, 반대로 반증될 수도 있다. 둘째, 어떤 변수의 상태나 변수들 간의 잠정적인 관계에 대한 검정 가능한 서술이다. 따라서 검정할 수 없는 가치판단을 수반하는 규범적 서술은 가설이라고 볼 수 없다. 셋째, 가설은 문제 정의와는 다르다. 문제 정의는 의문을 제기하는 것이고, 의문문의 형태로 작성되는 것이 일반적이며 직접 검증이 곤란하다. 예를 들면, "주거환경이 가족계획에 영향을 미치는가?"가 될 것이다. 반면, 가설은 잠정적인 대답이고, 평서문의 형태이며 검증이 가능하다. 예를 들면, "철도주변에 거주하는 가정일수록 자녀수가 많을 것이다"가 될 것이다.

표 5-4 문제 정의와 가설의 차이

문제 정의	가설
주로 의문을 제기하는 방식	잠정적인 대답으로 설계
의문문의 형태로 작성	평서문의 형태로 작성
직접 검증하기 곤란	직접 검증이 가능

2) 가설에는 어떤 종류가 있는가?

가설의 종류는 일정한 기준에 의거하여 분류할 수 있을 것이다. 변수의 수를 기준으로 분류하면 단일가설과 복합가설이 있고, 추상성의 정도를 기준으로 분류하면 이론가설과 작업가설로 구분할 수 있을 것이다. 물론 그 이외에도 다양한 기준에 의거하여 가설을 구분할 수 있으나 가장 일반적인 분류는 변수의 수와 추상성의 정도일 것이다.

먼저, 변수의 수를 기준으로 분류하는 방식이다. 여기에는 단일가설과 복합가설이 있다. 단일가설은 한 개나 두 개정도의 변수로 만들어진 가설을 의미하고, 복합가설은 세 개 이상의 변수를 갖는 것을 말한다(박용치 외, 2008). 단일가설은 식별가설과 연계되어 있다. 식별가설은 어떤 현상의 성질이나 양태를 묘사하는 것으로서 단일변수의 값을 부여하는 서술이다. 주로 '무엇(what)'에 대한 대답이다. 복합가설은 설명가설과 연계되어 있다. 설명가설은 둘 이상의 변수들 간의 관계를 통해 인과성이나 규칙성의 존재를 나타내는 가설을 말한다. 주로 '왜(why)'에 대한 대답이다.

다음으로는 추상성의 정도에 의한 분류이다. 이는 김현구의 미발간 강의자료집에 있는 내용이다. 김현구는 강의노트를 통하여 추상성의 정도에 의거하여 가설을 구분하고 있다. 여기에는 이론가설과 작업가설이 있다. 이론가설은 추상적이고 일반적인 개념을 사용하여 기술하는 것이다. 따라서 직접적으로 측정하는 것은 어렵다. 예를 들면, "사회적 밀착도가 약할수록 일탈행위가 많을 것이다"와 같은 가설이 될 것이다. 사회적 밀착도와 일탈행위를 어떻게 측정할지에 대한 조작적 정의가 있어야 하는 등 직접적인 측정이 쉽지는 않을 것이다. 작업가설은 구체적이고 측정 가능한 변수를 사용하여 기술한 가설을 의미한다. 예를 들면, "미혼자는 기혼자보다 자살률이 높을 것이다"와 같은 가설이 여기에 해당될 것이다. 미혼자와 기혼자, 그리고 자살률 등은 명확하기 때문에 직접적인 측정이 가능할 것이다.

2. 가설설정은 논문에서 어떤 역할을 하여야 하는가?

가설은 논문에서 몇 가지의 역할을 수행한다. 기존의 방법론 책에 가설의 기능에 대해 설명하고 있는데, 조금씩 차이가 있는 부분들이 있다. 이준형(2006)은 ① 자료에 대한 잠재적인 의미를 갖고, ② 새로운 연구문제를 발견하게 해주며, ③ 경험적인 검증절차를 시사하고, ④ 실험기술의 평가기준이 되며, ⑤ 관계된 지식을 통합해준다고 한다.

박용치 외(2008)는 가설의 기능을 ① 이론의 검증, ② 이론의 암시, ③ 사회현상의 기술, ④ 현실개선에의 응용으로 제시하고 있다. 첫째, 이론의 검증은 가설이 검증 가능한 형태로 표현한 이론의 진술이기 때문에 가설은 이론을 검증할 수 있도록 한다는 것이다. 둘째, 이론의 암시는 가설의 경우 어떤 현상을 설명할 수 있는 이론을 암시할 수 있다는 것이다. 셋째, 사회현상의 기술은 가설검증의 결과와 연계된다. 즉, 가설검증의 결과로써 정보의 양이 축적되면 사회현상이 왜 그런 방식으로 발생하였는지에 대한 해답을 제시하는 것이다. 넷째, 현실개선에의 응용은 어떤 가설을 검증한 결과로써 지역사회에서 사회정책이 형성될 수 있고, 교도소가 재설계되고 개조될 수 있다는 것이다.

가설의 기능에 대해 4~5개를 제시하고 있지만 종합하면, "① 현상에 대한 설명을 한다. ② 이론과 경험적 관찰에 교량적 역할을 한다. ③ 조사연구의 방향제시적 기능을 한다"고 요약할 수 있을 것이다.

3. 가설설정에서는 어떤 내용을 다루어야 하는가?

가설은 연역적인 과정, 귀납적인 과정, 개인적인 영감이나 상상력 등을 통해 도출할 수 있을 것이다. 연역적인 과정을 통하여 가설을 도출한다는 의미는 기존이론으로부터 논리적 추론을 통하여 가설을 도출하는 것을 의미한다. 귀납적인 과정을 통하여 가설을 도출한다는 것은 개인적 경험이나 관찰, 특수한 사례의 검토 등을 통해 가설을 도출한다는 것이다. 개인적인 영감이나 상상력은 연역적이거나 귀납적인 과정이 아니라 순전히 개인의 판단에 의하여 가설을 도출하는 것을 의미한다.

이러한 과정을 통하여 도출한 가설은 몇 가지의 요건을 충족하여야 한다. 이준형(2006)은 가설이 되려면 ① 개념적으로 명백하여야 하고, ② 경험적인 근거가 있어야 하며, ③ 추상적이어서는 안 되고, ④ 적용할 자료의 수집이나 분석방법과 적절한 관계를 가지고 있어야 하며, ⑤ 이론적인 근거에 입각해 있어야 한다고 한다.

먼저, 첫째, 개념적으로 명백하여야 한다는 의미는 가능하면 명백하게 개념이 정의되어야 하고, 누구에게나 쉽게 전달될 수 있도록 쉬운 용어로 작성되어야 한다는 것이다. 둘째, 경험적인 근거가 있어야 한다는 의미는 서술된 변수관계를 경험적으로 검증할 수 있어야 한다는 것이다. 셋째, 추상적이어서는 안 된다는 의미는 변수 간 관계와 방향 명확하게 특정화됨으로써 타인에 의한 반복적 연구가 가능해야 한다는 것이다. 넷째, 적용할 자료의 수집이나 분석방법과 적절한 관계를 가지고 있어야 한다는 것은 가설검증에 필요한 일체의 조사기술을 적절히 선택할 수 있어야 하고, 그것이 가지고 있는 약점과 강점을 정확하게 파악하고 있어야 하며 분석방법의 한계도 알고 있어야 한다는 것이다. 다섯째, 이론적인 근거에 입각해 있어야 한다는 의미는 가설의 경우 기존 이론에서 도출되어 구성되고 사실의 뒷받침을 받아 명제 또는 새로운 이론으로 발전될 수 있어야 한다는 것이다(박용치 외, 2008).

이를 종합하면, 내용상의 요건과 검증상의 요건으로 구분할 수 있을 것이다. 내용상의 요건을 보면 ① 이론적인 근거를 가져야 한다. ② 가설의 주장방향이나 적용되는 시간, 공간, 또는 분석 단위에 대해 분명하고 한정적으로 서술되어야 한다. ③ 변수들 간의 설명적 관계가 가능한 한 직접적이어야 한다. 예를 들면, "기술이 향상되면 생산성이 향상될 것이다"라고 기술하는 것은 바람직하다. 그 이유는 기술이 향상되는 것과 생산성이 증가하는 것은 직접적인 연계가 되어 있기 때문이다. 그러나 "기술이 향상되면 저축이 감소할 것이다"라고 기술하는 것은 바람직하지 않다. 기술이 향상되면 생산성이 증가하고 생산성이 증가하면 가격경쟁력이 올라가며 이것이 다시 수출을 증대시키게 되고, 이때 통화가 팽창하게 되며, 따라서 인플레이션이 일어나고 따라서 저축은 감소한다와 같이 긴 과정을 거쳐야 "기술이 향상되면 저축이 감소할 것이다"라는 가설에 도달할 수 있기 때문이다. ④ 가설은 당해문제의 해결과 직접 관계되는 내용이어야 한다.

다음으로는 검증상의 요건이고, 이는 다시 세 가지로 구분하여 제시할 수 있다. ① 개념이 명료하여야 한다는 것이다. 즉, 객관적 의미를 전달하는 용어를 사용하여야 한다. ② 개념의 측정이 가능해야 한다는 것이다. 즉, 조작적으로 정의되어 측정이 가능해야 한다. ③ 실현 가능하여야 한다는 것이다. 즉, 연구방법, 시간, 비용, 자료 등의 측면에서 실현가능성이 있어야 한다(김현구 미발간 강의노트).

4. 가설설정은 어떻게 기술하는 것이 좋은가?

가설의 설정과 관련해서는 두 가지의 논의가 필요할 것으로 보인다. 첫째는 가설의 기술방식에 대한 것이고, 둘째는 주된 가설과 종된 가설에 대한 논의가 될 것이다.

첫째인 가설의 기술방식은 통상적으로 두 가지가 활용되고 있다. 하나는 "___는 ______한다"와 같이 선언적으로 기술하는 방식이고, 다른 하나는 "_____면 ______할 것이다"와 같이 조건적 형식을 취하는 방식이다. 일반적으로는 조건적 형식을 취하고 있다.

논문 제목 여성의 사회적 지위와 청렴도 간 관계에 관한 연구

가설1: 여성 국회의석비율이 높아질수록 청렴도는 높아질 것이다.
가설2: 여성 고위직비율이 높아질수록 청렴도는 높아질 것이다.
가설3: 여성 전문직비율이 높아질수록 청렴도는 높아질 것이다.
가설4: 남성대비 소득비율이 높아질수록 청렴도는 높아질 것이다.

라휘문 외(2010a)

논문 제목 근무성적평정과정에서 나타나는 초과근무의 후광효과에 관한 경험적 연구

먼저, 앞의 이론적 검토에서 살펴본 것처럼 근무성적평정은 조직구성원의 근무성적을 평가하는 것이다. 기타 현재화되지 않은 개인적 능력이나 가치 등이 포함될 있으나 기본은 근무성적이다. 근무성적은 다양한 측면에서 볼 수 있지만 핵심은 업무처리에 있을 것이다. 이러한 점을 토대로 하면 업무처리와 근무성적평정 간에 일정한 관계가 형성될 것이다.

가설1: 업무처리실적이 증가 할수록 평가자의 평가결과는 좋을 것이다. 즉, 업무처리실적이 많아질 경우 근무성적평정점수가 높아질 것이다.

다음으로는 업무처리량이 많아질 경우 근무시간 내에 모든 업무를 처리하는 데 한계가 있을 것이다. 따라서 초과근무 등을 실시하게 된다. 초과근무를 실시하는 원인은 앞의 이론적 논의에서 살펴본 것처럼 개인적 성향이나 부적절한 업무분장(업무량포함), 업무특성, 신규업무 진입에 의한 업무미숙 등 다양하나 긍정적인 관점에서 볼 때 업무처리실적이 많기 때문일 것이다. 이와 같이 긍정적인 측면에서 초과근무의 원인을 제시한다면 초과근무시간이 많을 경우 업무처리량이 많아진다는 것을 의미하게 되고, 따라서 근무성적평정에 정(+)의 영향을 미쳐야 할 것이다.

가설2: 초과근무는 업무처리실적과 근무성적평정 간에 정(+)의 조절역할을 할 것이다.

가설3: 초과근무시간이 많아질수록 근무실적 평가결과는 좋아질 것이다.

가설4: 초과근무시간이 많아질수록 업무처리실적은 증가할 것이다.

라휘문 외(2010c)

논문 제목 환경변화에 따른 구성원 직무스트레스와 조직몰입 간 관계에 대한 LMX(leader-member exchange) 조절효과분석

본 연구의 목적을 충족시키기 위하여 몇 가지의 가설을 설정하였다.

먼저, 앞의 이론적 논의에서 살펴본 것처럼 과도한 직무스트레스는 조직몰입에 부정적인 영향을 미칠 것이다. 직무스트레스는 내·외부적 요인들에 의하여 발생한다. 이명박 정부에서 실시한 조직개편 역시 해당 부처 공무원들에게는 스트레스로 작용하였을 것이다. 결국 통합기관의 구성원이 비통합기관의 구성원에 비하여 높은 스트레스를 받았을 것으로 판단된다.

가설1: 통합기관의 구성원들이 가지는 직무스트레스는 비통합기관의 구성원이 가지는 직무스트레스보다 높을 것이다.

또한 구성원의 직무스트레스가 조직몰입에 미치는 영향은 어떤 다른 요인들에 의하여 조절될 수 있을 것이다. 특히, 본 연구에서 관심을 가지고 있는 리더십의 형태에 따라 달라질 수 있을 것이다. 즉, LMX의 질에 의하여 조절될 수 있을 것이다. 그리고 LMX에 의하여 조절되는 정도는 통합기관과 비통합기관 간 차이를 보일 수 있을 것이다. 그 이유는 통합조직의 직무스트레스 강도가 비통합조직의 직무스트레스 강도보다 크기 때문에 조직몰입에 미치는 영향 정도가 다를 것으로 보인다.

가설2: LMX의 질은 직무스트레스와 조직몰입 간 관계에서 정(+)의 조절역할을 수행할 것이다.

가설3: LMX의 조절효과는 통합기관과 비통합기관 간 차이를 보일 것이다.

라휘문 외(2010e)

둘째인 주된 가설과 종된 가설을 기술할 때에는 통상적으로 다음과 같은 방식을 활용할 수 있을 것이다.

논문 제목 비합리적 소비성향이 피부관리실 선택행동에 미치는 영향

본 연구는 피부관리를 받고 있는 사람들이 어떤 이유로 피부관리실을 선택하는지 또는 피부관리서비스를 받는지 등을 살펴보는 데 연구의 목적이 있다. 구체적으로는 피부관리실과 피부관리서비스를 선택하는 데 있어 비합리적 소비성향인 베블런효과 및 밴드왜건효과가 어떠한 영향을 미치는지를 분석 검증한다.

연구목적의 검증을 위해 선행연구를 토대로 연구의 가설을 설정하면 크게 네 개의 가설이 나타난다.

가설1(H1): 인구통계학적 속성(연령, 학력, 소득, 거주지역 등)은 피부관리선택에 영향을 미칠 것이다.

- 세부가설(SH1): 연령, 학력, 소득, 거주지역에 따라 베블런효과의 주요 요인, 밴드왜건효과의 주요 요인, 피부관리 선택의 주요 요인에 대한 집단 간 인식 차이가 나타날 것이다.

가설2(H2): 피부관리실의 이용유형(메디컬피부관리실, 일반피부관리실)은 피부관리선택에 영향을 미칠 것이다.

- 세부가설(SH2): 메디컬피부관리실, 일반피부관리실 등 이용하는 피부관리실 유형에 따라 베블런효과의 주요 요인, 밴드왜건효과의 주요 요인, 피부관리 선택의 주요 요인에 대한 집단 간 인식 차이가 나타날 것이다.

가설3(H3): 베블런효과는 피부관리 선택에 영향을 미칠 것이다.

- 세부가설(SH3): 개성추구지향, 브랜드지향, 고가격지향, 유행추구지향은 피부

관리 선택에 긍정적 영향을 미칠 것이다.

가설4(H4): 밴드왜건효과는 피부관리 선택에 영향을 미칠 것이다.
- 세부가설(SH4): 모방성향, 반응동조성향, 광고물건구입성향, 지인추천동조성향은 피부관리 선택에 긍정적 영향을 미칠 것이다.

최재민(2016)

제5절

자료수집방법이란 무엇인가?

1. 자료수집방법은 무엇인가?

1) 자료수집방법은 어떤 의미를 가지는가?

모든 연구자는 연구의 목적을 달성하기 위해서는 필요한 자료를 수집하여야 한다. 그런데 필요한 자료를 수집하는 것이 쉬운 일은 아니다. 아마도 연구의 과정에서 자료의 수집은 어렵기도 하지만 상당히 많은 시간이 소요되는 작업일 것이다. 그래서 대다수의 연구자들은 자료수집에 어려움을 느끼고 있다. 특히, 새로운 주제를 연구할 때, 질적인 연구를 할 때에는 더욱 어려움을 느낄 수 있을 것이다.

연구에 필요한 자료는 성격을 기준으로 할 때 1차 자료, 2차 자료, 그리고 3차 자료로 구분할 수 있을 것이다. 1차 자료는 연구를 수행하는 데 필요한 자료를 연구자가 직접 수집하는 자료이다. 1차 자료는 연구목적의 달성에 필요한 유용한 자료라는 점에서 의미를 가질 수 있으나 시간과 비용이 다수 소요된다는 단점을 가질 수 있다. 따라서 가능하면 2차 자료를 활용할 수 있도록 하고, 2차 자료가 없을 경우에 한하여 1차 자료를 수집하는 것이 바람직할 수 있을 것이다.

2차 자료는 이미 존재하고 있는 연구 자료를 말한다. 즉, 연구자가 연구목적을 달성하기 위하여 직접 수집한 자료를 제외한 기존의 자료를 말한다. 2차 자료는 자료를 수집하는 데 시간과 비용이 덜 든다는 점에서 유용할 수 있으나 연구의 목적과 직접적으로 연계되지 않을 수 있다는 단점을 가진다. 그럼에도 불구하고 시간상, 그리고 비용상의 여건을 고려하여 대다수의 연구자들은 2차 자료를 활용하고 있다.

3차 자료는 동일한 연구문제에 대해 연구한 기존의 연구 자료를 말한다. 주로 메타분석을 할 때 사용하는 자료를 말한다. 시간이 경과하면서 동일한 연구문제에 대한 연구결과들이 축적되고 있기 때문에 메타분석의 중요성이 커지고 있다. 3차 자료는 메타분석을 위한 자료를 말한다.

자료의 수집은 연구의 진행을 가능하게 할 수 있다는 점에서 중요하다. 즉, 아무리 좋은 연구주제라고 하더라도 필요한 자료를 수집할 수 없다면 연구를 진행할 수 없는 것이다.

자료의 수집방법은 몇 가지의 기준에 의거하여 선택하여야 한다. 첫째, 연구자에게 주어진 연구의 시간을 고려하여 자료수집방법을 선택하여야 한다. 충분한 시간이 주어져 있다면 1차 자료를 활용할 수 있으나 단기간에 연구가 종료되어야 할 경우 2차 자료를 활용하는 것이 바람직할 것이다. 둘째, 연구주제의 복잡성에 따라 자료수집방법을 결정하여야 할 것이다. 연구주제가 복잡할 경우 1차 자료를 수집하여 활용하는 것이 적절하고 단순하고 반복적인 연구일 경우에는 2차 자료를 활용할 수 있을 것이다. 2차 자료의 형태로 제시되어 있는 복잡한 연구주제에 맞는 자료는 없다고 보아야 할 것이다. 셋째, 모집단의 크기와 공간적인 분석의 정도를 고려하여 자료의 수집방법을 결정하여야 한다. 예를 들면, 모집단이 크면 1차 자료보다는 2차 자료를 활용하는 것이 바람직할 것이다. 또한 모집단의 분산 정도가 크면 2차 자료를 활용하는 것이 1차 자료를 활용하는 것보다 유용할 것이다(이준형, 2006).

2) 자료를 수집하려는 이유는 무엇인가?

질문서, 실험, 관찰, 그리고 문헌연구 등 자료를 수집하는 방법은 다양한데, 이와 같이 다양한 방법들을 이용하여 자료를 수집하는 이유는 무엇인지 궁금해진다. 다양한 응답이 가능하겠으나 우선적으로 생각할 수 있는 것은 인과관계를 추론하기 위해서라고 볼 수 있을 것이다. 즉, 자료의 수집을 통하여 각종 분석을 거쳐 인과관계를 규명하려는 것이다.

그러면 인과관계는 무엇인가? 인과관계는 가장 쉽게 말하면 원인과 결과의 관계이다. 이를 좀 더 복잡하게 이야기하면 "가설을 구성하고 있는 변수 간의 관계를 원인과 결과의 관계로 결정하는 것"이다(이해영, 2005).

이때의 원인은 어떤 현상을 일으키거나 변화시키는 요인 또는 어떤 현상이 일어나기 위해 반드시 존재하여야 하는 선행요인을 의미한다(남궁근, 2016). 즉, 일정한 효과나 결과를 발생시키는 본원적인 힘이나 계기 또는 논리적 필연성을 말한다. 구체적으로는 결과를 발생시키는 힘, 조작하는 요인, 그리고 결정하는 요인이라고 볼 수 있을 것이다. 결과는 원인에 의한 필연적으로 나타나는 현상이다.

따라서 인과관계는 한 변수가 다른 변수에 일방적으로 원인적인 영향을 미침으로써 분명한 독립·종속의 관계가 성립하는 경우를 말하는 것이라고 할 수 있을 것이다. 즉, 원인과 결과 간의 관계를 밝혀서 그 결과로 발생하는 현상을 설명하는 것이다(남궁근, 2016).

이와 같은 인과관계는 흔히 이야기하는 상관관계와는 차이가 있다. 상관관계를 이야기할 때에는 독립변수와 종속변수라는 구분이 없다. 단지, 변수 간의 관계만을 이야기하는 것이다. 즉, 어떤 변수가 어떤 변수에게 영향을 주었다는 것과 같은 이야기를 할 수 없다. 두 변수 간에 관계가 '있다' 또는 '없다'라는 이야기만 할 수 있는 것이다.

앞에서 살펴본 것처럼 다양한 방식에 의하여 자료를 수집하여야 하는 이유가 인과성을 추론하는 데 있다고 한다면 이때의 기준은 무엇인지를 살펴볼 필요가 있다. 즉, 인과성추론의 기준을 논의해볼 필요가 있다는 것이다. 인과성추론의 기준에 대해서는 다수의 학자들이 시간적 선후관계, 공동변화와 연관성, 비허위적 관계(남궁근 2016; 이해영, 2005)라고 제시하고 있다. 김현구는 미발간 강의노트를 통해 인과성추론의 기준으로 네 가지를 이야기하고 있다. 첫째, 인과성이 입증되려면 우선적으로 두 변수 간에 상관관계가 존재한다는 것을 밝혀야 한다. 즉, 공관계가 아니라는 것을 입증하여야 한다. 이를 위해서는 상관관계분석을 하여야 한다. 인과관계를 파악하는 회귀분석을 실시하기 전에 상관관계분석을 먼저 실시하는 이유가 여기에 있는 것이다. 둘째, 두 변수 간에 존재하는 상관관계가 다른 변수의 영향에 의하여 발생하지 않았다는 것, 즉 비허위적 관계가 아니라는 것을 입증하여야 한다. 이를 위하여 무작위배정, 매칭, 회귀분석, 동일한 조건의 부여 등 다양한 방식을 활용하고 있는 것이다. 셋째, 인과관계는 원인과 결과의 관계이기 때문에 시간적으로는 원인이 결과보다 먼저 발생하여야 한다. 즉, 원인이 되는 변수가 결과로 나타나는 변수보다 먼저 발생하여야 한다는 것이다. 이러한 현상을 입증하기 위하여 논리적 추론, 관찰, 이론 등의 방식을 활용하고 있다. 넷째, 두 변수 간의 관계가 이론이나 논리적 추론에 의할 때 정당하고, 설득력이 있으며, 타당하다고 할 수 있어야 할 것이다. 남궁근(2016)과 이해영(2005)이 제시한 세 가지의 인과성추론기준과 차이가 있는 것으로 보이지만 내용을 보면 거의 유사하다고 볼 수 있을 것이다. 즉, 남궁근(2016)과 이해영(2005)이 제시한 세 가지 인과성 추론의 기준과 김현구가 제시한 네 가지의 인과성추론의 기준은 차이가 있는 것처럼 보이는데, 이는 두 변수 간에 상관관계가 존재하여야 한다는 인과성추론의 기준 때문이다. 남궁근(2016)과 이해영(2005)은 비허위적 관계를 설명하면서 이와 관련된 내용의 일부를 다루고 있고, 김현구는 이를 분리하여 설명하여서 발생한 현상으로 보인다. 따라서 거의 유사하다고 볼 수 있을 것이다.

원인과 결과의 인과관계가 항상 완벽하게 진행되기란 현실적으로 불가능하다. 이와 같은 불가능한 현실을 실제로 검증하려고 하는 것도 불가능하며 또한 무의미할 수 있다. 따라서 사회과학 등과 같은 학문 분야에서는 인과관계가 확률적으로 어느 정도인가를 검증하여 원인변수와 결과변수와의 관계를 설명할 뿐이다. 또한 인과관계도 원인인 독립변수와 결과인 종속변수와의 복잡하고 동태적 현실을 단지 시간적으로 구분하여 그때의 관계만을 설명할 수 있을 뿐이다. 따라서 이러한 제약에서도 원인이 때로는 부분적이거나 또는 한정적으로 결과를 발생시킬 수 있다. 그래서 이것을 정확하게 구분하고 설명할 수 있어야 성공적으로 인과관계를 설명할 수 있을 것이다(이해영, 2005).

필자의 경험을 토대로 하면 연구경험이 충분하지 않았던 젊은 시절에는 변수 간의 인과관계를 규명하기 위하여 복잡하고 세련된 분석방법을 통해 다양한 분석을 하려고 시도하였다. 그러나 그 이전에 시행하여야 할 인과성추론의 기준을 충족시키기 위한 노력은 충분하지는 않았다는 생각이 든다. 특히, 두 변수 간의 관계가 이론적으로, 그리고 논리적으로 정당한 관계라는 것을 제시하여야 하는데, 이를 충족시키기 위한 노력은 부족하였다. 이러한 점에 주의할 필요가 있을 것이다.

인과관계를 입증하는 방법은 매우 다양하다. 첫째, 공통적인 조건의 존재 여부를 기준으로 입증하는 방법이다. 예를 들면, 길동, 철수, 영희가 함께 있는 상황에서 A라는 현상이 발생하였고, 영자, 순자, 영희가 함께 있는 상황에서 A라는 현상을 발생하였다면 A라는 현상의 원인은 상황1과 상황2에 공통으로 포함되어 있는 영희라고 본다는 것이다.

둘째, 유사한 상황에 대해 다른 방식으로도 입증할 수 있다. 예를 들면, 길동, 철수, 영희가 함께 있는 상황에서는 A라는 현상이 발생하였으나 영자, 순자가 함께 있는 상황에서는 A라는 현상이 발생하지 않았다면 A라는 현상의 원인은 영희라고 본다는 것이다.

셋째, 두 개의 현상이 있는데, 하나의 현상이 변화할 때마다 다른 현상도 일정한 방향으로 변화하면 인과관계가 있다고 하는 것이다. 예를 들면, ① 갑, 을, 병 → 길동, 철수, 영희, ② 갑+을병 → 길동+철수, 영희, ③ 갑－을병 → 길동－철수, 영희라고 하면 갑은 길동이라고 할 수 있다는 것이다.

넷째, '갑을병 → 길동, 철수, 영희'에서 을은 철수이고 병은 영희라고 한다면 갑은 길동이라고 할 수 있다는 것이다.

2. 자료수집방법은 논문에서 어떤 역할을 하여야 하는가?

자료를 수집하는 방법은 다양할 것이다. 정부 등에서 운영하고 있는 KOSIS 국가통계포털(https://kosis.kr), 지방재정 365(https://lofin.mois.go.kr) 등과 같은 통계사이트를 방문하여 이미 만들어져 있는 자료를 수집할 수도 있고, 설문조사, 관찰, 실험 등을 통해 연구자가 직접 자료를 생산할 수도 있을 것이다. 자료를 수집할 때에는 모집단 전체의 자료를 수집할 것인지 아니면 표본추출방식을 통하여 표본에 대한 자료를 수집할 것인지, 만약 표본을 추출한다면 확률적 표본추출방식을 활용할 것인지 아니면 비확률적 표본추출방식을 활용할 것인지 등 다양한 논의가 필요할 것이다.

학위논문이나 학술논문을 작성하면서 자료의 수집방법을 기술하는 것은 몇 가지의 역할이 있기 때문일 것이다. 첫째, 독자들에게 연구자가 필요한 자료를 직접 생산한 것인지 아니면 기존의 자료를 활용한 것인지에 대한 정보를 제공하는 역할을 한다. 연구자의 자료수집방법을 통해 독자들은 연구에 대한 이해도를 높일 수 있을 것이다.

둘째, 자료의 수집방법을 통해 연구결과의 일반화 가능성을 확인할 수 있을 것이다. 연구자가 연구목적에 필요한 자료를 설문조사를 통해 직접 생산하였다고 가정하자. 이때 표본을 비확률적 표본추출방식에 의해 추출하였다면 연구결과를 일반화하는 데 어려움이 있을 것이다. 반면, 확률적 표본추출방식을 통해 추출하였다면 연구결과의 일반화가 가능하다고 볼 수 있을 것이다.

셋째, 유사연구를 수행하려고 하는 연구자에게 해당 자료의 출처 등에 대한 정보를 제공하는 역할을 할 것이다. 즉, 연구에 필요한 자료를 어디에서 구할 수 있었는지에 대한 정보를 제공함으로써 유사연구를 수행하는 연구자가 해당 자료에 쉽게 접근할 수 있도록 하는 역할을 수행한다.

3. 자료수집방법에는 어떤 것들이 있는가?

자료의 수집방법에서는 수집하여야 할 자료목록, 자료를 수집할 수 있는 방법 등을 구체적으로 제시하여야 한다. 이를 위해서는 자료의 수집방법에는 무엇이 있는지를 파악할 필요가 있다. 자료를 수집하는 방법에는 1차 자료를 수집하는 방법과 2차 자료를 수집하는 방법으로 구분할 수 있을 것이다. 1차 자료를 수집하는 방법에는 설문, 실험, 관찰 등이 있고, 2차 자료를 수집하는 방법에는 문헌조사 등이 있다.

1) 질문서를 통한 자료수집방법이란 무엇인가?

(1) 서베이란 무엇인가?

질문서를 통한 자료수집방법에 대한 설명을 하기 전에 먼저 서베이에 대한 논의가 필요하다. 그 이유는 질문서를 통한 자료수집방법과 직접적으로 관련되어 있기 때문이다.

서베이는 모집단을 대표할 수 있는 일부의 표본을 대상으로 표준화된 정보를 수집하는 방법이다(McGaw & Watson, 1976). 이때의 모집단은 모든 요소의 총체로서 연구자가 표본을 통해 발견한 사실들을 토대로 하여 일반화하고자 하는 궁극적인 대상을 의미한다. 즉, 연구의 대상이 되는 집단으로서 연구자가 전수조사를 통하여 직접 자료를 수집하거나 표본조사에 의한 통계적 추정에 의하여 자료를 획득하려는 대상집단을 말한다. 연구자가 궁극적으로 연구결과를 일반화시키려는 대상이다(남궁근, 2016). 또한 표본은 어떤 대상의 전체를 대표하도록 그로부터 선택해 낸 부분을 일컬으며 그 과정을 표본추출이라 한다. 예를 들면, 대통령선거에서의 투표행태를 연구한다고 하면 모집단은 총유권자가 되는 것이고, 표본은 추출과정을 통하여 실제 조사대상으로 선정된 사람이 되는 것이다.

서베이는 많은 장점을 가지고 있을 뿐만 아니라 단점도 보유하고 있다. 멕가우와 왓슨(McGaw & Watson, 1976)이 제시한 장점을 보면 첫째, 매우 많은 사람들에 대한 많은 양의 정보를 수집할 수 있다. 둘째, 서베이를 통해 얻은 정보는 표본오차의 범위 내에서는 정확하다고 볼 수 있다. 그리고 단점을 보면 첫째, 서베이를 통한 자료의 수집은 시간과 비용에 따라 달라질 수 있다. 즉, 많은 사람들을 대상으로 정보를 수집하고자 한다면 많은 시간과 비용이 필요하다는 것이다. 둘째, 응답자는 설문조사의 목적에 맞게 응답할 가능성도 있다는 것이다. 즉, 응답자로부터 객관적이고 정확한 대답을 듣는 것에 한계가 있다는 것이다. 셋째, 서베이는 많은 지식이 필요한 복잡한 자료수집방법이다.

또한 최창현(2017)에 의하면 서베이는 비교적 많은 사람들을 대상으로 하여 많은 양의 자료를 동시에 수집할 수 있으며, 자료수집방법이 체계적이고 객관성이 높다는 장점을 지닌다. 무엇보다도 규모가 큰 인구집단을 대상으로 자료를 얻고자 한다면 전수조사에 들어가는 조사비용과 시간을 생각할 때 별다른 방도 없이 서베이에 의거하지 않을 수 없다. 서베이는 대표성만 확보된다면 많은 사람들에 대하여 많은 분량의 자료를 얻는 방법으로서 가장 효율적이고 적합하다. 그리고 표본이 적절하게 잘 선정되면 표본조사의 결과를 모집단에 대하여 일반화시킬 수 있는 가능성은 높다.

오늘날 실시되고 있는 대다수의 조사는 전수조사가 아니라 표본조사라고 보아야 할 것이다. 컴퓨터의 보급과 함께 전국적 규모의 조사가 가능하게 된 바 전국을 대상으로 표본조사를 실시하는 것이다. 연구자들은 모집단을 대상으로 연구하고자 하나 전수조사가 불가능하기 때문에 표본조사를 할 수밖에 없을 것이다(최창현, 2017).

이러한 이유 때문에 현재 서베이는 사회과학 분야에서 가장 유행하고 있는 자료수집방법으로 자리매김하였다. 서베이는 일반적으로 정치적 이슈나 후보자에 대한 국민들의 견해를 확인하는 데 사용되고 있기도 하다. 또한 기업의 경우에는 새로 만든 물건에 대한 소비자들의 선호를 파악하는 데 활용되기도 한다. 그런데 연구자들이 서베이를 통해 자료를 수집하려는 이유가 무엇인지 궁금해진다. 아마도 다음과 같은 세 가지의 이유 때문일 것이다. 첫째, 우리가 필요로 하는 정보를 가지고 있는 사람들이 너무 많고 분산되어 있어서 그들을 직접 접촉할 수 없기 때문이다. 둘째, 모집단이 너무 커서 많은 비용과 시간이 소요되고 또한 오류의 가능성이 있기 때문이다. 셋째, 서베이를 통하여 얻은 연구결과를 더 큰 모집단에 적용할 수 있기 때문이다(McGaw & Watson, 1976).

(2) 표본의 추출방법에는 어떤 것들이 있는가?

표본의 추출방법이란 모집단에서 표본을 추출하는 것을 말한다. 표본의 추출방법에는 확률표본추출방법과 비확률표본추출방법이 있다. 확률표본추출방법과 비확률표본추출방법을 구분하는 기준은 모든 요소의 추출확률을 파악할 수 있는가의 여부이다. 확률표본추출은 모집단에 대한 통계적 추론을 가능하게 할 수 있으나 비확률표본추출은 추출된 표본으로부터 도출된 결론사실을 일반화할 수 있는 가능성이 현저하게 제약된다.

가) 확률적 표본추출방법에는 무엇이 있는가?

① 단순무작위표본추출(simple random sampling)

단순무작위표본추출방법은 모집단의 모든 요소가 동등한 추출기회를 가지며, 어떤 요소의 추출이 계속되는 다른 요소의 추출기회에 아무런 영향을 미치지 않는 방식을 말한다. 즉, 모든 사례를 포함하고 있는 표본추출리스트를 작성한 다음 무작위 과정을 통하여 표본을 추출하는 것이다(남궁근, 2016). 즉, 크기가 N인 모집단으로부터 크기 n인 표본을 균등한 확률로써 추출하는 것을 말한다. 단순무작위표본추출방법으로 일반적으로 사용되고 있는 방식은 난수표, 주머니 속의 공 뽑기 등이다.

단순무작위표본추출방법은 확률적 표본추출방식이다. 즉, 모집단의 모든 요소가 동일하고 또 독립적인 추출기회를 가지고 있기 때문에 이론적으로는 추출된 표본이 모집단을 잘 대표한다고 볼 수 있을 것이다. 또한 모집단에 대한 다수의 사전지식이 필요하지는 않으며, 확률표본추출방법 중 가장 적용하기가 용이할 뿐만 아니라 다른 확률표출방법과 결합하여 사용할 수 있다는 장점을 가진다. 그러나 동일한 크기의 표본을 가정하면 단순무작위표본추출방법이 층화표본추출방식보다 표본오차가 더 크고, 모집단을 구성하는 요소별 차이가 너무 클 경우 수가 적은 요소는 표본으로 추출될 가능성이 높지 않다는 문제점이 있다.

단순무작위표본추출방법에는 복원추출방식과 비복원추출방식의 두 가지가 있다. 복원추출방식은 무작위로 표본추출을 한 다음 추출된 요소를 모집단에 다시 포함한 후 연속적으로 표본을 추출하는 방식이다 즉, 한 번 표본으로 뽑힌 요소를 다시 모집단으로 되돌려 보내서 원상으로 복원시켜 놓고 다시 추출하는 방식이다. 비복원추출방식은 표본추출을 한 다음 추출된 요소를 포함하지 않은 채 표본을 추출하는 방식을 말한다. 즉, 한 번 뽑히면 다시 모집단으로 돌려 보내지 않는 방법이다(남궁근, 2016).

② 체계적 표본추출(systematic sampling)

체계적 표본추출방법은 계통적 표본추출이라고도 한다. 이 방법은 모집단의 요소를 펼쳐 놓은 상태에서 매 k번째를 표본으로 추출하는 방법이다. 즉, 일련번호가 부여된 모집단의 각 대상에 대하여 임의의 난수로부터 k번째 대상을 첫 번째 표본으로 추출하고 두 번째 이후의 표본은 일정한 간격만큼 증가시키면서 표본으로 선택하는 방법이다(최창현, 2017).

만약 연구자가 조사대상자로 50,000개의 요소를 가지고 있고, 이 중에서 500개의 표본을 추출하고자 한다면 매 100번째에 해당되는 요소를 표본으로 추출하는 방법이다. 가능하면 편견이 개입되지 않도록 첫 번째 k만은 무작위로 뽑는 것이 바람직하다.

체계적 표본추출방법은 모집단을 구성하고 있는 각 요소의 수가 수없이 많을 것을 요구하지 않고, 비전문가라도 손쉽게 표본을 추출할 수 있으며, 보통 모집단 전체에 걸쳐 보다 공평하게 표본이 추출되므로 모집단을 보다 더 잘 대표할 가능성이 존재한다는 장점을 가진다. 그러나 체계적 표본추출방법은 모집단의 배열이 일정한 주기성과 특정 경향성을 보일 경우 편견이 개입되어 대표성이 문제가 발생할 수 있다는 단점을 가질 수 있다.

③ **층화표본추출**(stratified sampling)

층화표본추출방법은 모집단을 보다 동질적인 몇 개의 층으로 나누고(이때 각 층은 이질적), 각층으로부터 단순무작위표출을 하는 방법이다. 즉, 모집단이 서로 상이한 성격으로 구성된 경우에 유사한 성격끼리 묶은 여러 개의 부분집단으로 나눈 층을 만들어서 각층으로부터 단순무작위추출방법에 의하여 표본을 추출하는 방법을 말한다(최창현, 2017). 보다 쉽게는 모집단을 일정한 기준에 따라 두 개 이상의 동질적인 계층으로 구분하고 각 계층별로 단순무작위표본추출방법을 적용하여 표본을 추출하는 것이다(남궁근, 2016).

이 방법은 모집단의 모수를 추정하는 데 있어 일정한 정확성을 보다 적은 비용으로 확보할 수 있다는 데 그 의의가 있다. 이것은 동질적인 모집단일수록 이질적인 모집단보다 표본오차가 적다는 논리에 근거한다.

층화표본추출방법은 중요한 집단을 모두 표본에 포함시킬 수 있고, 표본의 수를 줄이더라도 정확을 기할 수 있으며, 단순무작위표본추출방법보다 지역적으로 더 좁은 지역에 조사를 집중시킬 수 있으므로, 시간, 노력, 경비가 절약된다는 장점을 가진다. 반면, 층을 구분할 때 모집단에 대한 충분한 지식이 있어야 하고, 모집단을 층으로 구분한 후에는 원형으로 복구하기가 힘들다는 단점이 있다.

층화표본추출방법을 활용할 때에는 하나의 층 내에는 동질적이어야 하고 층간에는 이질적이어야 하며, 가능하면 각층의 크기는 균등하게 하는 것이 바람직하다(최창현, 2017).

층화표본추출방법에는 비례층화표본추출방식과 비비례층화표본추출방식이 있다. 비례층화표본추출방식은 모집단에서 각층이 점하는 비례에 따라 각층의 크기를 할당하여 추출하는 방법을 말한다. 비비례층화표본추출방식은 각층에서 각층의 크기와 상관없이 같은 수의 표본을 추출하는 방법이다. 예를 들면, 모집단이 400명이고, 남성이 90%이고 여성이 10%로 구성되어 있다고 하자. 비례층화표본추출방식은 표본에 남성 90%와 여성 10%가 포함될 수 있도록 구성하는 것이고, 비비례층화표본추출방식은 남성 200명과 여성 200명으로 표본을 추출하는 방식이다.

④ 군집표본추출(cluster sampling)

군집표본추출방법은 집락표본추출방법이라고도 부른다. 이 방법은 모집단으로부터 군집 또는 집단을 무작위로 선정한 다음 이 군집에서 일정한 수의 요소를 표본으로 추출하는 방법이다. 즉, 모집단의 요소들을 직접 추출하지 않고 여러 개의 군집으로 유형화한 후 이 군집을 표본으로 추출하여 추출된 군집 내의 요소들을 연구하는 방법이다(최창현, 2017). 즉, 모집단을 여러 가지 이질적인 구성요소를 포함하는 여러 개의 군집으로 구분한 다음 구분된 군집을 표본추출단위로 하여, 이들 군집들 중에서 무작위적으로 몇 개의 군집을 표본으로 추출한 다음 이들 표본으로 추출된 군집에 대하여 그 구성 단위를 전수조사하는 방법이다(남궁근, 2016). 군집 내는 이질적이어야 하고 군집 간에는 동질적으로 구성되어야 한다.

군집표본추출방법은 시간과 비용을 절약할 수 있고, 선정된 각 군집은 다른 조사의 표본으로도 사용될 수 있는 반면, 군집이 동질적이면 오차의 개입가능성이 높고, 단순 무작위표본추출방식보다 특정 집단을 과대 또는 과소표현 할 위험성이 있다는 단점을 가진다.

나) 비확률적 표본추출방법에는 무엇이 있는가?

살펴본 것처럼 다양한 방식의 확률표본추출방법이 있고, 확률표본추출방법은 많은 측면에서 이점을 가지고 있다. 그럼에도 불구하고 사회과학자들은 연구의 성격에 따라 비확률적 표본추출방법을 사용하고 있다. 그 이유는 비확률적 표본추출방법이 표본추출방법에 비해 경제적이라고 볼 수 있고, 연구자가 민속학이나 참여관찰과 같이 연구결과를 토대로 모집단에 적용하려는 일반화 가능성에 관심이 없는 경우에, 그리고 역사적 사건과 같이 확률적 표본추출이 불가능한 경우에 주로 이용된다. 그러나 비확률적 표본추출방법은 표본을 선택할 확률이 알려져 있지 않으므로 표본이 모집단을 대표한다고 주장할 수 없다는 것이다. 이 방법은 조사된 특정 표본을 일반화시키는 연구자의 능력을 제한하며 표본추출오차의 정도를 추정할 수 없다(최창현, 2017).

비확률적 표본추출방법에는 할당표본추출방식, 유의표본추출방식, 임의표본추출방식, 눈덩이표본추출방식 등이 있다.

① **할당표본추출**(quota sampling)

할당표본추출방법은 모집단을 일정한 범주로 나눈 다음, 이들 범주 내에서 정해진 요소수를 작위적으로 추출하는 방법을 말한다. 즉, 모집단이 갖는 특성의 비율에 맞추어 표본을 추출하는 것이다. 이는 모집단을 대표하는 표본구성의 각층의 표본량을 강제적으로 할당하여 그 크기를 달성하도록 표본을 구성하는 방법이다(이해영, 2005).

할당표본추출방법은 동일한 크기의 무작위표본추출보다 적은 비용으로 표본을 추출할 수 있고, 신속한 결과를 얻고자 할 때 사용할 수 있으며, 어떤 형태의 대상자도 표본으로 포함시킬 수 있다는 장점이 있다. 반면에, 비확률적 표본추출방법이기 때문에 연구결과를 일반화하는 것이 곤란하고, 연구자의 친척이나 친구 등 접근하기 쉬운 사람들만 조사할 가능성이 많기 때문에 표본의 편중현상이 발생할 수 있다는 단점이 있다.

② **유의표본추출**(purposive sampling)

유의표본추출방법은 의도적 또는 판단적 표본추출방법이라고도 부른다. 이 방법은 조사하고자 하는 모집단을 전형적인 것으로 대표하는 것으로 판단되는 사례를 표본으로 선정하는 방법이다. 연구자가 조사대상을 선택할 때 자신의 주관적 판단을 사용하여 적합한 사람을 의도적으로 선택한다(최창현, 2017).

유의표본추출방법은 비용이 적게 들고 편리하며, 조사설계에 관련이 있는 요소를 표본으로 선정할 수 있다는 장점이 있는 반면, 표본의 대표성을 확신할 방법이 없고, 모집단에 대한 사전지식이 필요하다는 단점을 가진다.

③ **임의표본추출**(accidental sampling)

임의표본추출방법은 정해진 크기의 표본을 선정할 때까지 조사자가 닥치는 대로 요소를 추출하는 방법이다. 즉, 가까이에 있는 손쉽게 접근할 수 있는 사람들을 표본으로 선택하는 방법을 말한다.

임의표본추출방법은 시간과 비용이 절약되고 편리하다는 장점이 있는 반면, 연구결과를 통해 모집단에 적용하려는 일반화 가능성이 제약된다는 단점을 가진다.

④ 눈덩이표본추출(snowball samoling)

눈덩이표본추출방법은 누적표본추출방법이라고도 부른다. 이 방법은 최근에 사용이 증가되고 있는 방법으로서 마치 작은 눈뭉치를 굴려서 점점 큰 눈덩이를 만들어가듯이 처음에는 소수의 조사대상자를 찾아내어 조사하고, 그 후 이들을 정보원으로 활용하여 비슷한 속성을 가진 다른 사람들을 소개하도록 하여 이들을 조사하는 방법이다(최창현, 2017).

눈덩이표본추출방법은 연구자가 특수한 모집단의 구성원을 전부 파악하고 있지 못할 때, 즉 표본추출 프레임이 없을 때 활용할 수 있는 적절한 방법이라고 볼 수 있다(남궁근, 2016). 또한 이 방법은 조사대상자가 눈에 잘 띄지 않아 일상적인 표본추출절차로써는 조사를 수행하기 어려울 때, 예를 들면 겉으로 드러나지 않는 비밀스러운 하위집단 같은 것을 조사하는 경우에 적합하다(최창현, 2017).

(3) 질문서(questionnaire)를 통한 자료수집방법은 무엇인가?

가) 질문서는 무엇인가?

질문서를 통해 자료를 수집한다는 것은 질문지를 작성하여 연구대상자에게 적용하는 방식으로 자료를 수집하는 것을 말한다. 즉, 연구대상자로부터 질문에 대한 응답의 형식으로 자료를 수집하는 방법이다(박용치 외, 2008). 보다 쉽게는 질문지를 작성한 후 응답자 본인이 질문지에 응답을 하게 하는 방식으로 자료를 수집하는 방법을 말한다(최창현, 2017).

여기에서 질문서는 통상적으로 조사표를 의미하는 것이며, 일련의 질문들을 체계적으로 담은 책 또는 서류형식을 말한다.

나) 질문서에는 어떤 종류가 있는가?

질문의 형태에 따라 개방형 질문과 폐쇄형 질문으로 구분한다. 개방형 질문은 질문에 대해 응답자가 자유롭게 응답하는 방식을 말한다. 덜 구조화된 방식을 말한다. 조사자가 제시하는 응답유형을 고려하지 않은 채 응답자 자유롭게 질문에 응답을 하는 것이다. 소위 말하는 주관식을 말한다.

개방형 질문은 몇 가지의 장점과 단점을 가지고 있다. 먼저, 장점을 보면 첫째, 개방형 질문은 연구주제가 복잡하거나 적절한 차원이 알려져 있지 않을 때 사용할 수 있다. 둘째, 개방형 질문은 연구자가 모든 가능한 응답카테고리를 알 수 없거나 어려운 경우에 사용될 수 있다. 셋째, 개방형 질문은 응답자의 의견, 태도, 동기 등에 대하여 보다 확실하고 정확한 대답을 도출할 수 있다. 넷째, 탐색적 조사에서 응답자가 무엇을 적절한 응답이라고 생각하는지 미리 알고자 할 때 사용할 수 있다. 다섯째, 질문 자체에 융통성을 부여할 수 있어 새로운 사실을 발견할 수 있다.

반면, 개방형 질문은 단점도 가지고 있다. 단점으로는 첫째, 응답자가 제시한 응답을 연구자가 해석하여야 하기 때문에 연구자의 편견이 개입될 소지가 많다. 둘째, 가치가 없고 부적절한 자료를 수집할 수 있는 가능성이 있다. 셋째, 응답자는 응답을 하는 데 있어 어려움이 있으며, 시간이 많이 소요된다. 넷째, 자료가 표준화되지 않아 비교하거나 통계적 분석이 어렵고 응답을 재분류하여야 한다(최창현, 2017).

폐쇄형 질문은 응답자가 선택할 수 있는 응답의 내용을 몇 개로 한정하여 제시한 후 그 중 하나를 선택하도록 하는 질문방식을 말한다(박용치 외, 2008). 매우 구조화된 방식이다. 즉, 조사자가 준비한 답변리스트를 보고 응답자가 선택하는 것이다. 소위 말하는 객관식을 말한다. 폐쇄형 질문에서의 응답 범주는 총망라적이어야 하고 상호 배타적이어야 한다.

폐쇄형 질문 역시 개방형 질문과 마찬가지로 장·단점을 가지고 있다. 먼저, 장점을 보면 첫째, 응답의 처리가 용이하다. 즉, 채점 및 부호화가 용이하다는 장점이 있다. 둘째, 응답자들이 응답을 길게 쓰지 않아도 된다. 이는 응답률을 높이는 데 기여할 수 있을 것이다. 셋째, 응답에 대한 해석이 용이하다. 넷째, 다양한 기법을 활용할 경우 자동적으로 코딩이 될 수 있다. 다섯째, 응답의 처리가 간편하고 신속해 질문지의 완성이 용이하다. 여섯째, 측정에 통일성을 기할 수 있어 신뢰성을 높일 수 있으며 응답의 해석이 용이하다(박용치 외, 2008).

폐쇄형 질문에 대한 단점을 보면 첫째, 응답자의 의견이 충분히 반영되기 어렵다. 즉, 모든 답변 가능한 응답지를 연구자가 제시하기 어렵다는 것이다. 둘째, 태도 측정에 이용될 때에는 응답자들이 무성의한 응답에 빠져들게 할 수도 있다.

학위논문이나 학술논문의 성격인 양적 연구의 성격을 보유하고 있다면 개방형 질문보다는 폐쇄형 질문을 이용하는 것이 바람직할 것이다.

다) 질문의 어구 및 순서는 어떻게 하여야 하는가?

연구자들에게 질문의 어구를 결정하는 것은 쉬운 일은 아니다. 질문 아이템을 구성하는 데 있어 지켜야 할 중요한 몇 가지의 지침이 있다.

첫째, 질문은 애매한 단어를 포함하지 않아야만 한다. 질문은 명백하고 구체적이며 단순한 언어로 작성되어야 한다. 가능하면 두 가지 의미가 최소화될 수 있도록 작성되어야 하고 객관적인 언어로 작성되어야 한다.

둘째, 질문은 복잡하거나 이중의 뜻을 가지지 않도록 하여야 한다. 이중의 뜻을 가진 질문이란 한 개의 질문에 두 개 이상의 내용을 포함하고 있는 질문을 말한다. 예를 들면, "당신의 회사는 여성과 장애인을 위한 특별한 채용정책을 가지고 있습니까?"라고 묻는 것이다(최창현, 2017). 한 개의 질문에 여성과 장애인이라는 두 개 이상의 내용이 포함되어 있는 것이다.

셋째, 질문은 객관적이어야 하며 긍정적이거나 부정적이어서 어느 한 방향으로 치우쳐서는 안 되며, 또한 질문 내에 어떤 가정이나 암시가 있어서도 안 된다. 비록 절대적으로 중립적인 단어를 사용하는 것이 불가능하다고 할지라도 연구자는 객관적인 단어를 사용할 수 있도록 노력하여야 한다.

넷째, 질문은 응답자의 답변을 특정한 방향으로 유도하지 않도록 설계하여야 한다. 질문에서 사용하는 단어는 응답자에게 영향을 미칠 수 있기 때문에 질문을 구성할 때에는 조심하여야 한다. 예를 들면, 연구자 원하는 답변에 밑줄을 긋는 것과 같은 행위를 하여서는 안 된다는 것이다.

다섯째, 질문은 응답자가 응답할 수 없는 특정한 정보를 포함해서는 곤란하다. 예를 들면, 어린이에게 정치적 사회화와 같은 질문을 포함하지 않도록 하여야 한다는 것이다.

여섯째, 질문은 부정적인 방향으로 진술되지 않도록 주의하여야 한다. 부정적인 질문은 응답자가 조심스럽게 질문을 읽지 않을 경우 혼란스럽고 잘못된 응답을 할 수 있도록 유도할 수 있다. 이러한 점 때문에 가능하면 질문은 긍정적인 방향으로 진술되어야 한다.

질문지는 응답자의 응답에 영향을 미칠 수 있기 때문에 순서에 유의하여야 할 것이다.

첫째, 일반적인 질문, 예를 들어 응답자의 인구사회학적 특성을 묻는 질문에서부터 시작하여 점차 연구문제와 관련된 질문으로 옮겨간다.

둘째, 질문지의 첫 질문은 간단하고 흥미 있는 질문이 좋으며, 응답자의 경험이나 지식의 범위 안에서 쉽게 대답할 수 있는 것을 배치하는 것이 바람직하다.

셋째, 핵심이 되는 중요한 질문은 질문지의 중간 이후에 오도록 하는 것이 좋다(최창현, 2017).

넷째, 응답자가 응답을 할 때에 피로를 느끼지 않도록 민감한 질문이나 개방식 질문은 질문지의 후반부에 포함하는 것이 좋다.

다섯째, 앞에 있는 질문의 내용이 뒤에 올 질문의 내용에 영향을 줄 수가 있는데 이러한 것은 피해야 한다.

라) 질문서법에는 어떤 것들이 있는가?

① 면접조사법

면접조사법은 조사원이 피조사자와 면접을 하고 그 조사표에 따라 질문을 하면서 기입하는 것을 말한다. 면접은 면접자와 피면접자 간의 상호작용을 포함하여 2

인 간에 이루어지는 사회적 상호작용의 한 형태라고 볼 수 있다. 즉, 면접자가 응답자를 면대면으로 만나서 질문지에 따라 질문하고 응답을 기록하는 방법을 말한다(이준형, 2006).

면접조사법에는 표준화된 면접과 비표준화된 면접의 두 가지 방식이 존재한다. 표준화된 면접이란 미리 마련된 면접조사표를 활용하여 피면접자에게 면접을 하는 것이다. 모든 대상자에게 동일한 내용과 순서대로 질문을 한다. 비표준화된 면접은 조사하여야 할 주제에 대해 미리 준비된 질문이 없이 면접자가 재량권과 융통성을 가지고 질문하는 방식이다. 질문의 내용이나 순서를 미리 정하지 않은 상태에서 면접이 진행된다.

면접조사법은 장·단점이 있다. 장점을 보면 첫째, 피조사자가 본인의 대답을 직접 들을 수 있고, 둘째, 응답에 대한 진위 여부를 확인할 수 있으며, 셋째, 질문서의 회수율이 높고, 넷째, 질문서의 길이가 길어도 무방하다. 반면, 면접조사법의 단점을 보면 첫째, 시간과 비용이 많이 들고, 둘째, 조사자에 따라 오차가 생길 수 있으며, 셋째, 특수층의 사람은 만나기가 어렵다는 단점을 가진다.

② 집합조사법

집합조사법은 집단조사법이라고도 부른다. 이 방법은 하나의 공간에 모든 피조사자를 모아 놓은 후 조사표를 배부하고 피조사자가 직접 기입하도록 한 다음에 응답지를 회수하는 방법을 말한다. 일반적으로는 연구자가 응답자들에게 질문서의 내용을 읽어주고 대답하는 요령을 자세하게 알려주는 방식으로 진행된다(박용치 외, 2008).

집합조사법은 장·단점을 가지고 있다. 장점을 보면 첫째, 비용이 싸고 조사가 간편하고, 둘째, 조사의 설명이나 조건을 똑같이 할 수 있기 때문에 질문서에 대한 오해를 줄일 수 있다는 장점이 있다. 반면, 집합조사법의 단점을 보면 첫째, 피조사자를 하나의 공간에 집합시킨다는 것이 쉽지 않고, 둘째, 피조사자가 주변에 있는 다른 피조사자로부터 영향을 받을 가능성이 있으며, 셋째, 질문이 개인적인 문제이거나 비정상적인 문제이면 중립적인 응답의 가능성이 높아진다. 넷째, 응답자에 대한 통제가 용이하지 않을 때가 있다. 다섯째, 피조사자에게 일당이나 교통비를 주는 등 많은 비용이 수반될 수 있다(남궁근, 2016).

③ 배포조사법

배포조사법은 조사표를 배부하여 응답자가 기입하고 나중에 회수하는 방식을 말한다. 따라서 보통 응답자가 조사표에 응답을 기입할 때에는 조사자가 그곳에 있지는 않는다. 좀 더 구체적으로는 직장 또는 가정에 질문지를 전달하고 응답자가 직접 기입하게 한 다음 나중에 질문지를 회수하는 방법을 말한다. 개인적 자기 기입법이 특징이며 다른 사람의 개입이나 방해가 없는 상황에서 응답하도록 하는 것이 중요하다(이준형, 2006).

배포조사법에는 장・단점이 있다. 장점을 보면 첫째, 조사표의 회수율이 높고, 둘째, 비용이 적게 들며, 셋째, 응답자가 응답에 필요한 생각을 할 수 있도록 시간적 여유가 부여된다. 반면, 단점을 보면 첫째, 피조사자가 본인의 의견을 객관적으로 작성한 것인지 아니면 다른 사람의 영향을 받아서 작성한 것인지를 파악하기 어렵고, 둘째, 글자를 아는 사람에게만 가능하며, 셋째, 질문지가 잘못 기입되어도 시정하기가 쉽지 않다(박용치 외, 2008).

④ 우편조사법

우편조사법은 질문지를 표본추출이 된 피조사자에게 우송하여 기록하게 한 후 우편으로 회수하는 방법이다. 우송 시에는 반드시 주소와 반송우표가 붙은 별도의 봉투를 동봉한다(이준형, 2006). 간단하게 말하면, 우편으로 응답자에게 질문서를 송달하여 우편으로 회수하는 방법이다.

우편조사법은 장・단점이 있다. 장점을 보면 첫째, 면접조사에 비하여 비용이 적게 들고, 둘째, 면접자의 개인적 특성이나 면접자의 특성으로 인해 발생할 수 있는 편기오차를 줄일 수 있으며, 셋째, 광범위한 지역에 걸쳐서 조사가 가능하고, 넷째, 접근하기가 어려운 사람에게도 조사가 가능하며, 다섯째, 근무 중 시간을 내기가 어려워 찾아가서 면접하기가 힘든 사람에게도 적용이 가능하다. 여섯째, 많은 사람들을 표본으로 삼을 수 있기 때문에 대표성과 외적 타당성 측면에서 유리하다. 일곱째, 응답자의 입장에서 보면 면접조사나 집단조사에 비해 자신이 응답할 수 있는 시간을 선택할 수 있다. 여덟째, 응답자가 혼자서 아무 방해도 받지 않고 당혹스런 질문에도 거리낌 없도록 사생활과 익명성을 보장한다(박용치 외, 2008). 반면, 단점을 보면 첫째, 질문에 대한 의도를 충분히 이해시키는 것이 쉽지 않으며, 둘째, 응답자 본인이 직접 기술한 것인지, 다른 사람의 의견을 들어서 기술한 것인지, 아예 다른 사람이 기술한 것인지 알 수가 없다. 셋째, 조사표의 회수율이 매우 낮으며, 넷째, 응답자의 응답 능력과 적극성에 따라 자료의 타당성이 달라질 수 있다.

⑤ 전화조사법

전화조사법은 긴급하게 조사를 실시하거나 질문내용이 짧을 때 전화를 이용하여 질문하고 면접원이 기록하는 방식으로 표준화된 질문지를 이용하여 질문하는 것이 보통이다(이준형, 2006). 간단하게 말하면, 전화를 이용하여 질문을 하고 조사원이 기입하는 방법이다.

전화조사법은 장·단점을 보유하고 있다. 장점을 보면 첫째, 조사가 간편하고, 둘째, 비용이 싸며, 셋째, 피조사자에게 접근하기가 비교적 쉽다. 반면, 단점을 보면 첫째, 전화를 가지고 있는 사람만으로 조사대상이 한정되고, 둘째, 조사시간과 내용이 간단하여야 하며, 셋째, 상세한 정보의 획득이 곤란하고 넷째, 응답자가 응답을 거부하거나 간단한 대답만하는 경우 조사결과의 타당성에 문제가 발생할 수 있다(박용치 외, 2008).

2) 실험을 통한 자료수집방법이란 무엇인가?

(1) 실험이란 무엇인가?

사회과학에서 실험이라는 방법을 통하여 자료를 수집하는 것은 쉬운 일은 아니다. 사회과학에서는 자연과학처럼 진정한 의미의 실험을 하기도 어렵고 할 수도 없을 것이다. 그럼에도 불구하고 실험을 통해 자료를 수집하는 방법을 학습하여야 하는 이유는 실험의 기본이론과 구성원리가 연구설계를 구성하는 기본철학이기 때문이다.

실험은 조사대상에 대한 여러 변수간의 인과관계를 인위적으로 실험상황을 명백하게 규정하고, 외부변수를 통제함은 물론 그 상황에서 주요 독립변수를 조작하여 종속변수를 관찰함으로써 파악하는 것이다. 따라서 실험은 관찰의 일종이라고 볼 수도 있을 것이다. 간단하게는 조사자가 어떠한 가상적인 상태를 임의로 만들고 의도적으로 일정한 자극을 가하여 이러한 상황에서 발생하는 피조사자의 행동변화를 관찰하는 것이다. 즉, 조사자가 인위적으로 특정 변수를 조작하여 그 영향이 어떻게 나타나는지를 파악하는 것이다(최창현, 2017).

(2) 실험설계 시 어떤 점들을 고려하여야 하는가?

실험을 통하여 자료를 수집하고자 할 경우에는 타당성을 고려하여야 한다. 이때의 타당성이란 인과성추론의 적합성을 따지는 것으로써 연구성과의 질과 가치를 나타내는 기준이다. 따라서 타당성을 높이기 위한 노력이 있어야 한다.

타당성에는 내적 타당성과 외적 타당성이 있다. 먼저, 내적 타당성을 살펴보면, 내적 타당성은 실험적 처리가 실제로 의미있는 차이를 가져 왔는지를 검토하는 것이다. 즉, 내적 타당성은 종속변수와 독립변수의 인과관계에 관한 추론이 정확성을 의미하는 것이다. 조사연구의 설계 및 분석과정에서 추정된 원인과 결과의 관계에 대한 인과적 추론이 어느 정도 정확했는지에 대한 것이다.

내적 타당성을 저해하는 요인에는 시간요인, 집단요인, 측정요인, 오염요인 등이 있다(McGaw & Watson, 1976). 첫째, 시간요인이 있다. 시간요인은 사전측정과 사후측정 간에 상당한 시간적 경과로 인하여 나타나는 처리효과의 왜곡현상을 말한다. 여기에는 성숙효과(maturation)와 역사효과(history)가 있다.

성숙효과는 조사기간 중 실험집단의 특성이 자연히 일정한 방향으로 변함으로써 처리를 왜곡시키는 현상을 말한다. 즉, 성숙효과는 순전히 시간의 경과 때문에 발생하는 조사대상집단의 특성변화를 말한다. 실험에 참가한 사람들이 시간이 경과함에 따라 나타나는 생물학적 변화가 실험에 영향을 주는 것을 의미한다(박용치 외, 2008). 예를 들면, 예비역의 수업태도가 진지하다고 할 수 있으나 이러한 현상이 타 학생과의 나이 차이로 인해 발생한 현상일 수 있다는 것이다.

그리고 역사효과는 조사기간 중에 발생하는 구체적인 외부요인에 의해 실험처리 효과가 왜곡되는 현상이다. 즉, 역사효과는 조사기간 중에 연구자의 의도와는 관계없이 일어난 사건으로 결과변수에 영향을 미칠 수 있는 사건을 의미한다(남궁근, 2016). 예를 들면, “고속도로상에서 안전벨트 착용의 의무화로 교통사고율이 감소했다”고 말할 수 있으나 실제로는 음주단속 강화, 운전면허시험의 강화와 같은 외부요인이 작용했을 가능성도 있을 수 있다는 것이다.

둘째, 집단요인이다. 집단요인은 실험집단이나 통제집단의 선택이나 변동이 처리효과를 왜곡시키는 현상을 말한다. 즉, 표본의 대표성에 문제가 발생함으로써 나타나는 저해요인이라고 볼 수 있다(박용치 외, 2008). 여기에는 선택효과(selection)와 회귀효과(regression), 그리고 소멸효과(mortality)가 있다. 선택효과는 실험처리 이전에 이미 차이가 있는 두 집단을 선정하여 처리효과를 비교함으로써 발생하는 왜곡현상이다. 즉, 정책이나 프로그램 집행 후에 실험집단과 비교집단 간의 결과변수에 대한 측정값의 차이가 정책집행의 효과라기보다는 단순히 두 집단구성원들이 다르기 때문에 나타나는 경우를 의미한다. 예를 들면, 혼전동거자가 이혼가능성이 높다고 할 수 있으나 이러한 현상이 나타난 것은 혼전동거를 하지 않더라도 이혼가능성이 높은 사람들일 수 있었다는 것이다.

회귀효과는 사전측정에서 극단적으로 높거나 낮은 값을 나타내는 집단을 대상으로 실험처리를 함으로써 사후측정에서 자연히 중앙값 방향으로 다소 이행해가려는 경향으로 인한 왜곡효과이다. 즉, 극단적인 측정값을 갖는 사례들을 재측정할 때 평균값으로 회귀하여 처음과 같은 극단적인 측정값을 나타낼 확률이 줄어드는 현상을 말한다.

소멸효과는 조사기간 중에 조사대상의 일부가 체계적으로 이탈함으로써 불완전한 정보에 의해 발생되는 처리효과의 왜곡현상이다. 즉, 정책집행기간 중에 관찰대상집단의 일부가 탈락 또는 상실됨으로써 남아 있는 대상이 처음의 관찰대상집단과 다른 특성을 갖게 되는 현상을 말한다(남궁근, 2016). 예를 들면, 성적불량자 60명 중에서 30명을 일반학급에 30명을 특별학급에 편입시킨 후 일반학급에 편입된 30명 중 상위 5명이 전학, 특별반에 편입된 30명 중 하위 5명이 전학간 후 성적의 측정결과 특별반이 높게 나온 경우가 있을 수 있다.

셋째, 측정요인이다. 측정요인은 종속변수의 측정과정에서 발생하는 문제점이 처리효과를 왜곡시키는 경우이다. 여기에는 검증효과, 도구효과가 있다. 검증효과는 반복조사를 하는 경우 사전조사에서 얻은 피조사자의 경험이 사후조사의 결과에 영향을 미치는 왜곡현상이다. 그리고 도구효과는 사전검사와 사후검사 간에 검사방법, 수단이 상이함으로써 나타나는 왜곡현상이다.

넷째, 오염요인이다. 오염요인은 실험처리과정에서 어떤 문제점이 발생하여 처리효과(종속변수)를 왜곡시키는 것을 말한다. 여기에는 실험집단오염, 통제집단오염 등이 있다. 실험집단오염에는 피그말리온 효과(Pygmalin effect)와 호오돈 효과(Hawthorne effect)가 있다. 피그말리온 효과는 실험자가 자신이 기대하는 바의 가설과 일치하는 효과를 얻기 위해 실험집단의 행태에 영향을 미치는 왜곡효과이고, 호오돈 효과는 자기 자신이 실험대상으로 관찰되고 있다는 사실을 의식하기 때문에 실험집단이 실제와 다르게 행동하는 효과를 말한다.

통제집단오염에는 모방효과(imitation effect)와 누출효과(leakage effect)가 있다. 모방효과는 실험처리로 인하여 실험집단에 어떤 변화가 일어날 때, 통제집단의 구성원이 이를 모방함으로써 나타나는 왜곡효과이다. 그리고 누출효과는 실험처리의 내용이 통제집단으로 이전되는 현상이다.

다음으로, 외적 타당성을 살펴보면, 외적 타당성은 다른 연구의 상황에도 이 연구의 결과가 적용될 수 있는지의 문제이다. 즉, 조사연구의 결론을 다른 형태의 측정수단을 사용했을 때 또는 다른 모집단, 특정 상황, 시기에 어느 정도 일반화시킬 수 있는지 하는 범위에 대한 것이다(남궁근, 2016).

외적 타당성을 저해하는 요인에는 상호작용효과, 표본의 대표성, 시기의 대표성, 생태적 대표성, 변수의 대표성 등이 있다. 첫째, 상호작용효과이다. 상호작용효과는 실험처리와 사전측정 간의 상호작용으로 인한 일반성의 저해요인이다. 둘째, 표본의 대표성이다. 표본의 대표성은 표본이 적절하게 모집단을 대표하지 못함으로써 발생하는 저해요인을 말한다. 셋째, 시기의 대표성이다. 이는 연구나 실험의 결과가 시간이 바뀌어도 일반화될 수 있는 것을 말한다. 넷째, 생태적 대표성이다. 생태적 대표성은 적용되는 환경요건의 차이로 인한 대표성의 문제를 말한다. 다섯째, 변수의 대표성이다. 변수의 대표성은 측정하여야 하는 변수를 측정하지 못함으로써 발생하는 오류이다.

(3) 실험설계에는 어떤 유형이 있는가?

실험설계의 유형에는 진실험설계와 준실험설계가 있다. 이 두 가지 방법의 분류기준은 외재변수의 통제 정도, 조사의 대상, 독립변수의 조작, 인과성요건의 만족 등이다. 진실험설계는 외재변수의 통제 정도가 강하고 조사의 대상은 동질성이 확보된 실험집단과 통제집단이고, 독립변수의 조작은 의도적 실험이고, 인과성 요건은 상관관계, 순차성, 비허위적 관계를 모두 만족하여야 한다. 반면, 준실험설계는 외재변수의 통제 정도가 약하고 조사의 대상은 동질성이 약한 실험집단과 통제집단이고, 독립변수의 조작은 외부 개입이고, 인과성 요건은 상관관계와 순차성 요건은 만족시켜야 하고 비허위적 관계는 불만족시켜도 무방하다.

진실험설계는 외재변수의 통제가 곤란하고, 독립변수를 의도적으로 자유롭게 조작해야만 하나 자연스러운 사회상황에 적용하기 어렵기 때문에 준실험설계가 필요하다.

표 5-5 실험설계의 유형

구분	진실험설계	준실험설계
외재변수의 통제 정도	강하다.	약하다.
조사의 대상	동질성이 확보된 실험집단과 통제집단	동질성이 약한 실험집단과 통제집단. 단지, 실험집단
독립변수의 조작	의도적 실험	외부 개입
인과성요건의 만족	상관관계, 순차성, 비허위적 관계 만족	상관관계, 순차성 만족, 비허위적 관계 불만족

가) 진실험설계는 무엇인가?

① 고전적인 실험설계(pretest-posttest control group design)

인과적 설명을 위한 조사설계는 실험설계의 세 가지 구성요소, 즉 ① 공동변화의 입증을 위한 비교, ② 시간적 선행성의 입증을 위한 실험변수의 조작, ③ 경쟁적 가설에 의한 설명가능성을 배제하기 위한 통제가 이루어질 수 있도록 설계되어야 한다(남궁근, 2016).

진실험설계는 실험설계의 세 가지 구성요소를 충족하고 있는 설계를 말한다. 진실험설계에는 고전적인 실험설계(통제집단 사전사후측정), 통제집단 사후측정설계, 그리고 솔로몬의 4집단 실험설계 등이 있다.

먼저, 고전적인 실험설계는 무작위배정에 의해서 동질적인 실험집단과 통제집단을 구성한 다음 실험집단에는 실험변수를 처리하고 통제집단에 대하여는 실험변수를 처리하지 않는다. 두 집단 모두에 대하여 사전측정과 사후측정을 실시한다.

실험처리의 효과는 실험처리 후의 측정값의 차이($O_2 - O_4$)에서 실험처리 전 측정값의 차이($O_1 - O_3$)를 뺀 값으로 측정된다(남궁근, 2016).

그림 5-6 고전적 실험설계의 논리

(R)			
E: O_1	X	O_2	
C: O_3		O_4	

실험처리효과: $(O_2 - O_4) - (O_1 - O_3)$

주: O는 종속변수의 측정, X: 독립변수의 조작(실험처리), E: 실험집단, C: 통제집단, 그리고 R: 무작위배정을 의미함.

고전적 실험설계는 장점 및 단점을 가지고 있다. 장점을 보면 첫째, 인과성추론의 기준을 모두 만족시키는 전형적인 설계이고, 둘째, 사전측정을 함으로써 실험집단과 통제집단의 차이를 정확하게 평가할 수 있으며, 셋째, 내적 타당성을 저해하는 대부분의 요인이 통제된다. 반면, 단점을 보면 첫째, 사전측정과 실험처리의 상호작용효과가 통제되지 않고, 둘째, 현실적으로 사전측정을 할 수 없는 상황도 다수 존재한다.

② 통제집단 사후측정 설계(posttest only control group design)

통제집단 사후측정 설계는 무작위배정에 의해서 동질적인 실험집단과 통제집단을 구성한 다음 실험집단에는 실험변수를 처리하고 통제집단에 대하여는 실험변수를 처리하지 않는다. 두 집단 모두에 대하여 사후측정을 실시한다. 이 경우 실험변수의 효과는 실험집단의 관찰값과 통제집단의 관찰값의 차이로 표현된다(남궁근, 2016).

그림 5-7 통제집단 사후측정의 논리

(R)	E: X	O_2	실험처리효과: $(O_2 - O_4)$
	C:	O_4	

주: O는 종속변수의 측정, X: 독립변수의 조작(실험처리), E: 실험집단, C: 통제집단, 그리고 R: 무작위배정을 의미함.

통제집단 사후측정 설계는 장점과 단점을 보유하고 있다. 먼저, 장점을 보면 첫째, 내적 타당성을 저해하는 대부분의 요인이 통제되어 상호작용효과도 배제되고, 둘째, 사전측정을 요하지 않으므로 현실적인 적용가능성이 크다. 반면, 단점을 보면 첫째, 사전측정을 하지 않아서 측정 후의 효과만을 비교함으로써 측정효과의 정밀성이 문제가 될 수 있다. 즉, 실험변수의 처리 전에 양 집단에 대한 관찰값이 동일한지의 여부를 점검할 수 없다는 약점을 가지고 있다(남궁근, 2016). 그럼에도 불구하고 현실적으로 자주 이용되고 있는 방법이다.

③ 솔로몬의 4집단 실험설계(solomon four group design)

솔로몬의 4집단 실험설계는 가장 강력한 실험설계의 유형이라고 볼 수 있다. 솔로몬의 4집단 실험설계는 고전적 실험설계와 통제집단 사후측정 설계를 결합한 것으로 두 가지 설계의 장점을 모두 구비하고 있기 때문에 가장 이상적인 설계유형이라고 볼 수 있을 것이다.

솔로몬의 4집단 실험설계는 장점 및 단점을 보유하고 있다. 장점을 보면 첫째, 고전적 실험설계와 통제집단 사후측정 설계가 가지고 있는 단점을 보완한 가장 강력한 설계이고, 둘째, 따라서 실용성이 가장 높다는 장점을 가진다. 반면, 단점을 보면 첫째, 여러 집단(실험집단과 통제집단)을 관리하는 데 따른 시간비용이 많이 들기 때문에 비효율적이고, 둘째, 집단 간의 결과가 잘 이뤄지지 않으면 효과적인 실험을 기대하기 어렵다.

그림 5-8 솔로몬의 4집단 실험설계

(R)	E_1: O_1	X	O_2		$d_1 = (O_2 - O_1)$
	C_1: O_3		O_4		$d_2 = (O_4 - O_3)$
	E_2:	X	O_5		$d_3(E_1 - E_2) = (O_2 - O_5)$
	C_2:		O_6		$d_4(C_1 - C_2) = (O_4 - O_6)$

실험처리효과 $= d_1 - d_2 - (d_3 - d_4)$

주: O는 종속변수의 측정, X: 독립변수의 조작(실험처리), E: 실험집단, C: 통제집단, 그리고 R: 무작위 배정을 의미함.

나) 준실험설계는 무엇인가?

인과성추론의 기준으로 학자들이 제시하고 있는 것은 시간적 선후관계, 공동변화와 연관성, 비허위적 관계 등이다. 진실험설계와 준실설계 모두 이와 같은 기준을 충족시켜야 한다. 그 이외에 하나의 기준이 더 있는데, 그것은 실험집단과 통제집단을 무작위로 배정하여 동등한 집단으로 구성함으로써 내적 타당성의 저해요인을 통제하여야 한다는 것이다. 진실험설계에서는 실험집단과 통제집단을 무작위로 배정하여 양 집단을 동질화한다. 그러나 현실적으로 무작위 배정이 항상 이루어지는 것은 아닐 것이다. 즉, 무작위배정에 의하여 실험집단과 통제집단의 동질화를 도모할 수 없을 때가 있을 것이다. 이때 준실험설계가 사용된다(남궁근,

2016; 박용치 외, 2008).

준실험설계는 장점과 단점을 가지고 있다. 먼저, 장점을 보면 첫째, 현실적 상황에 적용하기 쉬운 실험이고. 둘째, 사회문제나 정책문제의 연구에 적합하며, 셋째, 연구결과를 다른 상황에도 적용할 수 있는 일반화의 가능성이 높다. 반면, 단점을 보면 첫째, 외재변수의 통제가 엄격하지 않으므로 인과성추론의 정확성이 약하다.

준실험설계는 사후측정만의 설계와 사전사후 측정설계의 두 가지 유형이 있다. 사후측정만의 설계에는 단일사례변수, 동질성이 확보되지 않은 두 집단비교, 그리고 사후실험설계 등 세 가지가 있다. 사전사후 측정설계에는 단일집단 사전사후 측정설계와 사전사후측정을 통해 두 집단 비교가 있다.

① 사후측정만의 설계

사후측정만의 설계는 사전측정을 하지 않은 채 사후측정 값을 가지고 실험처리의 효과라고 하는 것이다. 첫째, 단일사례변수(the one shot case study)는 실험변수를 처리하고 사후에 측정한 후 실험처리효과라고 간주하는 방식이다. 예를 들면, 광고회사가 특정 상품에 대하 TV에 광고를 한 후 광고를 본 고객들을 대상으로 광고의 효과를 측정하는 것이 될 것이다. 이 경우에는 인과성추론의 기준을 충족시킨다고 보기 어려울 것이다.

그림 5-9 단일사례변수 실험설계의 논리

X	O

실험처리효과: $(O - O_n)$

둘째, 동질성이 확보되지 않은 두 집단을 비교하는 설계(post test comparison group design)는 실험집단과 통제집단으로 구분한 후 실험집단에는 실험변수를 처리하고, 통제집단에는 실험처리를 하지 않은 상태에서 실험집단의 측정값에서 통제집단의 측정값을 뺀 것을 실험처리의 효과로 간주하는 방식이다. 예를 들면, 실험집단에는 다이어트 프로그램을 처방하고, 통제집단에는 다이어트 프로그램을 처방하지 않은 경우이다. 내적 타당성 중 선택요인과 소멸요인 등이 문제가 될 수 있을 것이다.

그림 5-10 동질성이 확보되지 않은 두 집단 비교설계의 논리

E: X	O_2
C:	O_4

실험처리효과: $(O_2 - O_4)$

셋째, 사후실험설계(ex post facto design)는 실험 이전에 이미 X라는 변수가 O_2에 영향을 미쳤을 것이라는 가정적 조건 하에서 사후측정 값을 비교하는 것이다. 사후실험설계는 독립변수의 조작이 불가능하거나 비도덕적인 경우에 사용하고, 외재변수의 개입가능성이 매우 크기 때문에 내적 타당성이 매우 낮다고 보아야 한다.

그림 5-11 사후실험설계의 논리

(X)	O_2
	O_4

실험처리효과: $(O_2 - O_4)$

② 사전사후 측정설계

사전사후 측정설계는 앞에서 살펴본 것처럼 단일집단 사전사후 측정설계, 사전사후측정을 통해 두 집단 비교가 있다. 첫째, 단일집단 사전사후 측정설계(one group pretest-posttest design)는 단일집단을 대상으로 사전측정 후 실험변수를 처리하고 사후측정을 실시한 후 사후측정 값과 사전측정 값을 비교하는 것이다. 예를 들면, 광고회사가 특정 상품에 대해 TV에 광고를 하기 전에 값을 측정하고, 광고를 한 후 광고를 본 고객들을 대상으로 광고의 효과를 측정하는 것이 될 것이다. 이 경우에는 시간요인(성숙요인, 역사요인) 등에 의한 왜곡효과를 통제하는

것이 쉽지 않을 것이다.

그림 5-12 단일집단 사전사후 측정설계의 논리

O_1	X	O_2

실험처리효과: $(O_2 - O_1)$

둘째, 사전사후측정을 통해 두 집단 비교(pretest-posttest comparison design)의 방식은 집단을 실험집단과 통제집단으로 구분한 후 사전사후측정을 한 후 실험집단과 통제집단의 값을 비교하는 것이다.

그림 5-13 사전사후측정을 통해 두 집단 비교설계의 논리

E_1:	O_1	X	O_2
C_1:	O_3		O_4

실험처리효과: $(O_2 - O_4) - (O_1 - O_3)$

주: O는 종속변수의 측정, X: 독립변수의 조작(실험처리), E: 실험집단, C: 통제집단, 그리고 R: 무작위 배정을 의미함.

3) 관찰을 통한 자료수집방법이란 무엇인가?

(1) 관찰이란 무엇인가?

관찰은 질문지법이나 문헌연구 등을 통해 자료를 수집할 수 없을 때 사용할 수 있는 유용한 방법이다. 특히, 자연상태에서 행태를 연구하고 행위에 대한 동태적 · 상황적 특징을 파악하는 것이 중요할 때 관찰을 통해 자료를 수집할 수 있다(박용치 외, 2008).

관찰은 주위에서 일어나는 일들에 대한 지식을 얻는 가장 기본적인 방법으로서 시각 · 감각과 같은 감각기관을 통하여 현상을 인식하는 가장 기초적인 방법이다.

그러나 자료를 수집하는 데 필요한 관찰은 과학적이어야 한다. 과학적인 관찰이란 일정한 조사목적에 도움을 주고, 체계적으로 계획되며, 그 결과 또한 체계적으로 기록되고, 타당성과 신뢰성에 대한 검증이 가능해야 한다.

관찰을 통하여 자료를 수집하는 방법은 장·단점을 가지고 있다. 먼저, 장점을 살펴보면 크게 네 가지가 있다. 첫째, 조사자가 조사대상이나 행위가 일어나는 현장에서 즉시에 어떠한 사실을 포착한다는 것이다. 조사자의 왜곡을 피할 수 있다. 둘째, 연구대상이 유아나 동물 등 자기의 행위나 감정을 표현하지 못하는 경우나 표현 능력이 부족한 경우에는 관찰이 유일한 자료수집방법이 될 수 있다. 셋째, 조사대상이 표현 능력은 있더라도 조사에 비협조적이거나 면접을 거부할 경우가 있는데, 이때에는 조사대상의 협조가 덜 필요한 관찰의 방법이 적격이다. 넷째, 조사대상에게는 너무도 일상적이어서 관심이 가지 않아 면접이나 질문지법으로는 얻을 수 없는 자료에 대해서도 관찰에 의하여 얻을 수 있다(박용치 외, 2008).

다음으로, 단점을 살펴보면 일곱 가지가 있다. 첫째, 관찰의 대상이 되는 행위를 현장에서 포착하여야 하므로 그러한 행위가 발생할 때까지 기다려야 한다. 예를 들면, 투표행태의 관찰은 투표가 있어야 한다. 둘째, 성질상 관찰이 곤란하거나 외부로 표출하기가 곤란한 문제가 있는 점이다. 셋째, 관찰자의 선호나 마음의 준비, 관심의 여하, 지식의 범위 등에 의해서 선택적 관찰을 하게 됨으로써 객관적으로 중요한 사실을 빠뜨리는 경우가 있다. 예를 들면, 근무성적평정에서 지연·혈연을 중시하다 실제 업적을 평가하지 못하는 경우이다. 넷째, 전부를 동시에 관찰할 수는 없다. 예를 들면, 세계대전 시 한 지역만을 관찰할 수 있다는 것이다. 다섯째, 관찰한 사실만을 기록할 때는 문제가 안 되나 관찰한 사실을 해석해야 할 경우에는 그것이 관찰자마다 구구한 해석을 하게 되어 객관성이 없다는 점이다. 예를 들면, 공무원이 지각을 하였다. 이러한 사실에 대해 갑은 사기저하의 현상이라고 해석하고, 을은 통근거리의 문제라고 하였다(박용치 외, 2008). 여섯째, 관찰 당시의 특수성 때문에 관찰대상이 그때에만 특수한 행위를 하였다면 이를 식별하지 못하고 기록하는 오류를 범한다. 예를 들면, 감사기간에 공무원의 근무태도가 좋은 것을 보고 공무원들이 열심히 일한다고 기록할 때 발생할 수 있는 오류이다.

평소에 관찰하여야 근무태도를 알 수 있을 것이다. 일곱째, 현장성이 약점이 되는 경우로 어떠한 종류의 사실이나 행위는 너무나 평범한 것이기 때문에 조사자의 주위에서 벗어나는 경우가 있다(남궁근, 2016).

(2) 관찰에는 어떤 종류가 있는가?

관찰에는 관찰자의 참여 정도와 관찰자의 구조성(관찰조건의 표준화 정도), 그리고 기타로 분류할 수 있을 것이다.

① 관찰자의 참여 정도

관찰자의 참여 정도를 기준으로 분류하면 참여관찰, 준참여관찰, 비참여관찰로 구분할 수 있다.

첫째, 참여관찰이다. 참여관찰은 민속현지연구라고도 부른다(박용치 외, 2008). 관찰대상의 내부에 들어가서 그 구성원의 일부가 되어 공동생활에 참여하면서 관찰하는 방법으로서 관찰대상의 자연성과 유기적 전체성을 보장하게 된다. 자연성과 유기적 전체성이란 피관찰자의 행동에 관찰자의 개입으로 인한 영향을 받지 않도록 하는 것으로, 즉 관찰자가 없을 때 피관찰자가 하는 행동이라고 할 수 있다. 일반적으로 연구자와 그 대행자인 관찰자가 자신의 신분을 밝히지 않은 채 자연스럽게 관찰대상인 집단에 참여한다.

참여관찰은 장·단점을 가지고 있다. 참여관찰의 장점은 첫째, 관찰대상을 자연적인 상태에서 파악할 수 있기 때문에 수집된 자료의 신뢰성을 확보할 수 있다. 자연적 관찰 환경에서 조사대상자들에 관련된 자료를 수집하기 때문에, 그들의 가식적이고 인위적인 행동이나 거짓 진술 등에 의해서 발생될 수 있는 자료의 신뢰성 손상문제가 해소될 수 있을 것이다. 둘째, 어떤 특수한 행위의 동기나 사람들의 묘한 감정관계 등 외부로 나타나지 않는 사실까지 직접 경험할 수 있다. 조사대상자가 자신이 관찰당하고 있다는 사실을 인식하지 못하는 한 자신이 평소에 하던 습관이나 언행 또는 가치관 등을 파악할 수 있다. 셋째, 조사대상자를 장기간 관찰함으로써 심층적 자료를 수집할 수 있다. 반면, 단점을 보면 첫째, 관찰활동에 있어서 관찰대상의 구성원으로서의 가장이 어렵다는 것이다. 참여관찰을 위해서는 관찰 환경에 들어가야 하는데, 쉽지 않은 것이 현실이다. 둘째, 참여자가 주의하지 않으면 특정 현상에 대한 관찰결과를 기록하는 데 어려움이 있다. 참여관찰은 정확한 기록이 쉽지 않기 때문에 새로운 사실을 발견하는 데 관심을 가질 수 있을 것이다(박용치 외, 2008).

둘째, 준참여관찰이다. 준참여관찰은 참여관찰처럼 관찰대상의 생활 전부에 참여하는 것이 아니고 생활의 일부에만 참여하는 관찰방법이다. 따라서 관찰대상이 자신이 관찰되고 있다는 사실을 알고 있다. 예를 들면, 교생실습학생을 들 수 있을 것이다.

셋째, 비참여관찰이다. 비참여관찰은 조사자라는 신분을 밝히고 관찰하는 방법이므로 주로 조직적인 관찰에 많이 사용된다. 비참여관찰의 장・단점은 참여관찰의 장단점과 반대라고 생각하면 될 것이다. 예를 들면, 참여관찰의 장점은 비참여관찰의 단점이 되고, 참여관찰의 단점은 비참여관찰의 장점이 되는 것이다.

② 관찰절차의 구조성(관찰조건의 표준화 정도)

관찰조건의 표준화 정도를 기준으로 분류하면 구조화된 관찰과 비구조화된 관찰로 분류할 수 있을 것이다.

첫째, 구조화된 관찰이다. 구조화된 관찰은 사전에 계획된 절차에 따라 그 타당성과 신뢰성을 확보하기 위하여 관찰조건을 표준화하고 질문서 등의 보조기구를 사용하여 관찰하는 것으로, 주로 비참여관찰방법을 많이 사용하고 기술적 조사나 실험적 조사에서 많이 쓰인다. 구조화된 관찰에서는 무엇을 관찰하고 기록할 것인지, 체크리스트와 같은 도구를 사용하여 관찰결과를 기록한다(남궁근, 2016). 구조화된 관찰에서는 이미 관찰자가 관찰하려고 하는 목적에 맞는 분석기초가 될 범주가 정해져 있어 이에 따라 관찰하고 기록하면 된다. 그러므로 분석의 기초가 되는 범주의 구성 여부에 따라 신뢰성이 있는 관찰인가의 여부가 결정된다. 구조화된 관찰에서는 관찰표를 이용하여 부호로서 기록하는 방법이 통상적으로 사용되고 있다. 관찰의 신뢰성과 타당성을 확보하기 위해서는 관찰자에 대한 훈련, 녹음

기와 같은 보조기구의 사용, 관찰 범주의 명확화, 그리고 관찰시간의 적정배분(오전, 오후 필히 할 것) 등의 노력이 있어야 한다.

둘째, 비구조화된 관찰이다. 비구조화된 관찰은 사전에 계획을 하지 않은 채 관찰을 하는 것이다. 관찰방법을 통하여 자료를 수집한다고는 하나 어떠한 내용을 관찰하여야 하는지를 결정하기는 쉽지 않은 것이 현실이다. 이때 비구조화된 관찰이 사용되고 있다. 일반적으로 비구조화된 관찰은 탐색적 연구를 할 때 주로 사용하고 있다. 즉, 다양한 상황을 관찰하다가 연구목적과 관련이 있는 것을 발견하려는 것이다.

③ 기타

그 이외에도 관찰자의 직접관찰 여부를 기준으로 직접관찰과 간접관찰로 구분할 수 있고, 관찰상황에 대한 통제 여부를 기준으로 통제관찰과 자연적 관찰로 구분하기도 한다. 또한 관찰도구를 기준으로 인간의 관찰과 기계의 관찰, 그리고 조직성에 따라 조직적 관찰과 비조직적 관찰로 구분한다(남궁근, 2016; 박용치 외, 2008).

4) 2차 자료를 활용한 자료수집방법은 무엇인가?(문헌조사)

(1) 2차 자료란 무엇인가?

2차 자료를 통해 자료를 수집하는 방법은 일반적으로 문헌조사법이라고 부르기도 한다. 2차 자료는 다른 목적을 위해 이미 수집된 자료로서 연구자가 자신이 수행 중인 연구문제를 해결하기 위해 사용하는 것을 말한다(남궁근, 2016). 아마도 사회과학 분야에서 수행된 연구의 다수는 2차 자료를 활용하였을 것으로 보인다.

2차 자료는 몇 가지의 특징을 가지고 있다. 첫째, 2차 자료는 이미 만들어져 있는 자료를 말한다. 연구를 위하여 새로운 자료를 생성하는 것이 아니라 기존해 있는 자료를 활용한다는 의미이다. 따라서 자료를 생성하는 데 필요한 시간과 비용을 절약할 수 있다. 둘째, 2차 자료는 이미 만들어져 있는 자료이기 때문에 연구자가 수행하려고 하는 연구목적에 정확하게 일치하지 않을 수 있다. 연구자가 수집된 2차 자료를 연구목적에 맞게 재구성하고 재분류하기 위한 별도의 노력이 있어야 할 것이다. 셋째, 2차 자료는 자료를 수집할 때 상대적이지만 면접, 관찰 등에 비해 시간적 공간적 제약이 적다.

2차 자료는 문헌조사법이라고 부른다고 하였는데, 그러다 보니 관련 문헌검토라는 유사한 용어와의 차이를 이야기해야 한다. 분명하게 말할 수 있는 것은 자료수집방법으로서의 문헌연구와 연구의 정당성, 그리고 관련 정보의 수집 등을 위하여 수행하는 관련 문헌검토는 차이가 있다는 것이다. 관련 문헌의 검토는 연구자가 경험적 자료를 수집하기에 앞서 이론적 관심을 점검하기 위하여 연구주제와 관련이 있는 이론들을 상기하고자 할 때, 경험적 가설검증을 하고자 가설을 도출하는 원천으로 기존 이론들이나 그 주제에 대한 종전의 연구결과들을 점검할 때, 그리고 과거연구에서 활용한 기법과 방법들을 이용하고자 할 때 사용하는 것이다. 문헌조사법은 수집하고자 하는 자료의 종류를 이야기하는 것이다. 목적과 대상 등 다양한 측면에서 차이가 있다.

(2) 2차 자료를 활용한 자료수집방법은 어떠한 장 · 단점을 가지고 있는가?

2차 자료를 활용한 자료수집방법, 즉 문헌조사법은 장 · 단점을 가지고 있다. 먼저, 장점을 보면 학자마다 다르기는 하지만 여덟 가지로 요약하여 제시할 수 있을 것이다. 첫째, 연구대상자를 직접 만나 면접이나 관찰을 할 수 없을 때는 관련 문서자료가 필수적인 중요한 정보원이 된다. 예를 들면, 관찰, 실험 등의 방식을 활용하기 위해서는 연구대상자에 대한 접근이 필수적인데, 도저히 접근하기 어려운 특수계층이 있을 수 있다. 이 경우 문헌조사를 통해 자료를 수집할 수밖에 없다는 것이다. 둘째, 무반응성이라는 장점을 가진다. 문헌조사법은 연구대상자와 접촉할 때 발생할 수 있는 다수의 문제들이 발생하지 않는다. 셋째, 장기간의 종단연구가 가능하다. 예를 들면, 지방재정규모의 변화를 연구한다고 하면 지방재정 365라는 지방재정공개사이트를 방문하여 시계열자료를 확보한 후 분석할 수 있다. 넷째, 표본의 크기에 있어서도 실험이나 현지연구에 비해서 대규모의 표본을 가지고 연구할 수 있다. 2차 자료의 수집은 1차 자료의 수집에 비하여 상대적으로 시간과 비용이 적게 소요된다는 장점이 있기 때문에 표본의 수를 확대하는 데 무리는 없을 것이다(이해영, 2005). 다섯째, 일기와 같이 자발적으로 기록한 정보를 이용하는 것이므로 제보의 자발성이 있다고 볼 수 있다. 여섯째, 고백의 가능성이 크다. 일곱째, 비용이 덜 든다. 마지막 여덟째, 다른 방법에 비하여 비교적 양질의 자료를 얻을 수 있다(최창현, 2017).

2차 자료를 활용한 자료수집방법도 단점도 가지고 있으며, 단점은 일곱 가지로 제시할 수 있다. 첫째, 작자에 의한 편기의 가능성이 높다. 예를 들면, 일기, 전기 등을 들 수 있다. 연구목적으로 작성된 것이 아니기 때문에 문헌을 작성한 의도에 따라 연구결과의 왜곡현상이 발생할 수 있다. 둘째, 선별적 보존의 문제가 있다. 즉, 유명인의 글은 보존되나 무명인의 글은 보존되지 않으므로 자료의 대표성이 없다. 셋째, 불완전성의 약점이 있다. 연구주제와 관련되어 있는 문헌은 다수 존재하나 연구목적과 밀접하게 관련되어 있는 문헌이 충분하지 않은 경우도 있을 것이다. 넷째, 입수가능성에 문제가 있다. 예를 들면, 비밀문서를 입수하는 것은 불가능하다. 다섯째, 표본의 편기가 있을 수 있다. 즉, 유명인만 표본으로 추출한 것이라고 볼 수 있다. 여섯째, 표현방식, 문장형식에 차이가 있기 때문에 비교를 하자면 조정할 필요가 생긴다. 연구자가 수집한 자료를 연구목적에 맞게 조정하는 과정에서 연구자의 의도가 반영될 가능성이 있다. 일곱째, 부호화의 단점이 있다(개방형 질문서와 동일한 의미에서). 상호 비교 등을 위해서는 동일한 방식으로 분류되어야 하는데, 이때 다수의 시간과 비용이 소요될 뿐만 아니라 잘못된 분류 등이 행해질 수 있다(이해영, 2005; 최창현, 2017).

4. 자료수집방법은 어떻게 기술하는 것이 좋은가?

자료의 수집방법에 대하여 구체적으로 살펴보았다. 학위논문이나 학술논문을 작성할 때에는 자료의 수집방법에 대해 기술하여야 한다. 이때에는 앞에서 살펴본 것과 같은 질문지법, 관찰, 실험, 2차 자료 등에 대해 세부내용을 구체적으로 제시하지는 않는다.

어떤 자료수집방법을 활용하였는지를 간단하게 기입하는 것이다. 1차 자료 중 질문지법을 활용하였다면 모집단, 표본추출방법, 표본규모, 조사기간, 조사방법 등에 대해 6하 원칙에 의거하여 기술하는 것이 일반적이다. 그리고 2차 자료를 활용하였다면 어디에 있는 자료를 어떤 방법을 통하여 수집하였는지를 기술한다.

논문 제목 **여성의 사회적 지위와 청렴도 간 관계에 관한 연구**

실증연구를 위한 자료는 다음과 같은 절차에 따라 수집되었다. 먼저, 국가별 경제지표 등은 UNDP의 정기조사 자료 중 2009년 통계표를 활용하였으며, 국가별 청렴도(CPI) 관련 자료는 국제투명성기구(TI)의 2009년 발표자료를 활용하였다. 최종 분석에서 활용된 국가 및 지역은 총 194개이다.

본 연구에서 사용된 국가와 지역의 청렴도(CPI)는 뉴질랜드가 9.4로 최대값을, 소말리아가 1.1로 최소값을 보였다. 여성 국회의석비율은 평균 17.28%이며, 르완다가 51%로 최대값을 보인 반면, 카타르, 사우디아라비아, 솔로몬제도, 미크로네시아, 나우루(Nauru), 투발루(Tuvalu) 등 6개국이 0%로 최소값을 보였다. 여성 고위직비율은 2007년 기준으로 평균 28.58%이며, 필리핀이 57%로 최대값을, 파키스탄이 3%로 최소값을 보였다. 여성 전문직비율은 2007년을 기준으로 평균 47.90%이며, 리투아니아가 70%로 최대값을 보인 반면, 피지가 9%로 최소값을 보였다. 남성대비 여성의 소득비율은 2007년을 기준으로 평균 54%이며, 모잠비크가 90%로 최대값을 보였으며 사우디아라비아가 16%로 최소값을 보였다. 통제변수로 활용한 국내총생산(GDP)은 2007년을 기준으로 미국이 13,751 십억 달러로 최대값을, 상투메프린시페 민주공화국(Democratic Republic of Sao Tome and Principe)이 1억 달러로 최소값을 보였다.

라휘문 외(2010a)

논문 제목 **근무성적평정과정에서 나타나는 초과근무의 후광효과에 관한 경험적 연구**

본 연구의 실증 분석을 위한 자료는 2008년 12월 31일 현재 근무평정대상이 되는 국민권익위원회 소속 구성원 중 조사부서에 근무하는 조사업무만을 전담하는 공무원 175명을 대상으로 하였다.

라휘문 외(2010c)

논문 제목 **환경변화에 따른 구성원 직무스트레스와 조직몰입 간 관계에 대한 LMX(leader-member exchange) 조절효과분석**

본 연구의 실증 분석을 위한 자료는 3개 중앙부처 공무원 200명을 대상으로 2009년 2월 10일부터 2월 27일까지 3주간에 걸쳐 설문조사를 시행하였다. 배포된 설문 중 180부(90%)가 회수되었으며, 그 가운데 응답을 포기하거나 일률적으로 모든 설문에 동일한 점수를 부여하는 등의 불성실한 설문응답은 제외하였다. 따라서 총 149부의 설문지를 분석에 사용하였다.

라휘문 외(2010e)

논문 제목 **비합리적 소비성향이 피부관리실 선택행동에 미치는 영향**

1. 자료수집방법

본 연구는 비합리적 소비자선택이론에 따른 소비성향이 피부관리실의 선택에 미치는 영향을 파악하는 것을 목적으로 하고 있다. 자료의 수집은 관련 문헌검토, 설문조사 등을 통해 이루어졌다. 관련 문헌검토를 통해 변수의 측정항목을 도출 구성하였고, 구조화된 설문지를 이용하여 피부관리서비스 이용에 비합리적 소비성향이 나타나고 있는지를 검증하고자 하였다. 설문조사는 피부관리실을 이용한 경험이 있는 사람을 대상으로 실시하였다.

설문조사는 총 세 차례에 걸쳐 수행하였다. 본 조사에 앞서 2차에 걸친 예비조사를 수행하였다. 제1차 예비조사는 전문가조사로 베블런효과와 관련된 14개의 설문문항과 밴드왜건효과와 관련된 5개의 설문문항을 2016년 1월 11일부터 2016년 1월 15일까지 5일 동안 피부관리서비스 이용경험이 있는 석·박사학위소지자 여성 10명을 대상으로 실시하였다. 조사의 목적은 설문문항의 적정성을 판단하는 데 있었다. 예비조사결과를 토대로 설문문항이 조정되었고 설문지 역시 수정되었으며, 설문문항의 경우 베블런효과는 12개 문항으로 축소·조정되었고, 밴드왜건효과는 9개 문항으로 확대되었다. 제1차 예비조사결과를 토대로 수정한 설문지를 가지고 제2차 예비조사를 실시하였다. 제2차 예비조사는 설문조사결과가 의미를 가질 수 있는지를 파악하기 위하여 실시하였다. 전국을 대상으로 무작위 추출방식에 의거하여 100표본을 조사하였다. 조사기간은 2016년 1월 25일부터 2016년 1월 31일까지 7일간이었다. 분석결과 문제점이 발견되지 않아 본 조사를 실시하였다. 본 조사에서 활용한 문항 및 주요 내용은 다음의 표와 같으며 5점 척도로 구성하였다(표 생략).

> 설문조사를 위한 표본은 거주지역과 연령을 고려한 비례층화표본추출방식을 선정하였다. 특정 지역의 이용자가 편중되어질 경우 연구결과의 지역적 한계가 발생될 가능성이 높으며, 특정 연령에 편중되어질 경우 비합리적 소비성향인 베블런효과와 밴드왜건효과의 주요 세부요인이 편중되어 나타날 가능성이 있기 때문이다. 본 연구에서는 전국 광역자치단체의 인구비와 연령비를 고려하여 비례층화표본추출을 수행하였으며, 세부조사대상은 다음의 표와 같다(표 생략).
>
> 표에서 볼 수 있는 것처럼 연구결과의 일반화 가능성을 보다 높이고, 연구결과의 편중 등을 최소화하기 위해 본 연구의 조사대상은 전국 17개 광역자치단체의 인구를 고려하여 20대 이상의 여성 중 서비스 이용경험이 있는 1,000명을 대상으로 설문조사를 하였다.
>
> 설문조사방법은 구조화된 조사지를 활용하여 Web 조사 및 대면조사방법을 활용하였다. 조사기간은 2016년 2월 10일부터 2016년 2월 29일까지 20일 동안 실시되었다.
>
> 최재민(2016)

제 6 절

자료분석방법이란 무엇인가?

1. 자료분석방법은 무엇인가?

자료를 수집하였으면 그 다음에는 자료를 분석하여야 한다. 자료를 분석하고 그 결과를 해석하여야 연구목적을 달성할 수 있을 것이다. 이때 활용하는 것이 자료의 분석방법이다. 자료의 분석은 SPSS, R, Stata 등과 같은 통계패키지를 활용하여 이루어지는 것이 일반적이다.

연구방법론에 계량분석과 관련된 내용을 포함하는 것이 바람직한지에 대해서는 모든 학자가 동의하는 답은 없는 것으로 보인다. 연구방법론이라는 책을 저술하는 학자들에 따라 계량분석방법 등을 포함하기도 하고 포함하지 않기도 하는 것으로 보인다. 계량분석과 관련된 내용을 포함할 경우 한 권의 연구방법론 책으로 학술논문 및 학위논문과 관련된 모든 내용을 학습할 수 있다는 점에서 유용할 수 있으나 분량이 많아지고 어려워지면서 연구방법론에 대한 관심을 떨어뜨릴 수 있는 가능성도 존재한다.

이 책에서는 계량분석과 관련된 내용은 통계학의 영역으로 남겨두고 자료의 수집방법에 대한 기술형태를 제시하는 데 초점을 맞추고자 한다.

2. 자료분석방법은 어떻게 기술하는 것이 좋은가?

자료의 분석방법에 대해서는 세부적인 내용까지 구체적으로 제시하는 경우도 있고, 어떤 방법을 사용한다고 간단하게 기술하는 경우도 있다. 학술논문의 경우 간단하게 제시하는 것이 일반적이고 학위논문의 경우에도 좀 더 구체적으로 기술하고 있는 것으로 보인다. 다만, 학술논문의 경우에도 연구자가 사용하려고 하는 연구방법론이 일반적이지 않을 경우 구체적인 설명을 하는 것이 바람직할 것으로 보인다.

논문 제목 **여성의 사회적 지위와 청렴도 간 관계에 관한 연구**

이와 같은 자료를 토대로 본 연구의 모형을 검증하기 위한 분석은 먼저, 변수 간 관련성을 검토하기 위해 상관관계분석을 실시하였으며, 통제변수인 국가 간 GDP 수준에 따른 변수 간 차이를 검증하였다. 이어 가설검증을 위하여 위계적 다중회귀분석을 실시하였다.

라휘문 외(2010a)

논문 제목 **근무성적평정과정에서 나타나는 초과근무의 후광효과에 관한 경험적 연구**

이와 같은 자료를 토대로 본 연구의 모형을 검증하기 위한 분석은 먼저, 변수들 간 관련성을 검토하기 위해 상관관계분석을 실시하였으며, 가설검증을 위한 선형회귀분석과 차이분석을 실시하였다. 수집된 자료의 분석을 위해서는 SPSS 12.0 프로그램을 활용하였다.

라휘문 외(2010c)

논문 제목 **환경변화에 따른 구성원 직무스트레스와 조직몰입 간 관계에 대한 LMX(leader-member exchange) 조절효과분석**

본 연구조사의 분석결과는 사회과학 통계처리 패키지인 SPSS WIN 12.0 프로그램을 사용하여 신뢰성 분석, 타당성 분석, 그리고 차이분석 및 회귀분석을 실시하였다.

본 연구의 목적 중 하나인 조절효과분석은 다음과 같은 절차와 기준에 의하여 이루어졌다. 에반스(Evans, 1991)에 따르면 계층적 회귀분석방법은 2~3개 이상의 변수를 동시에 곱하도록 구조화되어 있는 복합변수를 포함한 분석, 그리고 변수 간의 상호작용을 검증하는 데 가장 적절한 방법이라고 하였다. 따라서 그 방법은 우선 1단계에서는 독립변수로 하는 단순회귀의 설명력을 살펴보고, 2단계로 조절변수를 추가하여 총설명력을 살펴본다. 3단계는 독립변수 값과 조절변수 값의 곱한 값을 추가하여 총설명력을 도출한 후 2단계의 총설명력과 비교하여 유의하게 변하는지를 살펴보았다. 이 조절항목이 추가됨으로써 총설명력이 유의하게 변하였을 경우 조절효과가 있는 것으로 보았다.

라휘문 외(2010e)

논문 제목 **비합리적 소비성향이 피부관리실 선택행동에 미치는 영향**

설문조사를 통해 수집된 자료는 SPSS v.19.0을 활용하여 통계분석을 하였다. 본 연구는 베블런효과 및 밴드왜건효과와 같은 비합리적인 소비성향이 피부관리실 선택에 있어 어떠한 영향을 미치는지를 검증하는 목적을 가지고 있기 때문에 각각의 가설 검증을 위한 다양한 분석을 하였다.

먼저, 기술통계 및 빈도분석을 수행하여 응답자들이 가지고 있는 전반적인 인식수준을 파악하였다. 그리고 연령, 피부관리시설 이용 유형, 거주지역, 학력, 소득 등과 같은 집단 변수를 활용하여 집단 간 인식 차이가 나타나고 있는지를 검증하였다. 분석은 독립표본검증과 일원배치분산분석을 수행하여 집단 간 인식 차이가 통계적으로 유의미한 차이인지 그렇지 않은지를 분석하였다. 또한 빈도분석, 기술통계분석, 집단 간 인식 차이 검증을 통해 변수 간 상관요인이 발생하고 있는지 사전에 점검한 후 상관분석과 요인분석을 통해 변수 간 범주화를 수행하였다. 본 연구에서는 독립변수로 설정하고 있는 베블런효과, 밴드왜건효과를 측정하기 위해 다수의 변수를 선택 측정하고 있어 회귀분석을 위한 변수축소를 위해 변수를 범주화하였다. 또한 신뢰도

분석을 수행함으로써 범주화된 변수, 즉 연구의 요인화 과정에서의 신뢰도를 함께 제시하였다.

마지막으로, 회귀분석을 통해 피부관리 서비스 선택 및 피부관리실에 대한 만족, 피부관리실의 재이용, 피부관리실의 추천의향 등과 관련하여 비합리적 소비성향이 나타나는지를 검증하였다. 먼저, 피부관리 서비스 선택에 비합리적 소비성향이 나타나고 있는지를 분석하며, 베블런효과 및 밴드왜건효과의 어떠한 변수가 얼마만큼의 영향을 미치는지를 검증하였다. 다음으로, 서비스에 대한 만족, 재이용의사, 추천의향 등에 비합리적 소비성향이 어떠한 영향을 미치는지 종합 분석하였다.

연구의 주요 분석방법은 다음과 같다.

〈주요 분석방법〉

분석방법	목적	대상문항
기술통계, 빈도분석	문항별 응답자들의 인식 파악	전체 문항
T-test, ANOVA	집단 간 인식 차이 발생 여부 파악	전체 문항
상관분석, 요인분석	변수 간 관계 및 영향 정도 파악 유사 문항의 그룹화 가능성 파악	베블런효과 변수, 밴드왜건효과 변수
데이터 축소, 신뢰도분석	문항의 범주화를 통한 데이터 축소 축소과정, 범주화의 신뢰도 파악	베블런효과 변수, 밴드왜건효과 변수
회귀분석	연구의 가설검증 주요 영향요인 검증	요인변수와 서비스, 요인변수와 종속변수

최재민(2016)

참고문헌

강윤호(2000). "지방자치의 실시가 지방정부의 사회복지지출에 미친 영향: 공공선택론적 접근의 시도." 『한국행정학회 하계학술대회 발표논문집』. 299-313.

강윤호(2002). "지방정부의 정책선호와 그 결정요인." 『한국행정학보』, 36(4): 227-241.

국회예산정책처(2006). 『일자리지원사업평가』. 2006년도 국가주요정책 · 사업평가보고서 제13호.

권경환(2004). 「지방정부 재정지출의 정향 변화에 관한 연구」. 서울대학교 박사학위논문.

금창호(2018). 『광역연합형 특별지방자치단체 도입방안 연구』. 한국지방행정연구원 연구보고서.

김갑성(2020). "대한민국의 스마트시티 전략." 『스마트시티 탑 아젠다』, 1(1): 328-355.

김경동 · 이온죽(1991). 『사회조사연구방법』. 서울: 박영사.

김근세 · 권순정(2006). "관청형성모형의 재구성." 『한국행정학보』, 40(1): 1-27.

김길수(2008). "광역행정 실효화를 위한 특별지방자치단체의 도입에 관한 연구." 『한국자치행정학보』, 22(2): 425-445.

김명옥 · 진용미(2015). "성의 라이프스타일에 따른 외모관리 및 헤어뷰티 소비성향 연구." 『한국미용학회지』, 21(5): 929-938.

김명자 역(2009). 『과학혁명의 구조』. 서울: 까치.

김세미 외(2011). "피부관리실 브랜드 이미지가 고객만족 및 재방문에 미치는 영향." 『한국인체미용예술학회지』, 12(3): 215-226.

김순은(2020). 『미래의 지방행정체제 전망과 추진전략. 포스트 코로나시대의 미래행정체제 개편방향』. 한국지방행정연구원 개원 36주년 기념 세미나 자료집.

김영정 · 남재봉 역(1990). 『사회학 방법론: 과학적 사회학의 논리』. 서울: 한울아카데미.

김재훈(1993). "정부지출 결정요인 검증을 위한 새로운 시도: 미국 주정부 지출을 중심으로." 『한국행정학보』, 27(1): 135-153.

김정숙 · 윤천성(2010). “노화기 여성의 피부관리실 이용행태와 선택 요인연구.” 『한국미용학회지』, 16(3): 908-921.

김정욱(1993). “지방의회 예산심의의 발전방향에 관한 연구.” 『한국행정학보』, 27(1): 77-96.

김정헌 · 정연화(2003). “지방자치가 지역복지에 미치는 영향에 관한 연구: 영천시를 중심으로.” 『복지행정논총』, 13(2): 41-72.

김준현(2014). “이민자 사회통합서비스 전달체계 비교연구.” 한국지방정부학회 학술세미나 발표논문. 361-390.

김찬수 · 이혜승(2010). 『일자리정책의 효과성 제고를 위한 감사방안: 연계사업 감사 프레임워크를 이용한 성과분석』. 감사연구원 Executive Report(2010-05).

김태룡(2007). 『행정이론』. 서울: 대영문화사.

김태일 · 김재홍 · 현진권(2001). “지방재정조정제도의 수평적 재정형평화 효과.” 『한국지방재정논집』, 6(2): 3-20.

김태희(2012). 「피부미용실의 서비스품질이 거래신뢰와 점포몰입 및 충성도에 미치는 영향」. 서경대학교 대학원 박사학위논문.

김해동(1997). 『조사방법론: 이론과 기법』. 서울: 법문사.

김현주(2011). 「여성들의 피부관리에 대한 실태 및 선호도에 관한 연구」. 숙명여자대학교 원격대학원 석사학위논문.

남궁근(1994). “우리나라 지방정부 지출수준의 결정요인 분석: 시 · 군 · 자치구의 기초자치단체를 중심으로.” 『한국행정학보』, 28(3): 991-1012.

남궁근(2003). 『행정조사방법론』. 서울: 법문사.

남궁근(2016). 『행정조사방법론』. 서울: 법문사.

노상은(2011). 「일반피부관리와 메디컬피부관리에 대한 만족도 및 재의용의도」. 대구한의대학교 보건대학원 석사학위논문.

노상은 · 김현서(2014). “일반피부관리와 메디컬 피부관리에 대한 만족도 및 재이용의도.” 『한국미용학회지』, 20(2): 207-216.

라휘문(2002). “세출예산분석을 통한 지방자치단체의 성격규명: 관청형성모형의 적용을 중심으로.” 『한국지방재정논집』, 7(1): 53-74.

라휘문(2005). “지방소비세의 도입 필요성과 방식, 그리고 효과.” 『지방행정연구』, 19(2): 217-238.

라휘문(2012a). “경기도 일자리 지원사업에 대한 평가모형의 설계.” 『한국정책연구』, 12(3): 131-155.

라휘문(2012b). “성과창출을 위한 지방재정관리제도 개선방향.” 『도시행정학보』, 25(2): 251-275.

라휘문(2013). “지방법인세의 도입필요성, 대안 그리고 효과.” 『사회과학연구』, 24(1): 31-51.

라휘문(2014). “지역경제 활성화 정책의 성과와 지방세입의 연계구조 설계: 대산임해산업지역(대산공단) 사례를 중심으로.” 『한국정책연구』, 145(4): 105-126.

라휘문(2015). “외국인 사회통합을 위한 정책의 추진방향: 사회통합기금 및 프로그램을 중심으로.” 『다문화와 평화』, 9(2): 1-29.

라휘문(2018). “지방자치단체의 정원관리제도와 공무원 수의 관계에 대한 연구.” 『한국정책연구』, 18(3): 1-24.

라휘문(2019a). “중앙정부의 특례시 재정 이전에 대한 고찰.” 『한국지방자치학회 춘계학술대회 발표논문집』.

라휘문(2019b). “재정분권에 대한 평가와 추진방향.” 『한국정책연구』, 19(3): 1-23.

라휘문(2019c). “중앙정부와 특례시 간 재정조정에 대한 고찰.” 『지역정책연구』, 30(2): 1-20.

라휘문 외(2010a). “여성의 사회적 지위와 청렴도 간 관계에 관한 연구.” 『한국인사행정학회보』, 9(3): 129-149.

라휘문 외(2010b). “사회통합을 위한 갈등관리제도의 발전방향.” 『한국정책연구』, 10(3): 83-103.

라휘문 외(2010c). “근무성적평정과정에서 나타나는 초과근무의 후광효과에 관한 경험적 연구.” 『현대사회와 행정』, 20(1): 73-93.

라휘문 외(2010d). “지방공기업 경영평가에 대한 메타평가: 경기도 지방공기업 경영평가 사례를 중심으로.” 『GRI연구논총』, 12(1): 47-72.

라휘문 외(2010e). “환경변화에 따른 구성원 직무스트레스와 조직몰입 간 관계에 대한 LMX(leader-member exchange) 조절효과분석.” 『한국인사행정학회보』, 9(1): 137-162.

라휘문 외(2012). “2008년 감세정책이 시, 군 자치단체의 세입과 세출에 미친 영향 분석.” 『지방행정연구』, 26(2): 111-134.

라휘문 외(2014a). “지방선거제도의 역할제고를 위한 개혁과제와 논의.” 『한국정책연구』, 14(2): 23-43.

라휘문 외(2014b). “결혼이주여성의 출산력 제고를 위한 정책추진방향.” 『다문화와 평화』, 8(1): 42-73.

라휘문 외(2015). “외국인정책과제의 연계성 분석 및 향후 추진방향: 제2차 외국인정책 기본계획의 정책과제를 중심으로.” 『GRI연구논총』, 17(3): 5-28.

라휘문 외(2017). “결혼이민자의 자기효능감이 직무성과에 미치는 영향에 대한 연구: 가족건강성의 조절효과를 중심으로.” 『국가정책연구』, 31(4): 395-423.

라휘문 외(2022). 『국가균형발전특별회계 제주계정 재설계 연구』. 제주특별자치도 수탁과제.

박광국 · 황종규(1994). “지방정부 예산결정과정에서 지방의회의 역할에 관한 연구.” 『한국행정학보』, 28(1): 241-261.

박미정 외(2002). “과시소비성향과 정장 수입브랜드선호에 따른 의복구매행동에 관한 연구.” 『한국의류학회지』, 26(1): 3-14.

박승규(2021). “에너지, 지역내총생산, 인구변화는 미세먼지 발생에 어느 정도 기여하는가?” 『지역발전연구』, 30(1): 157-188.

박용치 외(2008). 『조사방법론』. 서울: 대영문화사.

박재홍(2021). 「정부부처 고위관료가 예산구조에 미치는 영향에 관한 연구: 관청형성모형을 중심으로」. 서울대학교 석사학위논문.

박재희 · 라휘문(2022). “특별지방자치단체 사무발굴의 논리 및 행 · 재정적 지원방안.” 『한국지방자치학회보』, 34(1): 57-85.

박정희(2010). “피부관리실 이용자의 이용의도에 관한 실증연구.” 『한국미용학회지』, 16(4): 978-990.

박충훈 외(2008). “지방자치단체 평가제도의 연계 및 통합방안.” 『지방행정연구』, 22(2): 145-170.

박현주 · 박숙현(2011). “과시소비성향에 따른 패션과 뷰티관여도.” 『한국의류학회지』, 35(1): 77-88.

박현주 · 박숙현(2014). “과시소비성향 집단별 뷰티관여가 자기만족도에 미치는 영향.” 『한국의류산업학회지』, 16(1): 137-144.

배인명(2000). “지방정부 자치재정력의 지방세출구조에 대한 효과분석: 시정부를 중심으로." 『한국행정학보』, 34(2): 161-177.

서인석(2013). 「국회 입법과정에서 정책산출의 영향요인에 관한 연구: 사회복지법안 및 과학기술법안 분석을 중심으로」. 성균관대학교 석사학위논문.

서정섭(2011). "지방자치단체 간 협력사업의 유인기제로서 재정기반 구축에 관한 연구." 『지방행정연구』, 25(1): 189-214.

석호원(2018). "한국중앙부서의 기관유형 변화에 관한 연구: 기관유형 분류와 관청형성 전략분석." 『한국정책학회보』, 27(2): 73-109.

손희준(1999). "지방자치제 실시에 따른 지방재정지출의 결정요인 분석." 『한국행정학보』, 33(1): 81-97.

신금석(2011). 「조직공정성과 참여적 의사결정이 군 조직유효성에 미치는 영향」. 경원대학교 박사학위논문.

신윤정 외(2012). "피부 관리실의 서비스품질이 소비자의 지각된 가치 및 구매 후 행동에 미치는 영향." 『한국미용학회지』, 18(2): 338-344.

신정숙(2011). 「서비스품질이 고객만족 및 구전활동에 미치는 영향에 관한 연구」. 서경대학교 경영대학원 석사학위논문.

안현순 · 박준(2005). "라이프스타일 변화에 따른 미용업체의 시장세분화 전략." 『한국패션뷰티학회지』, 3(1): 20-28.

유병관(2014). 「조세정책이 납세순응도에 미치는 영향에 관한 연구: 세율수준을 중심으로」. 가천대학교 박사학위논문.

유재원(1999). "단체장 민선 이후 자치단체의 정책변화: Peterson의 도시한계론 검증." 『한국정책학회보』, 8(3): 79-98.

윤영진(1993). "광역의회의 예산심의 행태에 관한 연구." 『한국행정학보』, 27(4): 221-141.

윤재풍 역(1990). 『사회과학과 조직이론』. 서울: 박영사.

윤재풍(2014). 『조직론』. 서울: 대영문화사.

윤진영(2014). 「정부의 보육정책이 주택가격에 미치는 영향: 보육시설의 접근성과 질적 수준을 중심으로」. 서울대학교 박사학위논문.

이미애(2014). 「중앙정부의 재정정책이 지방재정에 미치는 영향에 관한 연구: 재정운용의 효율성과 재정 형평성 분석」. 성균관대학교 박사학위논문.

이순자(2017). "스마트시티 활성화를 위한 관련 법률 개정 및 조례 제정의 필요성 검

土."『토지공법연구』, 79: 583-609.
이승종(2000). "지방자치와 지방정부의 복지정책 정향."『한국행정학보』, 34(4): 197-215.
이영(2002). "여성과 국가의 투명성: 부패에 있어서의 성별 차이에 대한 실증분석과 시사점."『여성과 국가경쟁력』. 한국여성개발원 개원 19주년 기념 심포지움 발표논문집. 32-48.
이유민(2011).「스킨케어 유형에 따른 소비자 선호도와 만족도에 관한 연구」. 성신여자대학교 문화산업대학원 석사학위논문.
이유현 · 배현숙(2011). "미국 거주 한인들의 피부 관리실 이용실태와 만족도에 관한 연구."『한국미용학회지』, 17(5): 880-888.
이준형(2006).『조사방법론』. 서울: 대영문화사.
이지영(2013). "외모 관리 행동의 통제요인에 따른 차이분석: 피부관리행동 중심으로."『조형미디어학』. 185-192.
이지은(2019).「지방정부규모와 지방정부의 질이 주민 삶의 만족에 미치는 영향」. 서울대학교 박사학위논문.
이해영(2005).『조사방법의 이해』. 서울: 대영문화사.
임정욱(2017).「수준별 정부의 예산지출변동패턴 분석 연구: 관청형성모형 적용을 중심으로」. 서울대학교 석사학위논문.
전상경(1992). "국비보조금 배분의 정치경제: 박정희, 전두환, 노태우 정부의 비교."『한국행정학회보』, 29(3): 699-711.
전주희(2018).「협력적 문화거버넌스에서 문화예술단체의 참여」. 성균관대학교 박사학위논문.
정노화(2015).「한국 이민정책의 집행에 관한 연구: 관청형성모형을 통한 세출예산분석을 중심으로」. 성결대학교 박사학위논문.
정영애 외(2009). "부산지역 프랜차이즈 피부비만 관리실과 일반 피부비만 관리실의 고객만족도 영향요인."『의료경영학회지』, 3(2): 55-64.
정용덕 외(1998). "일본 중앙정부의 행 재정개혁에 관한 경험적 연구: '관청형성모형'을 중심으로."『한국정책학회보』, 7(3): 53-86.
정용덕 외(2001). "일본 자본주의 국가의 기능과 기구, 1981~1996."『한국정책학회보』, 10(1): 237-266.

정재진(2008). 「재정분권이 지방재정 지출구조에 미치는 영향 분석: 경상적 지출과 투자적 지출을 중심으로」. 고려대학교 박사학위논문.

조경훈(2015). 「행위자 중심의 갈등관리모형에 대한탐색적 고찰: Q방법론을 활용한 이해관계자 유형화를 중심으로」. 성균관대학교 박사학위논문.

조경훈 외(2016). "지방자치단체 재정사업평가의 개선방안에 대한 연구." 『한국정책연구』, 16(4): 53-69.

조경훈 외(2022). 『경기도 소상공인 지원정책의 성과분석과 대응과제』. 경기도의회 용역과제.

조은아 · 김미숙(2004). "청소년의 과시소비성향에 따른 수입명품 및 유명브랜드 의류제품에 대한 태도 및 구매행동." 『한국의류학회지』, 28(1): 76-87.

차태훈 외(2008). "데이마케팅의 의례요소에 관한 탐색적 연구: 소비자참여에 미치는 영향을 중심으로." 『소비문화연구』, 11(2): 43-65.

최성임(2014). "피부미용실의 위생서비스 만족도가 고객의 재방문의사에 미치는 영향." 『한국미용학회지』, 20(6): 1012-1019.

최영화 · 류화라(2007). "관계마케팅 요인이 피부관리실 애호도에 미치는 영향." 『한국미용학회지』, 13(3): 1376-1387.

최용환(2019). "특별광역협력체계 구축에 관한 연구: 충청특별지방자치단체 도입을 중심으로." 『한국도시행정학회 학술발표대회 논문집』. 499-522.

최재민(2012). 「일반피부관리와 메디컬피부관리의 선택에 영향을 미치는 요인」. 성결대학교 석사학위논문.

최재민(2016). 「비합리적 소비성향이 피부관리실 선택행동에 미치는 영향」. 건국대학교 박사학위논문.

최재민(2017). "베블런효과와 밴드왜건효과가 미용실 선택에 미치는 영향." 『디지털융복합연구』, 15(10): 559-570.

최재민 외(2012). "피부관리실 이용자 만족도 및 재방문의사 결정요인에 대한 연구." 『한국정책연구』, 12(4): 589-609.

최창현(2017). 『조사방법론』. 서울: 윤성사.

최태현 · 임정욱(2017). "관청형성모형에 기반한 중앙정부 예산점증성 분석." 『한국행정학보』, 51(2): 389-420.

한석지(2005). 「한국의 지방정치와 지역개발정책에 관한 연구」. 건국대학교 박사학위논문.

한지영(2012). “피부미용샵 이용객의 라이프스타일이 피부미용샵 선택속성에 미치는 영향.” 『한국미용학회지』, 18(5): 1055-1063.

허정화(2016). 「초국적 메가프로젝트의 개발거버넌스 구조와 특징」. 서울대학교 박사학위논문.

홍수남(2013). “미혼남성의 라이프스타일 유형이 뷰티행동인식에 미치는 영향.” 『기초조형학연구』, 14(6): 441-447.

홍준현(2021). “2021년 전부개정 지방자치법은 자치분권 2.0시대의 개막을 의미하는가?” 『한국지방자치학회보』, 33(4): 1-32.

황복주(2006). “미용서비스 품질지각이 고객만족에 미치는 영향에 따른 미용실 서비스 전략.” 『산업경제연구』, 19(1): 179-203.

통계청(2010). 『통계로 보는 여성의 삶』.

Cohen, B. P.(1980). *Developing Sociological Knowledge*. Englewood Cliffs. New Jersey: Prentice-Hall.

Coulter, Philip B.(1981). Measuring Distributional Inequity. *Policy Studies Journal*, 10(2): 396-405.

Dye, T.(1966). *Politics, Economics and The Public Policy Outcomes in the American States*. Chicago: Rand McNally.

Fisher, G. W.(1964). Interstate Variation in State and Local Government Expenditure. *National Tax Journal*, 17(1): 57-74.

Huang, Y., T. Deng, Z. Li, N. Wang, C. Yin, S. Wang, & S. Fan(2018). Numerical simalations for the sources apportionment and control strategies of PM2.5 over Pearl River Delta, China, Part Ⅰ: Inventory and PM2.5 sources apportionment. *Science of Total Environment*, 634(2018): 1631-1644.

Hu, J., Y. Wang, Q. Ying, & H. Zhang(2014). Spatial and temporal variability of PM2.5 and PM10 over the North China plain and the Yangtze river delta, China. *Atmospheric Environment*, 95(2014): 598-609.

Kaplan, Abraham(1964). *The Conduct of Inquiry: Methodology for Behavioral Science*. San Francisco. CA: Chandler Publishing Co.

Kerlinger, Fred N.(1973). *Foundations of Behavioral Research*. New York: Holt. Rinehart an Winston.

Kerlinger, Fred N.(1986). *Foundations of Behavioral Research*(3rd ed.). New York: Holt. Rinehart and Winston.

Kuhn, Thomas S.(1962). *The Structure of Scientific Revolution*. The University of Chicago Press.

Lang, G. & Heiss, D.(1984). *A Practical Guide to Research Methods*. Lanham, MD: University Press of America.

McGaw, Dickinson & Watson George(1976). *Political and Social Inquiry*. John Wiley & Sons, Inc.

Musgrave, R. A.(1969). *Fiscal Systems*. Yale University Press.

Nachmias, D. & Nachmias, C.(1999). *Research Methods in the Social Science*(6th ed.). New York: St. Martin's Press.

Nguyen, H. T., M. Y. Kim, & K. H. Kim(2010). The influence of long-range transport on atmospheric mercury on Jeju Island, Korea. *Science of the Total Environment*, 408(2010): 1295-1307.

O'Fallon, M. J. & Butterfield, K. D.(2005). A Review the Empirical Ethical Decision-making Literature: 1996~2003. *Journal of Business Ethics*, 9(4): 375-413.

Peterson, P. E.(1979). A unitary model of local taxation and expenditure policies in the United States. *British Journal of Political Science*, 9(3): 281-314.

Peterson, P. E.(1981). *City Limits*. Boston: Little & Brown.

Peterson, P. E.(1996). The Three Policy Arenas. Jack Rabin(eds.). *Budgeting: Formulation and Execution*. Carl Vision Institute of Government: The University of Georgia.

Phillips, B. S.(1971). *Social Research: Strategy and Tactics*(2nd ed.). New York: Macmillan.

Tompkins, G. L.(1975). A causal model of state welfare expenditures. *Journal of Politics*, 37(2): 392-416.

Vellingril, K., K. H. Kim, C. J. Ma, C. H. Kang, J. H. Lee, & I. S. Kim(2015). Ambient particular matter in a central urban area of Seoul, Korea. *Chemosphere*, 119

(2015): 812-819.

Wallace, Walter L.(1971). *The Logic of Science in Sociology*. Aldine-Atherton, Inc.

Wong, K. K.(1988). Economic Constraint and Political Choice in Urban Policy-Making. *American Journal of Political Science*, 32(1): 1-18.

World Bank(2001). *Engendering Development through Gender Equality, Resources and Voice*.

Xia, T., J. Wang, K. Song, & L. Da(2014). Variations in air quality during rapid urbanization in Shanghai, China. *Landscape and Ecological Engineering*, 10: 181-190.

Yang, J., D. Song, D. Fang, & F. Wu(2019). Drivers of consumption-based PM2.5 emission of Beijing: A structural decomposition analysis. *Journal of Cleaner Production*(2019). doi: 10/1016/j/jclepro.2019.02.109

찾아보기

ㄴ

ㄷ

ㅁ

ㅂ

ㅅ

저자 소개

■ 라휘문

〈학력사항〉

- 성균관대학교 문학사
- 성균관대학교 행정학 석사
- 성균관대학교 행정학 박사

〈경력사항〉

- 한국지방행정연구원 기획조정실장
- 행정안전부 중앙투자심사위원회 위원
- 법무부 이민정책자문위원회 위원
- 국민권익위원회 자체평가위원회 위원장
- 대통령직속 자치발전위원회 비용평가전문위원회 위원장
- 한국지방재정학회 부회장
- 한국지방자치학회 부회장
- 경인행정학회 회장
- 한국정책분석평가학회 회장
- 성결대학교 행정학과 교수

조사방법론

– 연구경험의 공유 –

펴낸날 제1판 제1쇄 2022년 7월 20일
지은이 라휘문
펴낸이 임춘환
펴낸곳 도서출판 **대영문화사**
주소 (본사) 사무실: 경기도 고양시 일산서구 주화로 70
우신프라자 307호 (우 10387)
(본사) 물류센터: 경기도 고양시 일산서구 덕산로
107번길 68-50 (우 10205)
등록 1975년 12월 26일 제3-16호
전화 (031) 913-3062, (031) 914-3884~5
팩스 (031) 913-3839
홈페이지 http://www.dymbook.co.kr

ISBN 978-89-7644-867-5
값 17,000원